县域义务教育
教师质量监控问题研究

于海英　著

北　京
冶 金 工 业 出 版 社
2018

内 容 提 要

本书以县域义务教育教师质量监控问题为研究主题进行了系统的探讨。在文献研究的基础上，梳理了县域义务教育教师质量监控的理论框架，建构了县域义务教育教师质量监控体系；从专业维度、利益维度、过程维度论述了县域义务教育教师质量监控不同监控主体的条件、监控内容、监控特征、监控限度的解决；对县域义务教育教师质量监控的多元主体与专业标准的价值冲突与整合、监控指标取向、监控指标确定原则、监控指标展开方式与表达、指标底线、指标体系建构等问题进行了系统的阐述。

本书可供教育领域研究、管理、教学等人员阅读，也可供教育专业师生参考。

图书在版编目(CIP)数据

县域义务教育教师质量监控问题研究/于海英著. —北京：冶金工业出版社，2018.3

ISBN 978-7-5024-7756-1

Ⅰ.①县… Ⅱ.①于… Ⅲ.①县—义务教育—教育质量—质量监督—研究—中国 Ⅳ.①G522.3

中国版本图书馆 CIP 数据核字（2018）第 045551 号

出 版 人　谭学余
地　　址　北京市东城区嵩祝院北巷 39 号　邮编　100009　电话　(010)64027926
网　　址　www.cnmip.com.cn　电子信箱　yjcbs@cnmip.com.cn
责任编辑　曾　媛　美术编辑　吕欣童　版式设计　孙跃红
责任校对　石　静　责任印制　牛晓波
ISBN 978-7-5024-7756-1
冶金工业出版社出版发行；各地新华书店经销；虎彩印艺股份有限公司印刷
2018 年 3 月第 1 版，2018 年 3 月第 1 次印刷
169mm×239mm；12 印张；232 千字；181 页
69.00 元

冶金工业出版社　投稿电话　(010)64027932　投稿信箱　tougao@cnmip.com.cn
冶金工业出版社营销中心　电话　(010)64044283　传真　(010)64027893
冶金书店　地址　北京市东四西大街 46 号(100010)　电话　(010)65289081(兼传真)
冶金工业出版社天猫旗舰店　yjgycbs.tmall.com
（本书如有印装质量问题，本社营销中心负责退换）

前　言

在教育质量提升时代，作为教育质量的核心影响因素——教师质量受到教育领域的空前关注。教师质量监控是全面了解和有效提高县域义务教育教师质量的基础，全面系统的县域义务教育教师质量监控研究不仅可以完善和补充相关领域研究成果，而且是全面提高县域义务教育教师质量的关键。与这个问题的重要性形成鲜明对照的是，目前学术界并没有深入而系统的县域义务教育教师质量监控方面的成果。县域义务教育教师质量监控问题成为当前教育研究领域一个值得关注的问题。

本书以县域义务教育教师质量监控问题为研究主题进行了系统的探讨。在文献研究的基础上，梳理了县域义务教育教师质量监控的理论框架，建构了县域义务教育教师质量监控体系；从专业维度、利益维度、过程维度论述了县域义务教育教师质量监控不同监控主体的条件、监控内容、监控特征、监控限度的解决；对县域义务教育教师质量监控的多元主体与专业标准的价值冲突与整合、监控指标取向、监控指标确定原则、监控指标展开方式与表达、指标底线、指标体系建构等问题进行了系统的阐述。这为县域义务教育教师质量监控的实施关键策略提供了理论指导。

在实证研究方面，通过黑龙江省H市（县级）义务教育教师质量监控现状调研，从不同主体获取义务教育教师质量监控的现实情况并进行分析，一是对教师质量监控问题进行描述分析，二是对教师质量监控问题进行特征分析。通过实证研究发现县域义务教育教师质量监控现状与理论框架和建构的指标体系之间存在差距。对这些差距的认识与理解，能够为县域义务教育教师质量监控的实施关键策略提供实践支撑。

为了给县域义务教育教师质量监控提供具有可操作性的参考建议，探讨了县域义务教育教师质量监控的实施关键策略，主要涉及如何制定县域义务教育教师质量监控目标，如何探索县域义务教育教师质量多元主体监控的有效途径，如何依据教育实践需要灵活选择教师质量监控指标，如何选择适合县域义务教育教师质量监控的主导方式，如何形成基于县域义务教育教师质量提高的监控反馈路径，如何加强对监控系统的再监控。

本书是牡丹江师范学院博士科研启动基金项目“义务教育教师质量监控问题研究”的研究成果。感谢牡丹江师范学院对课题研究的资助与支持。在本书的写作过程中，本科生孙佳慧、傅雪、孙玉雪、李玉晗、赫美霞、吴金莹、祁双男、郑兆旭、许琪格、崔善姬在数据的采集和录入上提供了帮助；研究生张群、牛会娟、邱红、黄艳月同学对书稿进行了校对，对此一并表示衷心的感谢！

由于本书作者水平所限，书中疏漏和不妥之处，请读者批评指正。

著 者

2017年11月

目　　录

导　　论

当我国义务教育普及的任务基本完成以后，对义务教育质量的追求已经成为城乡义务教育发展的重要主题。教师质量是优质教育的生命线，是教育质量保障的重要条件。有效的教师质量监控可以保证义务教育阶段优质教师的合理配置，能够促使有限的优质教师资源惠及更多的学龄人口。为保证义务教育阶段教师质量，促进城乡义务教育公平发展，怎样选择教师质量监控主体、构建教师质量监控指标体系、选择教师质量监控方式，如何有效地实施教师质量监控等也就成为教师领域问题研究中的一个具有现实意义的重要课题。

第一节　选题背景和意义

义务教育的关键在于教师质量。因为教师质量水平影响教育质量，它是提高农村教育质量、缩小城乡师资差距、实现教育公平的重要前提，同时基础教育普及的巩固与教育水平的提高不仅需要教师数量，更需要教师质量。我国现阶段，县域内义务教育教师质量情况并不理想，县域内义务教育教师质量缺乏有效监控，许多监控的实效性很差。作为我国师资队伍主体的县域义务教育教师质量令人堪忧，义务教育教师缺少新生力量，教师流失率较高，教师“教非所学”现象普遍存在。从师资队伍现状看，县域义务教育教师质量需要监控。

一、教师质量的重要性日益凸显

全球化背景下，优质教育是构建 21 世纪学习化社会的关键，近年来世界各国的教育改革都反映了这一趋势。未来的国际竞争是人才的竞争，而人才的培养靠教育，教育的关键在于教师质量。教师质量问题是优质教育的生命线。可以说，教师质量高低直接关系到一个国家教育事业的成败，乃至一个国家的前途和命运。

（一）世界各国共识：教师质量水平影响教育质量

基于教师质量水平的高低影响教育质量这种世界性共识，教师质量问题日益受到各国的普遍关注。纵观世界发达国家和发展中国家，例如美国、英国、德国、韩国、印度、中国等国家的教育改革和发展，教师质量无一例外地受到各国政府的高度重视。

自20世纪70年代后半期起，英国教育质量低引起了社会的重视。英国政府认为提高教育的决定性因素，是改革师范教育提高教师质量。① 20世纪80年代以来，韩国政府一直不遗余力推行教育改革政策，教师教育改革被认为是全国教育改革运动的基石。韩国政府主张，具有高尚道德感和专业能力的教师是实现优质教育的关键。② 作为印度国家教师教育政策基准文件的《教师教育课程框架》指出“教师应该在课堂内外起到领导者的作用，并作为社会变革的代言人主动采取行动以改造社会，并因而帮助实现国家发展的目标”，把教师、教师质量同国家发展密切地联系了起来。③ 美国早在20世纪80年代就曾提出教育危机的警告，并且最终把危机的根源追究到教师质量。为解决教育危机，尤其是为了保障教师质量，历届美国政府提出并实施了多种改革方案。美国教师质量问题引起了美国政府和社会的极大关注，美国有关教师质量的改革也引起了全世界的关注。尤其是进入21世纪后，以2002年《不让一个孩子掉队》法案，（简称NCLB法案）的颁布为标志，美国掀起了一场包括提高教师质量在内的规模空前的教育改革。④

在中国，教师质量问题也已经受到重视。邓小平同志曾经讲到教师的质量与地位问题，“一个学校能不能为社会主义建设培养合格的人才……关键在教师”，因此要“尊重教师的劳动，提高教师的质量”。2007年教师节，胡锦涛总书记在全国优秀教师代表座谈会上指出，推动教育事业又好又快发展，培养高素质人才，教师是关键；必须高度重视和切实加强教师队伍建设，积极推进教师教育创新，提高教师整体素质和业务水平。温家宝总理在北京师范大学与师生座谈时，强调：“国家兴衰在于教育，教育好坏在于教师。”⑤《中国教育改革和发展纲要》中指出：“建设一支具有良好政治业务素质，结构合理，相对稳定的教师队伍，是教育改革和发展的根本大计。”在《国家中长期教育改革和发展规划纲要（2010—2020年）》里也体现了国家对于教师队伍重要性的深刻认识，在第四部分“保障措施”的第一章中就提到了加强教师队伍建设。习近平总书记在十九大报告中谈到优先发展教育事业时，指出“加强师德师风建设，培养高素质教师队伍”。教育大计，教师为本，办好教育，教师是关键。陈小娅在出席“教育发展战略与教育质量”石家庄论坛时，明确指出：“未来10年的教师质量决定着中国教育的成败。”⑥

---

① 金含芬．英国政府公布白皮书：《教学质量》，改革师范教育［J］．外国教育资料，1984（4）：10-11.

② 华丹，郑有真（韩）．国以师为重：韩国教师政策的改革取向探析［J］．外国中小学教育，2005（10）：45-47.

③ 于兴国．转型期中国教师教育政策研究［D］．长春：东北师范大学，2010.

④ 洪明．美国教师质量保障体系历史演进研究［D］．福州：福建师范大学，2008.

⑤ 金维才．观念变革：从教师素质观到教师质量观［J］．安徽师范大学学报，2010（1）：9-12.

⑥ 周洪宇．未来10年的教师质量决定着中国教育的成败［J］．人民教育，2010（24）：2-7.

（二）提高农村教师质量，缩小城乡师资差距是实现教育公平的重要前提

目前我国最迫切需要解决的教育公平问题是城乡义务教育的均衡发展问题。而义务教育均衡发展的关键点是教师队伍建设，因为优质师资在城乡间的合理配置是实现教育公平的重要保证。教师质量对教育质量有着直接和积极的影响。教师质量的不同对于学生成绩来说是最关键的。① 城乡义务教育的教师质量差距越大，学校的教育质量差距就越大，学生的素质差距也就越大。因此，促进城乡义务教育均衡发展，实现教育公平需要特别关注教师质量，需要从教师工作和生活的背景、专业素养、教育能力、教育成果等各方面内容重新全面审视教师。

目前，我国教师质量的城乡差距较大，而且分布不均衡，义务教育阶段尤为突出。例如，如果从职称来看，2010 年，各地区农村初中学校中高职称教师比例明显低于城市，城市农村差距过大，差值达 9 个百分点还多②（此数据是依据《中国教育统计年鉴（2010 年）》中的初中学校中高职称教师总数、城市和农村教师数计算得出）。教师质量的城乡差距将严重影响农村中小学教学质量的提高。③ 温家宝总理说："教育不公，是最大的不公"。对一个国家来说教师质量是重要的。因为，缩小区域教育差异以及城乡学生成绩的差异的机会就是依赖于和学生联系密切的教师。"一位有效的教师对学生的学习影响比学生的种族、贫穷水平、父母的教育或者其他任何经常认为支配学校成绩的外在因素都更重要"。④ 教师是任何教育系统的骨架，监控教师的质量是教育发展关键。高质量教师能够促动教育质量的提高，一个国家的未来建设依赖于教师和他们在学校里提供的教育。许多的调查研究印证了这个事实。⑤

（三）基础教育普及的巩固与教育水平的提高不仅需要教师数量，更需要教师质量

随着农村义务教育以县为主的管理体系的建立和完善，"县"在义务教育发展中的作用更加凸显出来，"县"的义务教育发展水平与质量更加关系到当地的社会经济发展与文明进步。但目前教师质量问题却成为了制约城乡义务教育均衡发展的关键因素，所以迫切需要将县域义务教育阶段教师质量问题摆在更为突出

---

① Anderson, R D, Helms J V. The Ideal of Standards and the Reality of Schools: Needed Research [J]. Research in Science Teaching, 2001, 28 (1): 3-16.

② 中华人民共和国教育部发展规划司．中国教育统计年鉴（2010 年）[M]．北京：人民教育出版社，2011：470-471.

③ 楚国良．我国义务教育均衡发展面临的问题与对策研究 [EB/OL]．http://www.xyjjlt.net/blog-19407-753.html，2011-7-28.

④ Jacqueline J Paone. Guide to Teacher Quality for Local Education Leaders. Alliance for quality teaching [EB/OL]. www.qualityteaching.org, 2011-6-10.

⑤ Kok-Aun Toh, et al. Meeting the highly Qualified Teachers Challenge [J]. Educ Res Policy Prac, 2006 (5): 187-194.

的位置。目前，教师队伍的质量建设在教育发展中的位置日益突出，是否拥有一支高质量的义务教育师资队伍，不仅关系到“普九”成果的巩固，而且关系到“普九”质量的提高。

随着“两基”任务的完成，我国义务教育发展主题也从普及到提高，从数量需求转向质量提升。这对县域内的义务教育阶段的教师提出了新的要求，县域义务教育教师也面临着从满足数量需求向质量提高的重大转变。教师的质量问题成为教育质量的核心问题。对县域义务教育教师质量进行科学合理的监控，能有效地保证和促进教师质量的提高。为此，试图探寻县域义务教育教师质量监控的理论框架，积极探索建立县域义务教育教师质量监控的体系，为相应政策提供理论支持；在理论和实践基础上，制定科学合理的县域义务教育教师质量监控实施策略，加强对县域义务教育教师质量的监控。这是推动县域义务教育发展的现实需要，也是我国基础教育改革与发展中最重要的基础性工作之一。

二、县域内义务教育教师质量缺乏有效监控

监控的最终目的在于提高教师质量，从而促进教育质量的提升。虽然我国义务教育阶段的教师的职前培养、入职标准、在职培训都有相应的政策法规进行了规定，但在对县域义务教育教师尤其是农村教师进行具体的质量监控时，许多监控的实效性很差。县域义务教育教师质量监控方式亟待改进。

目前，我国的义务教育中教师质量监控存在明显的不足与缺点。从监控主体看，监控主体仅限于学校内部或教育系统，其他利益相关者参与监控教师质量的机会较少。从监控维度看，质量监控的维度多关注教师的资格、专业知识、教育能力维度，而对教师质量的某些重要维度，例如教师工作生活背景、教育结果的有效性维度缺乏应有的关注，这不能足以显示教师的全部质量；从监控内容看，教师质量监控多集中于学生即时的教育结果，而对教育结果的长远的、社会的影响缺乏应有的关注。从监控的方式来看，通常是通过听课、查看学生考试成绩、工作业绩考核等方式来完成对教师质量的监控。这些方式往往就教师教学工作的某一方面打分，进行量化监控，缺乏全面性和连续性，不能很好地系统显示出教师质量并对其进行监控。从监控的效果看，绝大多数教师质量监控反馈路径并不完整，不能有效地利用于教师质量的提升。监控多流于形式，不能从根本上促动教师质量的提升，这有悖于教师质量监控目的——教师整体质量的提高。构建有效合理的教师质量监控体系是县域义务教育教师质量整体提升的必然要求。义务教育阶段教师质量具有公益性特征，它起着协调和平衡各种教育关系的作用，并直接影响义务教育事业发展的方向、速度和效益。通过教师质量监控研究不仅有利于促进义务教育发展过程中教师质量监控体系的合理化和科学化，还有利于义务教育教师质量的整体提升，从而有利于促进教育均衡发展，教育公平的实现。

因此，为了确保教师质量监控的实效性，必须加强对县域义务教育教师质量监控的研究，需要对县域内义务教育教师质量监控主体、监控指标、监控方式、实施策略等方面进行深入研究并提出相关建议。

三、县域内义务教育教师质量需要监控

从我国教师地区分布的总体数量来看，县域义务教育教师是我国师资队伍的主体，就2010年来说，县域内初中教师占全国初中教师总体数量的比例是79.96%①；县域内小学教师占全国小学教师总体数量的比例达83.13%②。这些教师质量的高低在一定程度上可以代表我国义务教育教师整体质量水平。但因为缺少资源、缺乏吸引力等原因，县域内义务教育阶段学校往往缺乏高质量教师。这些学校的师资与那些中心城市和富裕地区学校的师资相比，他们的教师具有较低的资格、较少的专业知识，教育教学经验不足、能力不强，给他们学生提供的有效教育比城市学生要少得多。城乡教师存在明显的质量差距，这与促进城乡义务教育均衡发展，提高教育质量等方面对教师质量的要求相差甚远，县域内义务教育师资队伍质量堪忧。

（一）县域内义务教育师资队伍缺少新生力量

没有稳定性的新教师进入县域义务教育教师队伍将影响到其教育质量。目前，在有些地区县域内中小学已经大约10年左右没有进新教师了。主要原因在于按照学生数量配备教师的师资配置体制，造成部分学校教师不足与教师总数超编并存而无法招募新教师。另外一个重要的原因就是县域义务教育学校缺乏吸引力。经验更丰富、资历更高的教师经常被分配给表现最佳的学校和有着较高社会经济背景的学校，尤其是农村地区情况更是如此。缺少经验、能力不足的农村教师必然会导致农村学生的学习成绩下降。农村教师获得较少、甚至没有机会获得外部职业支助，这容易使他们的教学处于“共同贫穷”的处境，不会有太多的先进理念和技术。

（二）县域内义务教育教师流失率较高

学生的成绩不仅与教师的经验和教育，而且与教师的流失相关联。县域内教师流失情况较为严重。相对高的教师流失率的地区和学校可能会因为有更多的缺乏经验的教师而导致教学质量和学生学习受到损失。③ 这种状态下的农村教师的质量难以保证教育质量。一般而言，学生学习成绩较好的学校教师质量也较好。

---

① 此数据是依据《中国教育统计年鉴（2010年）》的第470-477页相关数据整理得出。

② 此数据是依据《中国教育统计年鉴（2010年）》的第166-167页相关数据整理得出。

③ Alliance for Quality Teaching. Shining the Light Ⅱ: State of Teacher Quality, Attrition and Diversity in Colorado [EB/OL]. http://www.qualityteaching.org/index.cfm/Shining%20the%20Light, 2011-6-28.

教育质量较低学校有着较高的教师流失率。教师的流失代价往往是很昂贵的，教师的流失通常打破了原有学校内教师间专业学习团体的机构和内聚力。

（三）县域内义务教育教师“身兼数职”“教非所学”现象普遍存在

县域内义务教育教师“身兼数职”“教非所学”现象普遍存在。尤其是在农村学校，教师任教两科以上的现象很普遍①。面对教职员工不足的窘境，县域内义务教育学校解决问题的方法是现有教师“身兼数职”和招聘代课教师。这些方法为农村学校解决教学问题提供了一个捷径，增加了教师配备的公平性，缩减了征聘成本，带来了很多实际的惠益，但也为教师质量的提升带来长期的、潜在的破坏性影响②。普遍存在的“教非所学”现象的最大问题就是教师缺少相应的专业发展机会，“身兼数职”又使这些教师承受着忙于多科教学的各种压力而没有时间和精力进行质量提升。征聘的代课教师，尤其是农村中小学引进的基本是非师范专业的专科生③，通常一开始未经过培训，受专业教育程度亦可能低于其他教师，在其工作期间也会因为代课的身份而没有机会接受职业支助。这些学校的学生只能长期由质量较低的教师授课——这将进一步加强城乡义务教育的不平等现状。

第二节 研究目标与研究思路

一、研究目标

本书的研究目标在于开发县域义务教育教师质量监控体系，探讨县域义务教育教师质量监控的实施关键策略。

二、研究思路

（一）研究问题

（1）县域义务教育教师质量从哪些方面监控，这些方面展开的逻辑什么，是全面展开还是有重点的选择性展开？

（2）县域义务教育教师质量从哪些环节进行监控，不同环节的侧重点是什么，是全程监控还是监控重要的核心环节，每个环节的监控对象是什么？

（3）县域义务教育教师质量谁来监控，监控主体的优势与劣势有哪些，这

① 周晓慧．临河区农村教师队伍现状及对策研究［D］．呼和浩特：内蒙古师范大学，2010.

② 张宇，于海英．城乡教育一体化进程中农村义务教育教师质量问题与对策［J］．教育发展研究，2012（24）：70-73.

③ 邓兴军．有关部门对本市10个远郊区县农村教师现状进行调研——北京部分农村中小学十年未进新教师师资堪忧［EB/OL］．http：//www.zgxzw.com/news/View.asp？ID=79862，2011-8-18.

些主体代表谁的利益监控，能不能代表这些人的利益进行监控？

（二）研究设计

本书以上述研究问题为研究逻辑起点，首先从理论框架分析开始，探讨县域义务教育教师质量监控的维度（见图 0-1），在此基础上建构县域义务教育教师质量监控体系，研究监控主体、监控的环节与监控对象问题；其次，通过县域义务教育教师质量监控的个案分析，寻找现实监控状况与理论框架和建构体系的差距，依据理论框架和建构体系提出县域义务教育教师质量监控实施的关键策略。其中，理论框架、体系建构、个案分析之间是循环影响的。

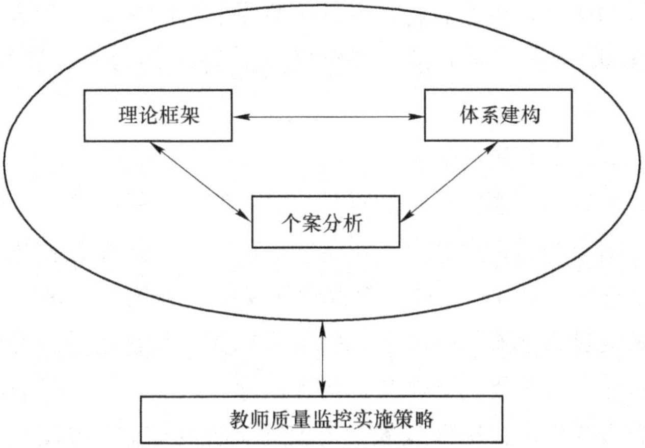

图 0-1　研究设计线路图

第三节　文献综述

近年来世界各国的教育改革，都认识到教育的关键在于教师质量。教师质量问题是基础教育的生命线。教师质量高低直接关系到一个国家教育事业的成败，这是世界性的共识。因此，教师质量问题以及教师质量监控日益受到各国的普遍关注。基于此背景，本书秉承围绕研究主题展开的原则，将主题限定在教师质量，文献检索的时间从 20 世纪 80 年代开始至今，内容限定为教师质量及其监控方面。就文献来源而言，主要通过东北师范大学图书馆、相关教育网站、全文电子期刊、学术 Google 搜索引擎等多种渠道进行搜集，在全面搜集的前提下筛选高质量、代表性强的文献进行综述，文献涉及著作、学术期刊和硕、博士学位论文以及会议论文。通过对所有收集到文献的梳理，笔者尝试对县域义务教育教师、教师质量及其监控相关问题的主要贡献者的观点进行归纳，并梳理其理论逻辑。

一、县域义务教育教师研究

（一）教师队伍建设研究

在农村义务教育教师队伍建设研究中应采取的有效措施及其对策主要集中在教师编制管理的相关法律和制度、教师物质保障、师资结构和教师个人素质四个方面①。农村教师队伍建设研究主要是基于现状，对农村义务教育教师队伍建设的困境进行分析并提出解决的策略。义务教育教师队伍建设中存在师资紧缺、流失严重、整体素质偏低等问题。② 要普遍提高农村教师质量，教师队伍建设应该以农村教师素质为核心，要让农村教师成为有吸引力的职业。严格农村教师准入标准，审查当前教师的任职资格。重新确定教师编制标准，要均衡配置教师资源。③

（二）师资配置研究

农村义务教育教师资源的均衡配置是目前人们比较关注的一个问题，它具有促进义务教育均衡发展的重要意义。所以，应该大力推进义务教育教师资源均衡配置工作，④ 合理配置教师资源能有效地促进义务教育均衡发展。从促进城乡义务教育均衡发展的过程来看，一个区域的师资配置大致要经历数量满足、质量提升、个性化配置为主导任务的三个师资配置目标。从法理探源与法律重构的角度确定开展义务教育教师均衡配置应该考虑教师身份问题。⑤ 为此，建议将义务教育教师纳入公务员系列，制定国家教育公务员政策，实行“以省为主”的义务教育教师工资保障政策以及调整义务教育教师人事调配政策。⑥ 义务教育教师资源均衡配置的政策与制度方面也可以进行多方面的探索。例如，建立教师交流和支教制度；城乡学校结对交流共同评价，促进资源柔性和良性流动；一手抓配置，一手抓提高，促进教师专业发展；提高教师待遇，关注教师的精神需要与生活需要。⑦

---

① 李潇晓，邹海瑞，等．我国农村义务教育教师队伍建设的对策研究述评［J］．教育学术月刊，2011（8）：86-88.

② 庞丽娟，韩小雨．我国农村义务教育教师队伍建设：问题及其破解［J］．教育研究，2006（9）：47-53.

③ 秦玉友．农村教师素质提升的现实困境与破解思路［J］．教育研究，2008（3）：35-37.

④ 王定华．大力推进义务教育教师资源均衡配置工作［J］．中小学管理，2008（2）：1.

⑤ 陈鹏．义务教育教师均衡配置的法理探源与法律重构［J］．陕西师范大学学报（哲学社会科学版），2010（1）：160-164.

⑥ 王秋丽．义务教育教师资源均衡配置的宏观政策设计［J］．教育探索，2009（6）：62-63.

⑦ 杨银付，韩民，等．以教师资源的均衡配置　促进义务教育均衡发展——城乡义务教育教师资源均衡配置的政策与制度创新［J］．中小学管理，2008（2）：4-7.

（三）教师流动研究

教师流动的问题一直是我国教师管理的重要内容之一。合理的教师流动，通过派用制、聘任制等多种形式，可以在一定程度上改善教师队伍结构。但从农村义务教育教师流动状况调查分析来看，义务教育教师流动的突出问题是流向的逆意流动、频率相对封闭、动机差异显著、机制有待完善等状况。① 目前的义务教育教师的流动实践难以实现义务教育阶段师资均衡配置的目的。问题的根源在于均衡配置资源需要教师流动与现有管理体制约束教师流动的矛盾、经济人趋利避害本性与要求经济人逆向选择的矛盾、当前教师教育价值评价需求多元化与传统教育评价标准单一化的矛盾等困境。② 因此，规范义务教育教师合理流动要以政府为主导、以经济与制度作保障、建立和完善一系列的保障措施，可以考虑以下内容：关于教师流动政策与法规建设；关于教师管理制度改革从促进教师合理流动的角度进行改革；关于教师流动的社会保障体系。③

（四）教师绩效研究

义务教育教师绩效工资政策是我国政府依法保障和改善教师待遇的一项重要举措，但由于缺乏科学、健全的财政保障机制及配套制度的保障，在实施中出现一系列问题：首先，教师绩效考评在价值取向上存在鼓励性不足倾向；其次，教师绩效考核评价标准的要素设计和权重设计上偏重量化结果；再者，教师绩效考核在教师评价方法方面存在不够规范等倾向；最后，教师绩效考核在组织与实施方面存在组织不得力的倾向。④

科学、公正的绩效评价制度是激发教师工作积极性的动力源。因此，建立一套科学合理的义务教育教师绩效考核评价指标体系就非常重要。教师绩效评价不仅包括对教师教育教学成果的评价，还包括对教师工作过程的评价，是过程评价与结果评价的统一。⑤ 制度的考核指标体系，它包括基础性绩效工资评价标准和奖励性绩效工资评价标准两个一级指标，还包括 9 个二级指标及评价标准。⑥ 另一方面，绩效考核制度应明确落实教师绩效工资是政府必须予以保障的重要职责，建立健全高位领导管理体制，建立中央和地方分地区、分项目、按比例分担的财政保障机制，强化省级财政的投入职责，明确“省统筹”内涵与投入基线，

---

① 陈牛则．义务教育教师流动的现状分析与对策思考——基于对湖南省 457 名中小学教师的调查研究［J］．湖南师范大学教育科学学报，2011（5）：65-68.

② 李喜燕．义务教育教师交流的问题、困境及制度路径［J］．教育学术月刊，2011（1）：84-87.

③ 马艾云，李保江．县域教师流动机制实施框架——城乡义务教育均衡发展的一种构想［J］．当代教育科学，2007（9）：14-20.

④ 宁本涛．关于改进义务教育教师绩效考核机制的思考［J］．集美大学学报，2010（4）：4-7.

⑤ 谭俊英，张兰久．对义务教育教师施行绩效评价应注意的问题［J］．徐州师范大学学报（教育科版），2010（1）：21-23.

⑥ 马文起．构建义务教育教师绩效考核评价指标体系的思考［J］．教育探索，2010（2）：99-101.

建立健全监督问责制度。①

（五）教师专业发展研究

县域内义务教育教师专业化面临着诸多困境。这些困境主要有教师数量不足影响了课程门类的开设质量；教师第一学历偏低，又缺乏常规性教师专业发展的教育机制；教师待遇较低，缺乏职业吸引力，导致教师专业发展动力不足；教师队伍不稳定，难以建立教师专业发展的长效机制。② 应该说农村教师教育边缘化；农村教师身份的模糊性；农村教师的逆向流动等是县域教师专业化发展困境产生的主要原因。解决这些困境的有效策略有通过提高职业准入门槛；确立不合格教师的退出补偿机制；建立以人为本的县域内教师岗位合理流动机制；全面提高和保障乡村教师的工资和福利待遇；设置乡村教师岗位津贴。这些策略有利于促进教师的专业发展。③

通过对义务教育教师专业化发展评价因素研究，构建义务教育教师专业化发展评价指标体系有利于促进教师的专业发展。构建以促进教师专业化发展为目的的评价模型，真正使评价与教师专业化发展紧密结合起来，从而有助于他们逐步成为优秀的教师。其中，评价指标体系构建应遵循发展性原则、全面性原则、操作性原则、多元性原则。义务教育阶段教师专业化评价的理论框架（一级指标）主要应包括四个维度，即专业理念、专业道德、专业知识和专业能力。④

建立县域教师专业发展的支持体系是推动县域教育发展的现实需要，也是我国基础教育改革与发展中最重要的基础性工作之一。县域教师专业发展支持体系的结构是一个集政府、教育行政部门、教师培训机构、学校四位统于一体的大系统。县域教师专业发展支持体系实施理念先行、规划引领、制度推进、资源支撑、技术带动、分层实施、文化提升、质量监控、评价引导、督导保障十大策略，从而实现县域教师专业发展的速度、规模、结构、质量、效益的有机统一。⑤ 在大多数国家缺少一个清晰的支持教师评估体系发展的理论背景，而在教

① 庞丽娟，韩小雨，等．完善机制落实义务教育教师绩效工资政策［J］．教育研究，2010（4）：40-44.

② 王勇鹏．论当前农村义务教育教师专业化的困境［J］．长沙铁道学院学报（社会科学版），2011（1）：121-123.

③ 李伯玲，谢李雪．县域教师专业化发展困境及其破解——基于Y县的个案研究［J］．当代教育科学，2010（8）：45-56.

④ 陈啸，顾一鸣，等．关于构建义务教育教师专业化发展评价指标体系的思考［J］．教育与职业，2011（30）：62-63.

⑤ 于维涛．县域教师发展支持体系建设研究［D］．上海：华东师范大学，2009.

师有效性研究中，依据一个强有力的理论框架有助于政策制定者形成一个评估系统。①

（六） 教师培训问题研究

县域教师培训存在着校本培训任务定位不准确、教育主管部门对教师培训缺乏宏观调控、培训前缺乏需求调查、培训模式单一、培训缺乏后续支持等一系列问题，② 农村教师培训的实效性不理想。原因不外乎参加培训的农村教师自身因素；缺乏科学合理的培训规划；培训者自身素质不高；培训内容缺乏针对性，培训方式呆板单一，难以满足需要③。这就要求县域教师培训模式必须变革，以增强教师培训的针对性和实效性；需要完善农村教师培训保障机制、精选培训内容、构建高效培训形式、建立完善的培训评价机制以及实现培训师资的多元化等；④ 更新教师培训观念，提高其培训的积极性，培训理念由“提高素质”变为“改进实践”，加强教师培训内容和形式的实际性和针对性，培训内容由“整体全面”变为“专题深化”，逐步完善教师培训机构及制度建设，提高培训者水平，加强培训者队伍建设，建立教师培训监督机制，形成了新型教师培训制度。⑤

二、教师质量问题研究

（一）教师质量相关术语研究

质量在教育领域是多方面的、多维的，而且被描述为一种具有动力性、积极性特征的概念⑥。从宏观上来理解质量概念，首先，质量可以作为教育结果使用的适合性。其次，把质量作为任务和目标的完成来理解。如果从教育中的学生来分析质量，可以把质量作为学生或者教育机构的附加值，评价主体可以建立增值指标系统去测量教师加在学生身上学术的和情感结果的价值程度；如果从教育中的教师角度来看质量问题，质量可以作为持续的提高，这意味着教师将持续地迎接这种提高的挑战；还有人把质量看作是无缺陷的⑦。这个定义根据“零失误”

---

① Leonidas Kyriakides, Demetris Demetriou. Introducing a Teacher Evaluation System Based on Teacher Effectiveness Research: An Investigation of Stakeholders' perceptions [J]. Educational Assessment, Evaluation and Accountability, 2007 (20): 43-64.

② 马丽燕，王嘉毅．西北地区教师培训的问题与建议——以“县域教师支持服务体系”建设为视角 [J]. 民族教育研究，2009 (2): 86-89.

③ 于海英，张宝歌．农村中小学教师培训实效性思考 [J]. 教学与管理，2011 (4): 19-20.

④ 郭正，赵彬．农村义务教育教师培训现状及改善策略 [J]. 现代教育管理，2010 (2): 65-67.

⑤ 陈顺理．探索县域教师培训新模式 [J]. 中国教育学刊，2010 (7): 75-77.

⑥ Cheng Y C, Cheung W M. A Typology of School Environment: Multi-level Self Management and Education Quality [EB/OL]. http://repository.ied.edu.hk/dspace/handle/2260.2/9123, 2011-8-16.

⑦ Mizikaci F. A Systems Approach to Program Evaluation Model for Quality in Higher Education [J]. Quality Assurance in Education, 2006, 14 (1): 37-54.

来确定质量，它对经常运用标准测量的工业产品来说要比不容易定量测量的教育努力更合适。①

当个体讨论教师质量或讨论关于如何最好地测量它时，如果这些个体有一个用来描述教师质量术语的通用解释，那么对教师质量问题的探讨将会更有成效。目前对教师质量概念的理解缺少统一答案。有人认为教师质量就是教师的一些特性满足利益相关者（学生、社会、政府、用人单位等）要求的程度，教师质量的内容涵盖教师基本素质、关系质量、工作质量与生命质量。② 教师质量包含着教师的身体素质、知识素质、能力素质、心理素质、思想品德素质和生存状态、生命质量等在内的综合品质要素。而知识能力素质和生命质量是当代教师质量的两个核心③。也有研究者提出，教师质量应该是教师多方面素质有机统一的集合体，教师现代化的职能决定了教师质量在理论上由综合素质层面、社会化的人的发展层面、教育教学的实际质量三个层面构成。④ 虽然教师质量是广泛应用于作为一个包罗万象的所有术语，但是在教师所做的方面使教师“好”的许多方面都应该包括教师效能，教师资格，专业知识，能力，性格，成就与成功。⑤

教师质量与许多领域一样是一个重要的但是难以观察到的领域，因为它的很多证据都不是直接获得的。⑥ 所以，在优质教师和教师质量之间的联系通常不是清晰和直接的。教师质量与学生成绩具有一定的相关性，教师质量在某种程度上可以影响或者决定学生的成绩。⑦ 在大学入学或证书考试中分数较高的教师以及那些来自大学，而且有更多机会去选择接受实践的教师能够更好地支持学生学习。⑧ 虽然教师的学科知识有利于帮助学生学习，⑨ 但职前和在职培训在如何教学方面却存在差异，因为教师质量中的经验是很重要的，一个新教师支持学生学习的能力在他（她）教学生涯的第一年快速增长，而且至少在教学的开头几年

① Magdalena Mo Ching Mok. Quality Assurance and School Monitoring in Hong Kong [J]. Educational Research for Policy and Practice, 2007 (6): 187-204.

② 金维才. 观念变革：从教师素质观到教师质量观 [J]. 安徽师范大学学报，2010 (1)：9-12.

③ 韩文根. 教师质量与教学质量双效应 [J]. 教学与管理，2006 (10)：26-27.

④ 陈亮，侯慧. 试论免费未必能提高教师质量 [J]. 华商，2008 (10)：63.

⑤ Jane G Coggshall. Communication Framework for Measuring Teacher Quality and Effectiveness: Bring Coherence to the Conversation [Z]. National Comprehensive Center for Teacher Quality, Washington, DC, 2007: 1-21.

⑥ Eric Hanushek, Finis Welch. Handbook of the Economics of Education [M]. Holland: Northholland, 2006: 3-14.

⑦ Dee T S. Teachers, Race and Student Achievement in a Randomized Experiment [J]. Review of Economics and Statistics, 2004 (86): 195-210.

⑧ Greenwald R, Hedges L V, Laine R D. The Effect of School Resources on Student Achievement [J]. Review of Educational Research, 1996, 66 (3): 361-396.

⑨ Wayne, et al. Teacher Characteristics and Student Achievement Gains: A Review [J]. Review of Education Research, 2003, 73 (1): 89-301.

持续增长。① 教师质量通常被定义为教师对学生学业成绩考试分数的贡献，因此，优质的教师可以被定义为是那些能够显示出培养高水平学生成绩证据的教师。② 学生成绩能够将真正地成为教师质量的一个重要反馈资源。③ 教师质量的定义如果能够充分精确描述的话，它将有助于相关政策的制定，精细设计的各类激励政策能够促进教师质量更好地提升，所以教师质量定义的精确性会直接影响到优质教师的供给。与教师质量相关的政策、法规不应该是固定的文件，可以审视这些政策、法规，把它们作为确定和实施解释高质量教师以及公平分配目标策略的导向。因此，这些政策、法规需要在一个持续的基础上重新审视、更新和实施。④ 这些文件需要根据变化的条件和新的数据更新。在一个常规的基础上修订他们的教师质量评价与评估政策、法规。

（二）教师质量标准及维度问题研究

教师质量是个多维度的概念。例如，新型教师的质量标准主要包括以下几个方面：新型教师应有较强的职业意识；新型教师要具有系统的、现代的、科学的教育观念；新型教师具备合理的知识结构；新型教师必须具备多方面的能力⑤。美国已经建立的外语教师质量标准包括职前标准及认证、入职标准及认证、在职标准及认证⑥。Rice 从教师的五种特性出发，对教师质量进行了一系列的研究，这五种特性分别是：经验、职前准备、学历、证书课程作业、教师自己的测验成绩等⑦。但是要想分割开这些维度单独地去评估教师质量的某个方面可能是困难的。因为如果重点仅指向教师质量的某个方面，教师质量的复杂性方面的许多内容可能会丢失。那些可观测的指标只能说明教师质量的非常微小的一部分。许多变量，如教师与学生的一对一的互动、家庭作业的布置、与家长的交流等方面测

---

① Clotfelter C, Ladd H, Vigdor J. Teacher Credentials and Student Achievement in High School: A Cross-subject Analysis with Student Fixed Effects. Calder Working Paper 11 caldercenter. org [EB/OL]. http://www. caldercenter. org/PDF/1001104_Teacher_Credentials_HighSchool. pdf, 2011-5-12.

② Pianta, et al. Opportunities to Learn in America's Elementary Classrooms. [EB/OL]. http://www. sciencemag. org/content/315/5820/1795. summary, 2011-4-26.

③ James H Stronge, et al. What is the Relationship between Teacher Quality and Student Achievement? An Exploratory Study [J]. Educational Assessment, Evaluation and Accountability, 2007 (20): 165-184.

④ National Comprehensive Center for Teacher Quality. Ten Early Lessons Learned from Highly Qualified Teacher Monitoring Reports [EB/OL]. http://www. tqsource. org/TenLessonsLearnedFromHQTMonitoring Reports. pdf, 2011-8-20.

⑤ 金祥林，廖祥红．专业化与新时期教师质量标准探讨 [J]. 鞍山师范学院学报，1999 (4): 48-50.

⑥ 李凤荣．从美国外语教师质量标准看中国大学英语教学 [J]. 现代教育科学，2010 (11): 67-69.

⑦ Jennifer King Rice. Teacher Quality: Understanding the Effectiveness of Teacher Attributes [EB/OL]. http://www. epi. org/publications/entry/books_teacher_quality_execsum_intro/, 2011-6-11.

量的成本很高且难以精确衡量。①

教师质量应该从不同维度确定质量标准。教师资格是教师质量的一个基本维度。② 教师资格成了人们使用最经常、最无争议的一个因素，也是教育工作者判断教师能否被录用的比较可靠的判断标准。③ 教师的专业知识和能力是教师质量评估必不可少的维度。④ 教师质量的研究和许多政策中，教师的有效性经常被认为是教师质量的核心。教师的有效性中的教学维度可以从 7 个方面展开，即强调教学、成绩期望、教学计划、策略范围、提问、学生规则、家庭作业。学生评估维度主要涉及评估学生进步、分化。学习环境维度应该从课堂管理、组织、行为期望。再有就是个人质量方面有关心、公平与期望、学生互动、热情和动机、教学态度、反射实践。⑤ 在教师质量评估过程中，教师的整体特征将被同行作为一个单一维度数据来源对教师进行判断⑥。但当面对丰富的数据资源时候，选择能够代表教师质量的特征进行判断是很难的。

（三）教师质量评价与评估问题

教师质量评价与评估的核心应该是指标的设计与使用分析。美国教育界常用的衡量教师质量的指标：拥有该教学领域的高学历；学科知识（通常以拥有学位为标志，但有时也要通过测验）；有参加持续专业发展的意愿；有国家颁发的证书；有全国专业教学水平委员会颁发的证书；通过州或全国的考试（如全国教师考试·语言表达能力）；教学成绩不低于年级平均分；执教过毕业班；同事或校长的评价；学生的表现；“增值”——学生表现的具体变化（在标准化测试中，该教师执教的学生有了明显的提高）；面试的排名。⑦

在教师质量的核心——教师的有效性的评价指标主要是通过教学在学生身上的反应来实现：一是学生的成绩（其中包括增值方法，生长模式）；二是学生的辍学率；三是学生成绩的记录；四是学生的影响、参与性、持久性等。⑧ 对于能够反映教师质量的教师资格的评价主要可以通过以下指标体现出来：教师自己的

① 刘钧燕．国外教师质量和教师激励的研究综述［J］．外国教育研究，2007（10）：12-17.

② 戴伟芬．美国教师质量研究述评［J］．比较教育研究，2009（5）：87-90.

③ 贺慧敏．美国关于中小学教师质量与学生成绩关系研究述评［J］．现代中小学教育，2009（5）：59-62.

④ International Institute for Educational Planning. Guidebook for Planning Education in Emergencies and Reconstruction［EB/OL］. http：//www. unesco. org/iiep/eng/focus/emergency/guidebook. htm，2011-4-8.

⑤ James H Stronge，et al. What is the Relationship between Teacher Quality and Student Achievement? An Exploratory Study［J］. Educational Assessment，Evaluation and Accountability，2007（20）：165-184.

⑥ Elaine M，Silva Mangiante. Teachers Matter：Measures of Teacher Effectiveness in Low-income Minority Schools［J］. Educational Assessment，Evaluation and Accountability，2011（23）：41-63.

⑦ 殷凤．美国教师质量的评价指标及分析［J］．现代中小学教育，2011（3）：65-67.

⑧ Fetler，Mark. Staffing up and Dropping out：Unintended Consequences of High Demand for Teachers［J］. Education Policy Analysis Archives，1997，5（16）：1-24.

学位证书、课程作业或成绩单审查、认证或执照的要求、培训方案的状态（如选择性的，传统的，认证状态，信誉水平）、证书的测试分数线。① 教师专业知识的评价指标可以是：专业知识考试（包括多项选择题的测试，或构建内容的或教育学知识的，或教学内容知识的反应测试）、教学组合、课堂观察、专业发展相关的评估。② 教师能力则可以通过下面的指标：老师面试、资格审查、学案例或课堂简介、课堂观察、智力测验，口头表达能力的测试、教学理念陈述。教师品质（性格）评估指标可以通过一些合适方式直接或间接地获得：老师面试、个人和专业参考、学生的调查和采访、家长的调查和采访、课堂观察、教学理念陈述、背景检查或特征鉴别。③ 教师绩效体现的指标主要有：教学组合、校长/同行/专家用结构性观察协议评价、教学绩效评估（CATPA），教师绩效评估（PACT），教学提升计划（TAP），初任教师的支持和培训（CTBEST），地方评估系统、实践、教师的工作样本、视频评价、学生的调查和采访、家长的调查和采访、教学个案分析、教师日志、制定的课程调查等。④ 目前，大多数学校教师的评价数据来自一个管理者课堂访问和一个报告形式或者学生成绩。这种策略通常使用相当窄的教师质量指标。教师质量的评价与评估应该是"教师真实工作和教师考试成绩，学生的全面考察，同行的评论。行动、材料、工作案例和成果等的证据"等一系列数据判断的。⑤

开放性的整体特征对捕捉教师教学的精彩之处是有利的，但是对决定教师质量却是不利的。对于教师和学生行为结果的非组织性的收集，提供用于比较和判断的内在指标与标准较少。教师的整体特征是复杂多样的。如果不用最低标准加以限制的，整体特征还将增加。这种情况将导致重要信息的缺少。整体特征大多数经常会遗漏大量判断教师质量需要的观点。对教师的评价与评估很少包括学生和家长的系统总结的观点。同行的反映对教师质量的评价是重要的导向，但是这些在教师评价与评估过程中却很少包括在内。教师的备课和课后的责任经常是质量评价应该关注的，但是他们的出现常常使得组织更加复杂了。教师整体特征不

---

① Goldhaber, Anthony. Indicators of Teacher Quality. ERIC Digest. New York: ERIC Clearinghouse on Urban Education [EB/OL]. http://eric.ed.gov/ERICDocs/data/ericdocs2sql/content_storage_01/0000019b/80/1b/36/12.pdf, 2011-3-12.

② Haberman, Post. Teachers for Multicultural School: The Power of Selection [J]. Theory Into Practice, 1998, 37 (2): 96-104.

③ Wentzel. Are Effective Teachers like Good Parents? Teaching Styles and Student Adjustment in Early Adolescence [J]. Child Development, 2002, 73 (1): 287-301.

④ Ball, Rowan. Introduction: Measuring instruction [J]. Elementary School Journal, 2004, 105 (1): 3-10.

⑤ Kenneth D, et al. Presenting Complex Teacher Evaluation Data: Advantages of Dossier Organization Techniques Over Portfolios [J]. Journal of Personnel Evaluation in Education, 2001 (15): 121-133.

能很好地呈现教师的质量，这些教师的质量在材料或者学生成绩方面不是明显的。教师间的互动、坚持、辛苦工作、激励、同一标准下的学生成绩、教学材料的高使用率、对不同学生的成功鼓励等方面也应该作为教师质量指标。人们都期望每一位好的教师能用一些形式或方式来实践这些行为。

教师质量的评价与评估遵循多项原则。教师质量评价应该考虑多项原则：可接受性原则，质量评价方案应该是所有的利益相关者，例如，学生和教师等能够接受和同意的。真实性原则，质量评价方案与标准的情况相似程度，评价方案中涉及的质量在教师工作场所里需要的程度。例如，应体现认知的复杂性，评价任务应该反映高级认知技能需要的水平和状态；应体现可比较性，评价条件对于所有的人来说都应该尽可能地相同。① 成本和效率原则，包括关注发展和开展质量评价需要的时间和资源，相对的利益。例如教育结果，质量评价对学习与教学有意识的、无意识的，积极的和消极的影响。② 公平性原则，质量评价不仅应该包括对特定的学习群体、反映事关重要的知识、技能和态度的关注，而且还应该包括对不相关的变化显示出偏见的关注。目标的合适性原则，即在标准、课程、教学和评价之间的调整③。自我评价的合适性原则，质量评价将有利于促动教师的自我管理。意义性原则，质量评价对于教师和学生来说有一个重要的价值决策的可再现性原则④，根据质量评价结果为依据制定的决定对所有环境和评价者都将是精确的、不变的。透明度原则，质量评价对所有的利益相关者将是清晰的而且容易理解的，教师将知道得分的标准，评估人员是谁，评估的目的是什么。⑤

然而，如果影响教师质量评价运行的背景没有被关注的话，即使一个技术上优秀的评价系统将注定失败。大多数教育系统面临的主要问题之一就是发展一个有效的个人评价系统的需要。然而，在大多数国家缺少一个清晰的理论背景来支持教师评价系统的发展。⑥ 来自教师质量评价的结果将有助于政策制定者发展一个基于理论框架的评价系统。教师质量研究中涉及的城乡教师流动、劳动力市场需要、教师质量的地方定义，以及要求严格和压力大的教学环境等对教师职业都

---

① Hambleton R K. Advances in Assessment Models, Methods, and Practices [EB/OL]. https://www.msu.edu/~kidwaikh/cep901b/literaturereview/week06assessment.htm, 2011-4-10.

② Linn R L, Baker J, Dunbar S B. Complex, Performance-based Assessment: Expectations and Validation Criteria [J]. Educational Researcher, 1991 (20): 15-21.

③ Miller M D, Linn R L. Validation of Performance Based Assessments [J]. Applied Psychological Measurement, 2000 (24): 367-378.

④ Messick S. The Interplay of Evidence and Consequences in the Validation of Performance Assessments [R]. Educational Researcher, 1994 (23): 13-23.

⑤ Anders Jonsson, et al. Estimating the Quality of Performance Assessments: The Case of an "Interactive Examination" for Teacher Competencies [J]. Learning Environments Research, 2009 (12): 225-241.

⑥ Kyriakides, et al. Introducing a Teacher Evaluation System Based on Teacher Effectiveness Research: An Investigation of Stakeholders' Perceptions [J]. Journal of Personnel Evaluation in Education, 2007 (20): 43-64.

有一个系统的反面作用。① 教师质量评价应着眼于重整教师职前教育体系、改革教师选择的程序、强调教师证书多样化和职业地位，教育改革委员会强调改革教师证书的同时，要关注教师的职业地位、完善教育行政体制、提高教师福利体系②。

教师的评估从来就不是一件容易的事情③。然而，它却是好的教育管理所必需的，对学校的评估不亚于对一个公司的评估。如果教师质量低下，那么他们需要认真地被评价与评估，以确保他们正在做的工作质量。标准化的学生测试是评价与评估教师成绩的一种途径。学生测试目的是不仅评估学生而且也评估学校和他们的教师。但是目前测试的目的仅仅局限于评估最低能力。他们倾向于抑制最有创造性的教师，而且从理论上讲，也同样抑制他们对最差学生的帮助。④ 大多数基于教师质量的政策设置了认证要求，强调的主题是设立确保教学的最低要求，这种认证要求可以防止一些不具备条件的教师进入教师职业，但是这也将排除在课堂中将非常有效的其他教师。不仅一些潜在的好教师不能通过考试，而且认证要求可能打消了其他人试图进入教学职业的想法。⑤ 所以，政策在谁将进入教学职业问题上，允许有更多的灵活性，将重点放在教师整体激励结构，包括保留、提升和薪水决策上。

保障教师质量需要建立适当层级的质量保障系统。教师质量保障体系是保证教师质量评价与评估实效性的重要前提。这种保障体系涉及职前培养的教师质量保证；就职考察的教师质量保证；在职培训的教师质量保证在内的对策。建立职前、入职和在职三位一体的专业取向的教师质量保障系统⑥，教师质量保障体系既应维持国家标准又要具有容纳地方需求的弹性空间；教师质量保障体系的建立和运行应充分考虑社会政治、经济与文化因素；正确处理教师入职资格认证、教师教育认证和优秀教师资格认证之间的关系；正确处理培养、考试和认证间的关系。

---

① Barnett Berry, et al. A Qualitative Critique of Teacher Labor Market Studies [EB/OL]. http://www.springerlink.com/content/qxw42g8036564102/, 2011-4-10.

② 柳国辉，谌启标．韩国教师质量监控政策及其改革取向［J］. 外国中小学教育，2004（7）：16-19.

③ Eliezer Yariv. Principals' Informal Methods for Appraising Poor-performing Teachers [J]. Educational Assessment, Evaluation and Accountability, 2009 (21): 283-298.

④ Peter Temin. Teacher Quality and the Future of America [J]. Eastern Economic Journal, 2002 (28): 285-300.

⑤ Eric Hanushek, Finis Welch. Handbook of the Economics of Education [M]. Holland: Northholland, 2006, 21 (18): 3-14.

⑥ 洪明．美国教师质量保障体系历史演进研究［D］. 福州：福建师范大学，2008.

（四）教师质量政策问题研究

自20世纪90年代后期以来，为应对教师质量危机，美国采取了一系列改革举措，对教师质量问题采取了前所未有的干预姿态①，不仅通过了《高等教育法》（Higher Education Act，以下简称HEA）的修正条款，而且通过了《中小学教育法》修正案——2001年的《不让一个孩子掉队法》（No Child Left Behind Act，以下简称NCLB），对于什么是“高质量教师”以及如何才能保障“高质量教师”的供给做出了直接界定，使联邦政府对教师质量干预和控制进入了新的阶段。② 针对教师质量问题，美国在政策上导向、举措上规范，这为美国教师质量的提升起到了关键的作用③。当然，提升教师质量问题并非如此简单。一些政策在某种程度上难以统合，难以确保所有的学生具有均等的机会获得高水准的受教育机会和教育结果，州和学区在提升教师质量上还有很远的路要走。

印度政府在1973年成立最高机构——全国教师教育理事会（NCTE），制定了教师教育规范，提出12年普通教育加两年的专业培训是任命小学教师强制性的规定。印度政府从政策层面规定了小学教师的素质和培训基本要求。④ 从1986年起，印度政府就把小学教育摆到国家优先发展的战略地位。开启了国家教育政策，发动了1987年黑板行动（OB）和2001年普及基础教育计划——SSA计划等⑤。自1950年以来，几乎印度所有重要的报告，例如1968年、1986年、1992年国家教育政策都强调任命足够数量教师的重要性，确保教师有关入门资格的最低标准，通过在职教师培训提供持续的学术支持，注重教师的士气和积极性等，这些一直都是政策文件运行的主题。但迄今为止的课程框架提供的指导过于笼统，没有解决初等教育教师的阶段性具体培训需求。⑥

我国《中华人民共和国教师法》《教师资格条例》《教师资格认定的过渡办法》《〈教师资格条例〉实施办法》等政策法规，逐步形成了教师资格制度的法律法规体系，为我国教师资格制度的具体实施提供了法律依据和法律保障。教师教

---

① 查啸虎．应对教师质量危机：世纪之初美国的经验及其启示［J］．比较教育研究，2009（1）：81-85.

② 洪明．美国联邦政府教师质量保障政策探析——聚焦《高等教育法》和《不让一个孩子掉队法》［J］．比较教育研究，2010（2）：69-73.

③ 谌启标．美国教师质量问题及其政策取向［J］．外国教育研究，2002（3）：52-55.

④ 于海英，张广斌．印度农村初等教育教师在职培养机会差异研究［J］．外国教育研究，2011（10）：42-47.

⑤ Vimala Ramachandran，Jitendra Sharma，Madhumita Pal，et al. Teacher Motivation in India［EB/OL］. http：//www. dise. in/Downloads/Use%20of%20Dise%20Data/Teacher%20Motivation%20in%20India. pdf，2010-10-25.

⑥ National Council for Teacher Education. National Curriculum Framework for Teacher Education［EB/OL］. http：//www. ncte-india. org/publicnotice/NCFTE _ 2010. pdf，2011-3-20.

育的全面发展需要有科学规范并且具有前瞻性的教师教育政策的指引与保障。① 但从我国教师教育政策的演进模式来看，整体的渐进与局部的发展存在失衡；从政策的执行模式来看，自上而下、缺乏监督。② 我国中小学教师教育政策中政府政策占据主导地位；缺乏多元利益主体的参与，缺少自下而上的反馈机制；政策决策的效果存在时间落差和延迟现象；政策不均衡等。③ 教师教育政策制定过程中忽视“以人为本”价值取向而造成价值偏离。教师教育政策实施过程中未足够重视“以人为本”而造成价值失真现象。④ 如何研究、制定、实施最为有效的教师教育政策，建立起适应中国社会经济发展和教育改革发展需要的具有中国特色的现代教师教育体系和制度，是中国教育改革的重大课题。⑤ 教师教育政策制定受政治、经济、文化、教育、人口、科技、国际等因素影响⑥，在教师教育实践过程中发挥作用并产生影响，必须坚持公平优先、兼顾效率的政策取向和“以人为本”思想、确定中小学教师教育发展的合理目标、完善中小学教师教育政策结构体系和加强教师教育政策研究⑦。目前，我国教师政策表现出教师要求的高标准；教师待遇的高水平；教师管理的规范化的发展走向。⑧

三、已有成果的评价

（一）已有成果的价值分析

通过搜索的有关县域义务教育教师，教师质量及其监控问题的学术论文及著作，我们清晰地看到，研究者们已经从教师队伍建设、师资配置、教师流动、教师绩效、教师专业发展、教师培训问题等方面对县域义务教育教师进行了广泛而有深度的挖掘与开发；从教师质量概念的界定、教师质量的维度、教师质量评价、教师质量政策等方面对教师质量这个领域进行了阐述与论证。在县域义务教育教师和教师质量这两方面的研究取得了相当丰硕的成果。这些研究丰富了对县域教师质量问题的认识，为本研究提供了基本的理论参照系和认识框架。

---

① 杨婷婷. 多元视角下的中国中小学教师教育政策研究［D］. 桂林：广西师范大学，2006.

② 张彦杰. 改革开放后我国中小学教师教育政策分析（1978-2008）［D］. 上海：华东师范大学，2009.

③ 杨柳. 我国中小学教师教育政策变迁研究［D］. 长沙：湖南师范大学，2007.

④ 杜智华. 我国教师教育政策价值取向研究——以改革开放后重要教育政策文献为蓝本［D］. 长沙：湖南师范大学，2010.

⑤ 于兴国. 转型期中国教师教育政策研究［D］. 长春：东北师范大学，2010.

⑥ 葛军. 教师教育政策历史考察与有效性研究［D］. 苏州：苏州大学，2004.

⑦ 王芳. 教师教育政策文本的实践解读［D］. 北京：首都师范大学，2006.

⑧ 石长林. 中国教师政策研究——基于教育政策内容的视角［D］. 武汉：华中师范大学，2005.

（二）已有成果的不足探讨

然而，在教师质量方面，特别是县域义务教育教师质量及其监控问题研究方面的不足之处也很明显：

（1）已有研究成果对县域义务教育教师问题多是就师资队伍建设、师资配置、教师流动、专业发展、培训等方面分别就县域义务教育教师的某些（个）方面的现状、问题、原因、对策进行阐述，缺乏从系统、整体视角谈及教师质量问题。

（2）已有研究成果大部分研究着重于对县域或农村教师质量现状及其原因等静态方面的描述与介绍的较多；义务教育教师质量研究中忽视了很多有价值的因素，例如，教师质量的背景性因素等；县域义务教育教师质量动态方面的问题多集中于评价、评估而对从监控角度阐述教师质量问题却并未得到足够的关注。

（3）已有研究成果缺乏对县域义务教育教师质量监控的深度挖掘。不论是理论方面还是实证方面，目前的研究都缺少对教师质量监控体系等方面深度系统的论证研究，在县域义务教育教师质量监控的主体、监控内容、监控方式、监控效果等方面缺乏系统深度研究。

综上所述，我国县域义务教育教师质量监控领域研究还很缺乏，因此深入系统的研究成为进一步研究的方向。例如，县域义务教育教师质量监控在我国义务教育城乡一体化进程中、教师教育系统中以及国家教育发展中的必要性和重要性；不同效果的教师质量监控对实现教育公平产生的影响；我国县域义务教育教师质量监控目前具体情景如何等问题都有待探索与研究。国外虽然有一些教师质量研究成果，但这些成果并不完全适合我国，不足以真正地认识县域义务教育教师质量监控的真实面貌，还需要开展大量的研究和进一步挖掘相关材料以丰富其理论实践研究内容，从而为县域义务教育教师质量监控提供有效的指导与参考。另外，现有的文献缺少围绕监控这个角度，对县域义务教育教师质量进行有深度、系统的分析与解释。如何从理论和实践上正确认识和了解县域义务教育教师质量监控问题？县域义务教育教师质量监控体系究竟应如何建立并完善？如何选择监控主体？如何建构监控指标？如何有效实施监控过程？现有的研究并未给予很好的解答，而解决这些问题则成为本研究的出发点与落脚点。

第四节 核心概念界定

一、县域义务教育

县是指中国行政区划中的县级行政区，包括县（自治县、旗）、县级市和城市下辖的县级区。县域，是以县级行政区划为地理空间，以县级政权为调控主体，具有地域特色和功能完备的区域。① 本书中的县域主要指以农村为主的县级行政区域。

义务教育，是根据法律规定，适龄儿童和青少年都必须接受，国家、社会、家庭必须予以保证的国民教育。其实质是国家依照法律的规定对适龄儿童和青少年实施的一定年限的强迫教育的制度。义务教育又称强迫教育和免费义务教育。义务教育具有强制性、免费性、普及性的特点。我国义务教育法规定的义务教育年限为九年，这一规定符合我国的国情，是适当的。我国义务教育的三个基本性质为强制性、公益性、统一性。

县域义务教育是以农村为主的县级行政区域内的义务教育，即由县级政府（或相当于县一级行政单位）主要负责管理的义务教育。在我国，义务教育的管理是省级政府首要责任，县级政府主要责任。省级政府是地方最高的行政机关，对包括义务教育在内的地方各项公共事业负有首要的责任。县级政府对本地区的义务教育发展负有主要的责任，强调义务教育管理以县为主。义务教育管理以县为主表现在两个方面。一是负责县域义务教育的经费管理。县级政府按照省级政府确定的比例承担经费，并管理和使用资金。二是具体负责县域内义务教育的实施工作。包括义务教育阶段的学校规划与设置、城乡布局调整、各学校的教育教学指导，培训和配置师资力量，组织县域内义务教育学校间的校长和教师的合理流动。

二、教师质量与教师素质、教师能力

（一）教师质量概念界定

质量作为一个术语，在不同领域具有不同的解释。在汉语词语中，一种解释是质量是物体的一种性质，通常指该物体所含物质的量，是度量物体惯性大小的物理量；另一种解释是质量是产品或工作的优劣程度，一组固有特性满足要求的程度。在物理学中，质量表示物体所含物质的多少。质量是物体的一种基本属性，与物体的状态、形状、温度、所处的空间位置变化无关。在质量管理学中，一是美国著名的质量管理专家朱兰（Juran J M）博士从顾客的角度出发，提出了产品质量就是产品的适用性，即产品在使用时能成功地满足用户需要的程度。用户对产品的基本要求就是适用，适用性恰如其分地表达了质量的内涵。二是ISO8402“质量术语”定义。质量是反映实体满足明确或隐含需要能力的特性总和。三是ISO9000:2000“质量”定义是一组固有特性满足要求的程度。四是我国国家标准GB/T 19000—2008（等同于国际标准ISO9000:2005）对质量定义是一组固有特性，满足要求的程度。以上种种的定义表明了质量是一个多维概念。

① 张秀生．中国县域经济发展［M］．武汉：中国地质大学出版社，2009：1-2.

鉴于本书是对教师质量的监控研究，属于管理范畴，所以在界定质量概念时候，笔者把质量看作是一组固有特性满足要求的程度，是指存在于不同领域或任何事物中，通过产品、过程或体系设计和开发及其后之实现过程形成的固有属性满足要求的程度。由于相关方对产品、体系或过程的质量要求是动态的、发展的和相对的，质量概念将随着时间、地点、环境的变化而变化。

教育系统中具有不同类别和不同层级的教师，给教师质量下一个严密的定义是比较困难的。人们在评论教师质量的时候，总是不由自主地联想到学历、职称、学生成就三方面因素。这种思考问题的方法是把外在赋予的质量和教师的教育结果综合在一起进行考虑的，但是实践证明，这样的定义往往不能将教师质量的内在质量特性有效地表达出来。对教师质量概念进行界定最好的一个前提是有一个能够用来描述教师质量术语的通用的解释。但是由于质量概念本身的解释就是多样的，这也导致了对教师质量概念理解缺少统一答案。教师质量与许多领域一样是一个重要的但是难以观察到的，因为它的很多证据都不是直接获得的。

教育领域中的教师质量具有内隐性的特征，对教师质量进行界定一般是通过与教师质量相关的外显行为来表示教师质量。所以对于教师质量的判断既要关注静态的质量内容，又要关注能发挥有效性功能的动态质量内容。其次，除了关注教师的群体特征之外，教师个体的特征也不能忽视，因为这些个体特征代表着教师每个人的个性特色，更能体现教师质量水平个体差异。另外，对教师质量的理解也要在关注教师专业素质的同时，关注教师的基本素质是否存在。对教师质量进行界定，只有从全面的角度，包括教师质量背景、教师质量状态以及教师质量效率出发进行评定，才能正确地界定教师质量。

本书的理解在于，教师质量就是通过教师的教育教学过程，教师的一些特性满足利益相关者要求的程度。教师的一些特性指的就是教师的背景性特性、静态性特性、活动性特性和有效性特性等；利益相关者是指与学生发展有一定利益关系的个人或组织群体，主要指学生、家长、教师、学校、行政管理部门、社会等。所以，教师质量应该从下面四个方面特性体现：

（1）教师背景性特性。背景性特性是从教师生活与工作背景角度中反映出来表现教师质量的特性。这种背景性特性对教师质量的有效性影响较大，但往往在教师质量监控过程中被忽视。背景性特性应包括教师生活与工作的社区背景、学校背景、教育背景以及个人背景几个方面。教师质量的背景性特性是教师质量体现的重要形式之一。如果缺少背景性特性，教师的质量就会因为缺少参照系而不能很好地把握教师质量的相对性和绝对性，从而失去监控的意义。

（2）教师静态性特性。教师静态性特性属于静态质量范畴，包括教师资格，教师专业素质、教师品质等。教师静态性的特性主要来自两个方面：一是由教师职业角度需要形成的教师自身的内在静态质量；二是依据社会及外界环境对教师质量提出的需要而形成的外赋静态质量。

首先，教师内在质量特性，即教师能够满足利益相关者需求的一定的自身内在质量前提。一般来说，人们对教师质量这方面的要求是从认知、性格、知识、道德等方面来衡量和评定的。由于教师提供教育的对象和层次各异，所以并不要求每一类教师都符合教师的所有内在质量特性。教师的内在质量特性属于教师精神特质方面的内容，具有内隐性，很难直接对其进行量化的评价与监控。

其次，教师外赋质量特性。在教师开展教育教学活动之前或过程中达到法律规定或要求而被赋予的质量。这种被赋予的条件更多强调的是作为教师应该具备的人为赋予的质量条件，例如，学历、职称等。它是社会对教师基本要求的认可，它在一定程度上可以使人们对教师内在素质有一个清晰的认识，但它往往不能把教师具体的质量全部有效地涵盖。

（3）教师活动性特性。教师活动性特性是基于开展教育教学专业活动而具有的特性。教师利用静态性特性进行满足利益相关者的过程中表现出来的实践特性。例如能力、经验等，主要体现在教师教育教学运行实施能力、教师教育教学绩效提升能力方面。具体包括，教师基本能力、教学能力、教育能力、发展性能力；提高教师教育教学水平能力、促进学生学业成绩进步的相应能力。

（4）教师有效性特性。教师有效性特性是从利益相关者角度表现教师的静态性特性和活动性特性满足利益相关者需求的程度。教师质量的高低取决于在具有一定内在素质和被赋予相应的条件的基础上，教师对满足利益相关者需求程度的比较。教师质量高说明教师能很好地满足利益相关者的需求，否则，情况相反。教师有效性特征可以通过学生成功、教师成功、学校成功、教育成功、社会成功的程度表现出来。

对教师质量进行监控应该从以上四个特性方面展开，这四个特性彼此相互影响（见图 0-2）。首先，教师的背景性特性是教师静态性特性和活动性特性形成的基础和条件。具有良好的背景特性的教师来说质量相对会表现的较好，教育教学质量也较高。与静态性特性相关的背景性特性丰富，教师静态性特性水平就高，与静态性特性相关的背景性特性缺乏，教师静态性特性水平就低；与动态性特性相关的背景性特性丰富，教师动态性特性水平就高，与动态性特性相关的背景性特性缺乏，教师动态性特性水平就低。其次，教师的静态性特性和活动性特性在教育教学实践中的运行状况又是教师有效性特性高低的决定性因素。当教师的静态性特性水平高，活动性特性水平也高，此时的教师满足需求程度最高，属于名副其实的高质量教师。当教师的静态性特性水平高，活动性特性水平低，此时的教师满足需求程度较低，属于名不副实的低质量教师。当教师的静态性特性水平低，活动性特性水平高，此时的教师满足需求程度较高，但是仍属于名不副实的高质量教师。当教师的静态性特性水平低，活动性特性水平也低，此时的教师满足需求程度最低，是名副其实的低质量教师。

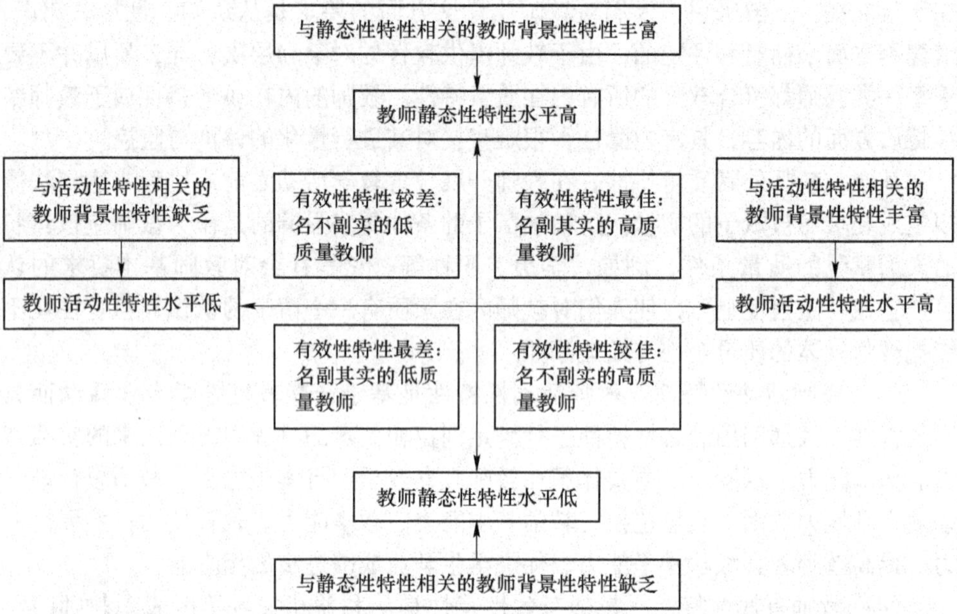

图 0-2 教师质量各特性关系图

（二）教师质量与教师素质、教师能力的关系

教师素质是教师作为主体在对从事教育职业和教育活动过程中逐步确立起来的有关的认知结构、情感结构和行为模式，最终内化为以教师能力和教育价值观为核心的个体性能。教师素质通常处于静态，具有隐蔽性和相对稳定性，它不能直接作用于教育对象以及客观事物。

教师能力是教师在教育活动中形成并表现出来的、带有明显职业特点的特殊能力，是教师从事教育活动所需的一种无形的能动力量，是一种可以直接作用于教育对象及客观事物的、能够外显的力量。

教师质量就是通过教师的教育教学过程，教师的一些特性满足利益相关者要求的程度。教师质量是通过教师背景特性、教师素质特性、教师实践特性、教师教育效果满意度四个方面体现出来。教师素质是教师质量的一个重要方面，其中，教师内在素质是教师能力形成和发展的自然前提，教师能力是教师实践特性的主要方面。教师素质和教师能力又是通过教师教育效果满意度加以确证。

教师的质量、素质、能力均属于内在心理特质，对其测量与监控都需要有效度较高的指标，科学合理监控指标的制定是决定监控质量高低的重要前提。

三、监控、质量监控、教师质量监控的内涵

监控，一是指监测和控制（机器、仪表的工作状态或某些事物的变化等）；二是指监督控制。① 在现代汉语词典中监控是这样定义的：对装备及系统的工作状态不间断地实时监测，并根据反馈信息自动对系统中异常部位实施相应措施的闭合自动控制作用。

质量监控是指为保证质量，避免失误而对事物状态及其活动过程的监督与控制，包括监督、控制与调整等环节。质量监控的内涵包括以下几个方面：首先，质量监控的目标是为了改善系统工作的质量，保证被监控的系统顺利运行，保障系统目标的实现，提高运行绩效。其次，质量监控是一个动态过程，因为质量监控过程中，监控主体、监控指标、监控方式不是一成不变的，它们会因为在不同系统中、不同监控阶段而有所变化。再次，质量监控不是一个孤立的过程，它不是仅对系统运行结果的监控，而是贯穿于一个系统运行过程的各个环节。包括对系统的构成要素监控、系统的运行过程监控、系统的运行结果监控，利用这些监控信息来调整系统的运行偏差，不断促进系统的良性发展。

教师质量监控是对教师质量进行的监控②，是对通过教师的教育教学过程，教师的一些特性满足利益相关者要求的程度进行监督与控制，目的是为了及时发现并纠正教师及其教育教学活动中的一些特性满足利益相关者要求的各种偏差与失误以不断地提高满足程度。对于教师质量监控内涵，我们可以从下面几个方面理解：首先，教师质量监控的目的在于依据利益相关者要求对教师的一些特性满足利益相关者要求的程度监督与控制、调整。其次，教师质量监控是对具有主观能动性的人的监控，有别于对静态事物的监控。对教师质量监控意味着要通过外显行为来监控内隐性的特征，这种监控对参与的监控主体和监控指标的制定以及监控方式的选择往往有更高的要求。再次，教师质量应该是一个全面系统的监控。我们不能把学生的学习成绩或一两次讲课的效果作为教师质量监控的结果。教师质量监控作为质量监控的一种，它也是一个全面过程。我们不仅要对教师背景特性、静态性特性和活动性特性进行监控，还要从利益相关者角度对教师的满足利益相关者需求的程度——教师有效性特征进行监控。

---

① 中国社会科学院语言研究所词典编辑室．现代汉语词典［M］．北京：商务印书馆，1978：614.

② 对于教师质量，从教师个体的层面来看，教师质量既具有静态质量，又具有动态质量。教师质量个体的动态变化会导致师资队伍整体质量的变化。所以教师作为一个整体概念，在教育系统运行过程中其质量具有动态的特征，处于不断变化之中。从教师质量群体特征看有必要对教师质量进行监控。

第五节 研究方法

一、文献研究

本书将利用中外各种载体的文献，获取对县域义务教育教师质量监控的相关研究成果。从国内、国外两个角度了解县域义务教育教师质量监控相关问题的研究成果、认识水平等，在此基础上建立县域义务教育教师质量监控理论框架，借鉴委托代理理论、利益相关者理论和权变理论观点之中有意义的、有价值的内容，建构县域义务教育教师质量监控体系。

二、实证研究

利用问卷调查收集县域义务教育教师质量监控的相关数据，通过数理统计软件及其技术进行数据分析。

（一）研究目的

通过对黑龙江省H市（县级）的教育局及其所辖义务教育阶段多所学校进行教师质量监控的调查研究，以了解和把握教师质量监控的现实状况，充分认识当前教师质量监控中存在的问题，为县域义务教育教师质量监控提供具有针对性的实践指导建议，同时对教师质量监控体系的构建提供实证依据与支撑。

（二）研究对象

从黑龙江省H市（县级）选取教育局相关人员（从教育局长到一般科员）作为样本；从教育局所辖所有义务教育阶段学校中分层、分类抽样选取学校中相关人员（从校长到教师）作为样本，包括小学（市直小学、乡镇小学、农村小学、教学点）、初中（市区中学（包括一所完中）、乡镇中学、少数民族中学）、九年一贯制学校共16所学校。本研究共发放问卷550份，回收有效问卷543份，问卷有效率为98.7%。选取样本情况见表0-1。

表0-1 被试抽样情况统计（n=543人）

类 别	完全中学	市里初中	乡镇初中	九年一贯制学校	市里小学	乡镇小学	农村小学	教学点	教育局	合计
被试单位	1	1	3	2	2	3	2	2	1	17
单位百分比/%	5.9	5.9	17.6	11.8	11.8	17.6	11.8	11.8	5.9	100
被试人数	53	104	83	55	124	62	37	2	23	543
人数百分比/%	9.8	19.2	15.3	10.1	22.8	11.4	6.8	0.4	4.2	100

（三）研究工具

1. 问卷构成

本书编制设计了《县域义务教育教师质量监控调查问卷》（见附录1）。问卷的设计旨在了解县域内义务教育教师质量监控的情况。问卷由两部分组成：第一部分是样本的基本情况调查；第二部分是对教师质量监控情况调查。其中，第二部分是问卷的主体，主要从监控主体、监控内容、监控方式、监控效果及反馈、对监控的再监控等方面进行调查，具体问题设计情况见表0-2。

表0-2　调查问卷主体部分问题分配情况

调查内容	对应问题（题号）	题目数	百分比/%
教师质量	13	1	3.33
监控主体	14、15、16、17、18、19、20、21	8	26.67
监控内容	24、25、26、27、28、29	6	20
监控方式	30、31、32、33、34	5	16.67
监控效果及反馈	22、23、35、36、37、38、39	7	23.33
对监控的再监控	40、41、42	3	10
合　计		30	100

2. 问卷效度和信度

在国内外相关文献研究，基础教育管理人员、教育督导访谈、教育专家咨询基础上，结合县域义务教育教师质量监控现实状况确定问卷内容的维度、设计出调查内容的双向细目表。依据教师质量监控问卷编制双向细目表（见附录2）检视问卷的内容具有较好的代表性，效度较好。

通过Cronbach's Alpha系数值来测量整个问卷的信度，经计算，问卷的Cronbach's Alpha系数为0.816，这表明此问卷的信度较高。

（四）研究方法与程序

本章实证研究采用定量与定性相结合的研究方法，问卷的调查结果主要进行描述分析、差异分析、相关分析、回归分析，使用SPSS18.0统计软件及Excel工作表格对调查结果进行调查数据分析与整理。

第六节　研究价值与创新之处

一、研究价值

（一）理论价值

本书研究将有助于教育质量监控理论研究的发展与深化。随着教育公平理念的深入推广，人们对县域义务教育阶段的教师质量监控越来越关注。本书研究通过县域义务教育教师质量监控理论框架建立、县域义务教育教师质量监控体系建构来分析县域义务教育教师质量监控问题。从理论层面对教师质量监控的维度、主体、指标、原则、底线等进行分析，这将有助于促进教师质量监控研究的科学化、合理化，将会对教育质量监控理论研究的发展和深化产生积极的影响。

（二）实践价值

首先，本书研究将有助于中观层面的教育政策的完善。县域义务教育教师质量监控运行实践是依据教育政策进行的。县域范围内义务教育教师质量监控有其特殊性，在实现教育公平、城乡教育均衡发展的教师队伍建设方面不可避免地要考虑这些。可是，从目前的研究来看，在义务教育教师质量监控方面关注县域教师特殊性的内容较少，而且对县域义务教育教师质量监控主要是集中在听课、查看学生考试成绩方面，其他方面却比较少。本书研究将对县域内义务教育教师质量监控运行实践问题进行梳理与分析，这无疑将为中观层面教育政策的完善提供有益的参考。

其次，本书研究将有利于促进县域义务教育教师质量水平整体提升。我国县域内义务教育教师质量监控始终伴随着各种难以化解的问题。多数情况下的教师质量监控的实效性较低，监控政策多流于形式，不能从根本上促动教师的质量提升，这有碍于教师整体质量的提高。因此，寻求有效合理的监控是县域义务教育教师质量整体提升的必然要求。本书研究通过分析县域义务教育教师质量监控现实状况与理论框架、监控体系方面的差距，探讨县域义务教育教师质量监控的实施关键策略，这将对促进教师质量的整体提高，促进城乡义务教育均衡发展、实现教育公平具有重要的意义。

二、创新之处

（1）本书研究将在理论分析基础上，系统地对县域义务教育教师质量监控体系建构问题进行研究。对县域义务教育教师质量监控的多元主体与专业标准的价值冲突与整合、监控指标取向、监控指标确定原则、监控指标展开方式与表达、指标底线、指标体系建构等问题进行系统的阐述，为县域义务教育教师质量监控提供具有现实意义的理论指导。

（2）本书研究将通过探讨县域义务教育教师质量监控的实施关键策略为县域义务教育教师质量监控提供具有可操作性的参考建议。主要涉及如何制定县域义务教育教师质量监控目标、如何依据教育实践需要灵活选择教师质量监控指标、如何选择适合县域义务教育教师质量监控的主导方式、如何形成基于县域义务教育教师质量提高的监控反馈路径、如何加强对监控系统的再监控。

第一章　县域义务教育教师质量监控的理论框架

通过借鉴已有的理论研究成果构建与创新县域义务教育教师质量监控的理论框架是本书研究的逻辑起点，也是县域义务教育教师质量监控体系建构的前提条件。从教育专业角度看，对教师质量的监控要用专业的标准与要求来完成。教师质量作为公共利益，对它的监控涉及多方主体的利益。同时，由于教师质量监控不是在绝对的真空中实施，它的运行必然要与内外环境的多种因素的变化相适应。因而，县域义务教育教师质量监控理论框架一般可以从专业维度、利益维度、过程维度三个方面展开。本章将从这三个不同维度的监控主体、监控内容、监控特征、监控限度的解决几个方面进行阐述。

第一节　专业维度的县域义务教育教师质量监控

所谓的专业，有几种解释：一是指高等学校的一个系里或中等专业学校里，根据科学分工或生产部门的分工把学业分成的门类；二是指产业部门中根据产品生产的不同过程而分成的各业务部门；三是指专门从事某种工作或职业的①。本书中专业的含义偏重于第三种定义。专业维度监控，主要是指监控实行由专家组成的监控人员进行监控。专家担任监控人员是指监控者对于委托他所监控的教师质量有专门知识。这里的专门知识，作两方面的理解：一是具有教育教学及教师方面的业务知识；二是具有与所监控的教师质量有关的监控知识。专业监控人员凭借专业知识和技术以及信用责任产生的权威性对教师的专业理念、道德、知识、能力进行监控。

一、专业维度的监控主体条件

不是任何人都可以承担监控任务的。从专业角度看，要想保证作为监控主体的专业人员的监控质量与效率，监控主体的专业知识和技术与信用责任是必不可少的。

---

①　中国社会科学院语言研究所词典编辑室．现代汉语词典［M］．北京：商务印书馆，1996：1650.

（一）监控主体的专业知识和技术

从专业角度讲，在监控主体的条件中，专业知识和技术是监控主体整体素质的核心。监控主体要以专业知识和技术为基础，最终转化为能力，用以解决监控问题。监控主体的专业知识和技术，是监控主体自己的专业水平在监控过程中的具体体现，是监控主体从事专门监控工作所需要的工作知识、理论和操作技能及技巧。这不仅是专业人员从事专业监控的前提和基础性条件，也是专业人员区别于其他普通社会公众的显著标志之一。

第一，专业知识和技术的深度。监控主体首先必须是教育行业的专家。成功的监控专家的专业性很强，作为专家的监控主体，不仅必须具有基本的教育专业知识和技术，同时也要掌握具有一定深度的专业知识和技术。如果没有基本的教育专业知识、不懂基本教育技术，就无法从专业角度判断监控目标是否合理；就无法按照监控指标来组织实施监控；更难以鉴别教师质量的优劣，从而对监控过程中的重大质量问题就没有自己的见解，就没有发言权。不懂相应的专业知识和技术往往是导致监控主体监控失败的主要原因之一。监控主体如果自己缺少一定深度的专业知识和技术，要想对教师质量监控的专业性任务进行计划、组织和协调都将是十分困难的。在监控过程中的沟通交流，监控主体、教师以及其他利益者经常要用到一些专业知识和术语、操作技能，如果监控主体不具备一定深度的专业知识和技术，沟通也是困难的，更不用说做出正确的决策了。当然，我们并不能要求监控主体对所有的专业知识和技术都十分精通，但必须熟悉实施监控的主要专业知识和技术。

第二，专业知识和技术的广度。监控主体必须要对监控负全面的责任，所以不仅需要他具有一定的教育教学方面的专业知识和技术，同时还要有与监控有关的专业知识和技术，即必须要具有一定的专业知识和技术的广度，这是监控主体工作性质的必然要求。应掌握诸如统计学、测量学、评价学、数学等自然科学方面的基本专业知识和技术，还应掌握一些必要的社会科学方面的专业知识和技术，包括经济学、管理学、心理学、社会学等。

监控主体的特殊职责和工作性质，对监控主体的专业知识和技术提出了特殊的要求。只有了解了一个合格的监控主体所具备的专业知识和技术，才能有效地判断一名监控主体监控是否出色。专业知识和技术是监控主体整体素质的基础，专业知识和技术的深度和广度有助于监控主体综合素质的提高。

（二）监控主体的信用责任

教师质量监控过程中，由于专业主体有着专业知识和技术专长的积累，所以人们普遍对具有专业知识和技能的专业主体总是存在一定的信任和期望。当社会中的某些人无法了解某种专门知识时，就把信用责任寄托在具有专门知识或使用专门知识的人身上。所以，在实际的监控过程中，监控主体信用责任的价值往往是胜过专业知识和技能的。因而，这种类型的信任使得由知识和职位所带来的那些专业监控主体能力有可能得到有效而公正地使用，并且可避免被滥用。无论专业监控主体的年龄、性别怎样，他们总是被冠以不同程度合乎道德的信用责任。

然而，信用责任作为一种监控条件从来不是十分充分的或完全有效的。尽管如此，信用责任对于保证专业主体监控教师质量是必不可少的。作为专业主体为了教师质量监控的有效实施，两种信任是必需的，一种是对有专业知识和技术能力行为的期望的信任，另一种是对专业人士的信用责任的信任。在监控过程中，这两种信任都能促进特殊的功能，满足特殊的需要。尽管这两种信任在监控过程中几乎同样重要，但作为信用责任的重要性似乎更大一些。因为专业人士的主要职责是，在确定和保持价值中扮演着社会公正的角色。

二、专业维度的监控内容

教育专业对教师质量的要求体现在专业理念、专业道德、专业知识、专业能力几个方面。从专业维度对教师质量的监控也主要集中在这几个方面。

（一）教师的专业理念

所谓理念，就是指人们对于某一事物或现象的理性认识、理想追求及其所形成的观念体系。教师的专业理念是指教师对自己从事的专业的理性认识及其在此基础上形成的专业信念，是教师对自身教育专业的性质、标准、价值等的理解、判断、期待与认同，并指引着教师的思考方式和行为举止。教师专业理念，这一关键因素首先影响着教师的专业态度和专业知识，影响着教师自己专业素质其他方面的提高及专业精神和专业技能等维度的提升，还会影响到学生的全面发展，还有可能影响到教育事业的发展方向。

专业理念对教师质量有着重要影响，但教师专业理念具有无形的特征，对其监控具有一定的难度。然而，专业理念可以直接指导着教师的教学态度和教学行为，[①] 为教师的专业行为提供了理性支点，使得作为专业人员的教师和其他非专业人员区别开来。教师所持有的专业理念会直接决定其组织教育教学活动的目的、内容和方式，影响其教学活动的效果以及其自身专业发展的方向。所以，对教师专业理念的监控，可以通过监控教师的教育观——对教育职业的理解与认识；通过监控教师的学生观——对学生的态度与行为；通过监控教师的教学活动观——教育教学的态度与行为等方面的内容来监控教师专业理念。

（二）教师的专业道德

道德是以善恶作为评价标准，依靠社会的舆论、传统的习惯和内心的信念来维持，调整社会中的个体之间以及个体与社会之间相互关系的行为规范的总和，

① 王娜．小学教师教学反思研究［D］．长春：东北师范大学，2008.

以及与之相应的行为活动。教师专业道德是指从事一定教育专业的教师在专业活动中所应遵循的、符合本专业特点的道德规范，以及与之相适应的道德观念、道德情操与道德品质的总和。教育专业不但要求教师具备特定的专业知识和技能，而且要求教师具备特定的专业道德观念、情感和品质。教育专业为了维护本专业利益和信誉，适应社会的需要，从而在专业实践中，根据一般社会道德的基本要求，逐渐形成了教育专业的道德规范。教育专业道德反映专业特殊利益的要求，鲜明地表达专业义务、专业责任以及专业行为上的道德准则。

专业道德具有内在强制性的特征，专业道德不仅对教师自身生存发展和质量提升具有一定的功效及意义，而且专业道德能够反映教育现实。专业道德能通过评价和鼓励等方式，造成社会舆论，形成社会风尚。专业道德是教师质量最重要的成分之一。因此，监控教师专业道德有利于促进教师质量的提升。在教育体系中，教师的专业道德涵盖教师的专业义务道德准则、专业责任道德准则、专业行为道德准则等方面的内容。虽然专业道德是一个抽象的概念，但它可以依据专业义务道德准则、专业责任道德准则、专业行为道德准则中的行为规范和要求完成对教师专业道德的监控。

（三）教师的专业知识

正如前面提到的，教师的专业知识是教师从事教育专业所需要的工作知识和理论。专业知识是建立在一般科学文化知识基础之上的与其所从事的职业密切相关的知识。从教育专业角度来看，监控教师专业知识主要涉及监控教师的本体性知识、条件性知识、实践性知识和素养性知识。

监控本体性知识，主要是监控教师所具有的特定的学科知识，那些直接支持和维持教学的课程与教学论知识。条件性知识是广大教师顺利进行教学的重要保障。监控教师的条件性知识，也就是监控教师的具体的教育科学知识，作为教学必要条件的教育学、心理学知识以及相关的其他领域的知识。教师的实践性知识是教师教学经验的积累，在教师专业发展过程中有着非常重要的作用。监控教师的实践性知识就是监控教师在教学设计过程中把自己的学科专业知识与课堂教学结合而形成的一种与行动相关的知识。素养性知识也是教师专业知识的一部分，素养性知识的丰富与积累，对教师行为会产生潜移默化的影响，对教师质量提升具有重要意义。监控教师的素养性知识就是监控教师需要了解的当代科学和人文方面的知识，包括一般文化知识和工具性知识。对教师专业知识的监控要包括对这四个方面知识的全面监控，忽略教师的某一方面的专业知识，不利于获得有成效的监控效果。

（四）教师的专业能力

从事某项专门职业的活动效率和具体劳动能力就是专业能力。专业能力是一个不断发展的动态过程，专业能力是实际运用并不断获取专业知识的必要条件。

专业能力有非常强的技术性，这种技术是在教育教学过程中积累起来的经验和知识，有极强的特殊性。专业能力是教师质量形成与提高的重要条件，是职业能力最重要的组成部分，具备专业能力的教师都能够在职业岗位上表现出水平较高的工作质量。

专业能力是教师质量中最基本的能力，是教师从事教育职业必须具备的能力和本领。在一定的条件下，专业能力对教师的高层次职业能力的有效发挥具有促进作用。从这个意义上讲，专业能力是教师一种最基本的职业能力，在教师质量监控过程中专业能力应该成为监控的主要内容之一。对教师专业能力监控主要是监控教师教育教学运行实施能力（教师基本能力、教学能力、教育能力、发展性能力）和教师教育教学绩效提升能力（提高教师教育教学任务完成及专业发展能力、促进学生学业成绩进步的相应能力）。

三、专业维度监控的权威性

专业维度的县域义务教育教师质量监控，因专业人员的专业水平、资历和贡献而产生的权威性比法定的权威性具有更大的影响力。所谓的权威性是指具有使人信服的力量和威望的性状。与法定的权威相比，其不同之处在于专业的权威性不是通过科层组织、官僚权力体现的；专业的权威性是建立在专业知识和技术基础之上，由专业人员的专业水平、专业资历和专业贡献等所决定的专业地位和专业影响，专业权威性具有专业性、自愿性、动态性特征。

在县域义务教育教师质量监控过程中，专业监控人员拥有专业权威是基于自身是专家学者、具有渊博的专业知识，专业权威是高深专业知识价值在他们身上的体现。因此，监控过程中，专业权威存在与否、能否发挥作用以及发挥什么样的作用，主要依赖于专业监控人员的专业背景和学术水平。在监控过程中，专业监控人员遵循着自己的专业规范与价值体系，运用着专业的高深知识和技术，保证监控的专业技术性要求：信度和效度问题，表现出专业对监控工作的独特作用和价值。专业监控人员从自身所拥有的专业知识中获得权威，并通过教育实践来运用并保护权威。因此，专业监控人员也就掌握了专业监控的话语权，受到同行及外行的敬仰，专业权威油然而生。所以，专业内行和外行都会因此而表现出对县域义务教育教师质量监控过程中专业监控人员的一种自愿服从。

四、专业维度的监控问题及其解决

专业维度的县域义务教育教师质量监控，在专业性保证专业知识和技术的深度和广度的同时，却产生了不同个体间信息不对称、信息能力差异问题。借鉴委托代理理论中合理的成分可以解决专业维度监控信息不对称、信息能力差异问题。

（一）专业维度监控存在信息不对称、信息能力不同问题

专业性监控虽然具有很强的权威性，但是专业维度监控也会造成一些弊端。这主要是因为监控过程中并非所有人员都是具有专业性的主体、专业监控内容并非能符合其他利益相关者要求。这必然会导致专业内外人员在监控过程中存在信息不对称、信息能力不同等问题，使得不具有专业知识的人员缺少教师质量监控的话语权。

首先，专业维度教师质量监控排除了非专业人员（其他利益相关者）的参与，这些人对影响学生培养质量的教师质量往往没有赋予介入的权利而形成了教师质量信息的屏蔽或不对称、不完整，出现监控信息不对称问题。其次，专业维度监控，主要是从专业角度把握和传递教师质量的相关信息。对于专业外的人员，例如，家长、学生、教师、教育管理部门、社区人员等往往由于自身信息能力不强，不能很好地从专业角度来接受和理解这些信息。因此，作为非专业人员的许多利益相关者通常对专业维度的监控过程与结果不能很好地理解，无法知道教师质量的水平与状态以及教师的努力程度与水平，从而影响到教师质量监控的透明度。

（二）专业维度县域义务教育教师质量监控问题解决途径

完善的义务教育教师质量监控必须具备的一个条件，就是必须使专业内外人员都具有话语权，使他们具有和掌握义务教育教师质量监控的相关信息。要有效解决信息不对称、信息能力不同问题，对义务教育教师质量进行监控，就应该建立有效的教师质量监控机制，① 使多元利益主体都能参与监控过程。对于信息不对称、信息能力不同的问题，委托代理理论提出了解决途径②，我们可以借鉴其中合理的成分来解决专业维度监控的问题。

首先，专业人员分割或转让部分监控权给非专业人员（其他利益相关者）。让非专业人员（其他利益相关者）有机会参与教师质量监控。在教师质量监控过程中，重新安排监控组织机构，赋予非专业人员（其他利益相关者）部分监控权。通过将部分监控权转让给非专业人员（其他利益相关者），使教师质量监

---

① 鄢烈洲，李晓波，曹艳峰．我国独立学院治理研究［M］．武汉：武汉出版社，2009：77-79.

② 委托代理理论是研究现代公司约束与激励问题的基础。委托代理关系最早源于企业，产生的现实前提是资本所有权与控制权的分离。20 世纪 30 年代，美国经济学家伯利和米恩斯因为洞悉企业所有者兼具经营者的做法存在的弊端，于是提出委托代理理论，倡导所有权和经营权分离，企业所有者保留剩余索取权，而将经营权让渡。20 世纪 60 年代末 70 年代初一些经济学家深入研究企业内部信息不对称和激励问题，由 Wilson、Spence、Zeckhaysen，Ross，Mirrless Holmstrom，Grossman 和 Hart 等人开拓的委托—代理理论，不仅考察代理问题，而且也考察了委托问题，使得委托代理理论得到了迅速发展。在委托代理过程中，在契约形成以后的信息不对称的前提下容易产生道德风险、代理成本、约束成本等给企业造成的损失。委托代理理论用提供报酬吸引、激励代理人，并对代理人行为进行监督和约束，使其投入达到最佳水平，从而使委托人的效用目标达到最大化。

控效率与他们的利益满足程度息息相关。这种监控组织结构的重新调整可以实现用激励来促动非专业人员（其他利益相关者）的监控积极性。

其次，设计有利于专业人员与非专业人员（其他利益相关者）进行有效监控的监控方案。通过设计合理的监控方案，让非专业人员（其他利益相关者）也有能力参与教师质量监控。依据教师质量监控目标、内容与特征，基于专业要求，在非专业人员（其他利益相关者）理解和接受的可能性的基础上，决定监控方案的表达与陈述方式。这种监控方案既可以保证专业人员很好地把握专业标准，又能保证非专业人员（其他利益相关者）有能力和积极性参与监控。

第二节　利益维度的县域义务教育教师质量监控

利益是指好处。① 在这里，利益维度主要是指从获得利益或好处的利益相关者视角来分析教师质量监控。利益相关者是在教师质量监控过程中有着某种“权益”或既得利益的个人或群体。利益相关者是与教师质量监控相互作用的，利益相关者可能为教师质量监控的行动、决策、政策或做法所影响，这些利益相关者也能够影响教师质量监控的行动、决策、政策或做法。利益维度监控是利益相关者在合理合法要求的基础上进行的监控，主要监控教师的社会责任和工作效果。这种维度的监控有其自身合理性和局限性。

一、利益维度的监控主体条件

在县域义务教育教师质量监控中，许多人和群体都拥有合理合法的利益和要求，他们对教师质量要求具有正当性和适切度。这些利益相关者在教师质量监控中作为监控主体具有两方面的条件，即监控主体的独立性、监控主体的利益位置。

（一）监控主体的独立性

在县域内义务教育教师质量监控过程中，监控主体必须具有一定的独立性。监控主体可以依据一定的法律、法规或一定的规章制度，对教师质量行使监控权，这种监控活动应该不受其他机关、组织或个人的非法干涉。监控主体的独立性是指作为监控主体的监控组织或监控人员的独立性，包括监控组织机构依法设置的独立性，依法任免监控人员的独立性，以及依法进行监控活动的独立性等。监控是监控主体对教师质量的监督和调控，它要求监控主体只代表自己的利益或自己所属的组织利益进行监控，只对自己或者自己代表的利益组织负责，而不受其他组织的干扰，能够独立地行使监控的权力。监控主体的独立性是监控有效性

---

① 中国社会科学院语言研究所词典编辑室．现代汉语词典［M］．北京：商务印书馆，1996：779.

的根本保障。如果监控主体失去应有的独立性，那么就会出现“虚监”“弱监”现象，软弱无力的监控必然带来监控的无效。

（二）监控主体的利益位置

监控主体的利益位置决定了利益相关者参与监控的合理性、影响力、紧急性。监控主体的利益位置主要有主要的利益相关者、次要的利益相关者。主要的利益相关者在教师质量监控中拥有直接的权益，他们的要求被认为具有较高的合理性，对教师质量及其监控有着较强的影响力，对教师质量及其监控具有较高的急切关注或回应的程度；次要的利益相关者被认为在教师质量监控过程中拥有间接的权益，他们的要求被认为具有较低的合理性，对教师质量及其监控影响力较低，对教师质量及其监控的关注或回应程度不高。

利益位置往往被用来作为监控主体是否参与教师质量监控的重要条件。更多的人能够接受主要利益相关者参与教师质量监控，而对于次要的利益相关者参加教师质量监控则没有太多的要求。虽然主要的利益相关者对教师质量监控的效率起着直接的影响作用，但是次要的利益相关者对教师质量监控也具有较大的影响力，尤其是在教师质量及其监控的声誉和社会地位的方面。比起那些直接的权益，次要利益相关者在教师质量监控中的权益更能代表公众、代表特殊的利益。

二、利益维度的监控内容

从利益维度监控教师的社会责任和工作效果：一是为了促进教师自身长期发展。教师对社会期望加以回应，才能在公众中获得更高的信任度，其工作效果对所有的利益相关者来讲才具有更大的吸引力，才能获得更多的社会支持。二是为了形成教师质量的自觉监控。依据监控结果科学合理制定一些较高标准的教师行为规范，确保教师监控的自觉性和自愿性。

（一）教师的社会责任

任何教师都是社会系统中的一员，并承担社会责任。责任是教师根据教育和社会需要以及个人能力确认的自己应当承担的任务，是教师教育教学行为与后果的自然联系。责任机制是为了减少有害行为，增加有益行动。责任对教师来说是最基本的道德规范，无论是教师个人还是学校组织，都承担着相应的责任，否则教育就难以存在。因此，责任是教师对在特定社会关系中社会任务的自由确认和自觉服从。学校的教师作为受托人，除确保行政管理部门、学校获取最大的回报外，还应该公正地协调家长、学生、社区和广大公众的利益。

教师对所有的利益相关者利益关注的责任就是社会责任。教师从事教育活动的自由为法律法规和社会的各种力量所制约或引导，教师应该提供社会不同利益相关者需要的教育，对所有的利益相关者所负的责任是重大的。权力和专业是指导教师行动的两个重要指南，但仅依据这两个指南开展教育工作远不能使教师成为高质量教师，还必须注意听取所有的利益相关者的要求，为他们提供具有价值的教育服务。因此，从利益维度来看，教师质量的监控内容涉及教师工作过程是否具有责任感，教师是否会对所有的利益相关者负责，即教师工作过程中是否关注并满足各种利益相关者的需要，关注和满足的程度如何。

不同领域的利益相关者对教师的社会责任的认知各有不同，家长和学生从家庭资本的最佳投入与学生的成就优化配置角度强调教师责任的最大化；行政管理部门和学校侧重如何对教育教学目标的实现进行有效的计划、组织、领导和控制过程中的教师责任；社区则强调更多地考虑教师对社区利益相关者的责任。虽然视角各有不同，但是它们都认同对教师社会责任的监控。当然，对教师承担社会责任的监控并不会增加教师负担。虽然监控教师社会责任，就有可能淡化了对教师质量主要内容的重视，可能会出现教师把主要精力放置在与教师质量监控相关度不是很高的内容上去的现象。但是，对教师承担社会责任的监控会给教师带来良好的名誉和发展机会。良好的名誉和发展机会能够对教师质量的提升带来良性循环，所以应该把教师社会责任作为教师质量监控的内容。

（二）教师的工作效果

教师的工作效果是利益相关者监控教师质量的主要内容，其效果如何是利益相关者的利益获得多少的主要体现。教师工作是否能够促进学生成绩提高、学校品质提升、教育目标的完成还是社会服务的提供等各方面都会受到利益相关者的关注。通过这些效果利益相关者可以监控并判断教师质量的高低，是否使得他们能够获得合理的利益。

对教师工作效果的监控主要从精神效果、物化效果和人才效果三个方面监控。监控教师工作的精神效果，即监控教师工作在意识层面的影响。包括对学生思想素质、学校品质、社区文化等方面形成的效果。监控学生是否形成正确的人生观、世界观和价值观，并能在个人的言行上表现出来，思想素质的形成是否与教育目标要求和社会规范都能保持一致；是否通过教师工作能够促进并形成具有凝聚力，积极向上的学校氛围，是否促进并形成学校的特色与品质；是否能够通过教师自身或学生对社区活动的参与而产生的意识层面的影响。教师工作的物化效果的监控主要涉及教师工作促进和保证与教育教学相关的各项内容的完成，所有利益相关者利益的实现。监控物化在各项任务中的客观成果，例如，监控学生的成长与发展、学校和班级建设、社区服务等各个方面的任务的客观成果。虽然，有些任务并不是教师工作单方面的效果，但它必然渗透着教师工作的因素，包含着教师工作的物化效果。教师工作的人才效果监控是最主要的监控内容。主要是监控教师工作在培养全面发展的人才方面的效果。监控学生在品德、智力、体质等方面发展情况，教师工作是否形成和提高学生的理想、纪律、道德、思维和创新精神等方面的素质；另外，监控学生是否树立正确的人才观方面，是否确立做有理想、有道德、有文化、有纪律的社会主义新型人才观等。

因为教师工作对象是具有主观能动性的人，这就使得教师工作效果在内容、形式、时间、空间上，都具有突出的模糊性。教师工作效果内容多表现为精神成果，这些精神成果表现为隐形状态，只有当它们进行实践过程，才转化为有形状态效果。大量的教师工作效果只能是由量变到质变的潜移默化过程，在时间上具有滞后性，当效果表现为受教育对象的自身素质时，又将在相当长的时间里不断释放能量，反复发生作用。这就给某一确定时间内的教师工作所产生的效果的量化的监控增加了难度。由于教师工作效果产生是多因素的，效果的作用空间是全社会的，所以有些指标数字在效果监控中仅有参考意义，如果片面追求这类数据，不但可能造成监控的不准确，而且容易导致浮夸和形式主义。如果我们单纯追求效果监控的数据化，就可能导致监控工作以偏概全。

三、利益维度的监控合理性与要求

县域义务教育教师质量监控过程中，教师接受多位利益相关者委托对学生进行教育和培养。追求利益和获得利益的满足是利益相关者的合理性要求，但不同利益相关者之间又有着不同的利益和价值追求，对这些不同的利益和价值追求的整合需要找到合适的契合点。

（一）利益维度监控的合理性

合理性指的是某一利益相关者对教师质量监控权益要求的正当性和适切度。利益维度监控的合理性表现在不同的社会角色、不同价值追求的利益相关者都有着对教师质量监控的权益要求。只是由于他们所处的环境和条件不同，也由于考虑的权益的角度不同，不同利益相关者对教师质量监控的要求的合理性程度存在差异，即他们对教师质量监控的影响力不同。但是不论合理性大小，只要是利益相关者都会对教师质量监控产生不同程度的影响。

在县域义务教育教师质量监控过程中，由于学校、家长、学生等利益相关者与教师质量有着明确、正式和直接的关系，所以，也就意味着他们的要求所包含的合理性成分较大，与教师质量较为疏远的利益相关者，如社区等，他们的要求则被视为具有较低的合理性。合理性成分的多少往往决定了利益相关者参与监控的效果。合理性成分较多的利益相关者，作为主要的利益相关者在教师质量监控过程中拥有直接的权益，对教师质量监控的效果起着直接的影响作用。合理性成分较少的利益相关者作为次要利益相关者在教师质量监控中更能代表公众、特殊的利益，虽然，教师质量对次要利益相关者的利益满足程度往往较小，但是这些利益相关者群体对教师质量监控可能产生十分重要的影响，并很可能代表公众对教师监控的看法。

（二）利益维度县域义务教师质量监控的要求

不同利益群体存在着不同的合理利益追求。教师质量监控应该由主要利益相关者还是次要利益相关者参与问题，利益相关者理论①提出了相应策略。利益相关者理论倡导各方面利益相关者的参与，这是保证实现各方利益相关者利益的合理的制度安排，也是利益相关者权利的体现，因而从这个视角分析此理论可以较好地借鉴于利益维度的教师质量监控。

1. 监控过程要公正对待与教师质量相关的利益群体

公正对待与教师质量相关的利益群体，能生成一种组织氛围，以使管理者在制定和执行监控决策时考虑到所有的利益相关者的利益。教师质量监控目标在于保证教育质量，实现教育公平。尊重和积极促进所有合理合法的利益相关者对教师质量的关注，可以用来识辨并把握利益相关者们的政治、社会、经济、法律、道德、伦理等多方面的请求，并在教师质量监控决策及其实施中适当考虑他们的利益。应该说，从所有利益相关者角度去考虑如何开展教师质量监控，能够使得管理者清楚明了地把握在学校环境下，教师质量监控的复杂性并认识到教师质量监控活动中可能遇到的不同类型的问题，以及应采取的措施和方法，从而提高教师质量监控的效率。

2. 探寻有效整合不同利益主体价值冲突的路径

从教师质量监控的目的和要求来看，需要有着共同的认识和建议。但由于不同的利益相关者对教师质量的要求不同，每个人在监控教师质量时都有自己的标准，会表现出复杂的监控形式。这给教师质量监控问题取得一致带来了限制。要使所有的利益相关者在教师质量监控问题上取得百分之百的共识，是十分困难的，或者说是不可能的。因此，利益维度的教师质量监控需要找到一个合适的方式对利益冲突和不同的价值追求进行合理的整合。教师质量监控理论体系的建构必须要顾及各个利益相关者，应该重视利益相关者的利益诉求，并协调他们之间的利益冲突，找到合适的契合点，使他们能够承担起超越利益目标的更广泛的社会义务和责任。

---

① 利益相关者理论（Stakeholder Theory）是20世纪60年代左右，在美国、英国等长期奉行外部控制型公司治理模式的国家中逐步发展起来的，是相对于传统的“股东利益至上”理论而提出的一种新型企业治理理论。自1929年至1933年，人们开始重新评价公司存在的价值和股东利益最大化的观点。20世纪80年代以后利益相关者理论影响开始扩大，并促进了企业管理理念和管理方式的转变。进入90年代以后，利益相关者理论受到了经济学家、管理学家的高度重视，其理论体系也逐步完善。1984年，弗里曼出版了具有里程碑意义的《战略管理：一个利益相关者方法》一书，其对利益相关者的定义可以说是最具代表性的。美国学者玛格丽持·M·布莱尔的观点为利益相关者理论作了典型的论述，认为权益资本是公司整体投入组合中极为重要的构成部分之一，但投入并非仅限于股东，而雇员、贷款人、供应商或其他人都可以做出专业投资，这些投资与股东们的投资一样面临完全相同的风险。该理论认为任何一个公司的发展都离不开各种利益相关者的投入或参与，比如股东、债权人、雇员、消费者、供应商等，企业不仅要为股东利益服务，同时也要保护其他利益相关者的利益。

第三节 过程维度的县域义务教育教师质量监控

过程维度的县域义务教育教师质量监控主要是指要关注监控过程中的功能发挥。监控过程的功能发挥取决于监控过程中的外界和内部环境因素的影响。在义务教育教师质量监控过程中，教师质量监控系统是一个开放的系统，义务教育中教师质量各要素是动态变化的。所以，监控过程的功能发挥对监控主体、监控内容有着较为特殊的要求。

一、过程维度的监控主体条件

由于监控主体参与监控的个人条件存在差异，这会对过程维度的功能发挥产生不同的影响。从提高监控效率角度出发，过程维度的教师质量监控对监控主体提出空间、时间、价值取向、信息优势等条件要求。

（一）监控主体的空间优势

空间优势是指空间因素和空间成分在相互影响关系中形成的空间价值相对集中的性质，拥有空间优势，可以因空间因素的强势形成资源优势、技术优势、交通优势、环境优势和社会文化优势等。其中环境优势、资源优势、文化优势等相对于其他空间而言均具有较高利用价值的特征。

教师质量监控过程中，有效的监控主体应该具有一定可以比较的优势成分而形成一定的强势空间地位。不同主体在监控过程中应该具有相应的空间优势，不应该存在由于空间的间隔性而产生的接触性困惑。如果在监控主体不具空间优势时，不利于交流和信息传播，就会出现“信息孤岛”，吸收和变更能力减弱，从而对教师质量信息反应敏感性降低。学校外主体的监控范围的局限性往往源于空间的间隔性。由于许多监控主体与学校空间的物理间隔使得他们不能便利地接触教师，缺少对教师质量的认知与理解，他们也不知道教师培养学生的具体方式和途径。

从理论上讲，不同监控主体应该也必须到学校内进行监控，以弥补由于物理间隔造成的不熟悉教师质量实际状况的缺陷。但在教师质量监控的实践中，不同监控主体和学校在空间距离上的矛盾，使这类“弥补”或“接触”不可避免地存在一定的实现难度与障碍。因此，由空间间隔给监控主体对教师质量进行监控带来的接触性难题是不容忽视的。

（二）监控主体的时间优势

所谓的时间优势是指主体在监控教师质量过程中处于有利的时间形势、更有便于参与监控。监控主体在时间上所拥有的优势可以为参与教师质量监控奠定基础，从而促使教师质量监控形成整体监控优势。对时间优势的要求是过程维度的监控主体实现主动参与监控的重要前提条件。因此，监控主体应该获得和保持时间优势，使监控主体在监控中处于主动地位。只有那些在时间上具有优势的主体才能更好地参与教师质量监控，更好地把握教师质量的发展方向，才能更好地为义务教育教师质量的监控提供合理而有价值的建议。

不同监控主体对教师质量监控过程的局限性源于时间的自主性的差异。不同监控主体与教师质量监控的时间安排各自服从本主体的目标和方案，都有自己的生活和工作的运行时间表。教师质量监控工作是在学校范围内进行和开展的，学校教师质量监控，在什么时间和地点安排监控活动，开展哪些监控活动，有哪些环节，都有着自己安排，甚至许多学校的教师质量监控都有着自己的监控计划表。而教师质量监控涉及多位监控主体，不少监控主体并不在同一个单位，同一个行业，大多数的监控主体都不具有在学校内进行监控的时间优势，众多的质量监控主体难以在时间上找到恰当的契合点。所以，要求他们按照学校要求的同一时间参与监控教师质量就会带来不少困难，这需要监控主体们牺牲自己宝贵的时间。但是学校在教师质量监控方面一般都是随着教学工作开展的，监控主体即使非常珍视参与教师质量监控的这种机会，但却因没有太多合适的时间参与监控而只能放弃。所以，对于监控主体来说，具有监控的时间优势是参与教师质量监控的重要前提。

（三）监控主体的价值取向优势

价值取向优势是指主体在指向目标的活动过程中反映出的价值观念变化的总体趋势和发展方向的优势。价值取向优势的形成与实现是一个长期的历史过程。一种价值取向的产生和形成源自于主体的某种需要，其实现则是主体需要的满足。价值取向优势可以理解为在多种监控情景中指导主体行动和决策判断的总体信念的优势。

县域义务教育教师质量监控过程中，价值取向优势是主体在进行教师质量监控时所表现出来的一种价值追求优势，是监控主体在把握教师质量及主体的需要关系的基础上，能够对监控主体的价值活动起到定向、引导、规范等作用，能够直接影响监控活动成败的优势。因此，监控主体具有价值取向优势是至关重要的。价值取向优势对主体的监控活动具有导向作用，是监控主体高效参与教师质量监控的重要基础。具有价值取向优势才能正确判断教师质量的高低与好坏，才能对教师质量的提升提供合理的建议，才能使所有的监控主体获得更多的利益，才能站在整体的视角，考虑社会责任，提高教师质量。没有价值取向优势，监控主体就不知道如何参与教师质量监控活动，不知道如何构建监控体系来保证义务教育阶段教师质量和教育教学效果的高效性。在教师质量监控过程中，价值取向优势，是监控主体参与监控并做出正确判断的重要依据。

（四）监控主体的信息优势

所谓信息优势，是指在信息获取、处理、利用以及对抗等方面所处的有利地位，在信息对抗过程中，态势有利于一方而不利于另一方的一种非平衡状态。它是由信息量及其可靠性决定的。它可以描述为在正确的时间、以正确的形式、将正确的信息准确传递到相关人员的手中，同时阻止对方达到同样目的，以保持持久优势的能力。

具有信息优势的主体，首先，在时间上可以对采集的教师质量的各种信息进行快速分析、处理和决策，保证信息的使用价值。其次，占有信息数量方面的优势，拥有多方面关于教师质量以及监控的信息，保证信息的有效选择；第三，信息质量高于其他人，信息真实可靠，与教师质量监控相关性较强，保证有效信息的利用效率。信息优势可以从获取信息的速度、数量、质量、时效等多方面体现出来。

教师质量监控过程中，拥有信息优势的主体，如果能够恰当运用信息力量，不仅可以有效地为自己进行质量监控提供“信息指导”和“信息权威”，还可以为其他监控主体提供“信息解释”和“信息支援”，使其他监控主体的教师质量监控获得更大的判断优势，有效地参与监控活动。教师质量监控过程中，占有信息优势就是最大限度地增加自己的监控效能。

信息优势不是绝对的，而是相对的。即使拥有信息优势也不等于就拥有了一切。一方面，信息优势只是一方的信息力量超过了对方，信息优势要真正的转化为决策优势和行动优势，离不开监控主体对监控对象的充分把握、对监控信息力量的灵活运用；另一方面，尽管信息日益重要，信息优势也只是影响教师质量监控的诸多因素之一。如果监控主体以错误的价值取向为指导，拥有更多的信息优势就会对教师质量监控带来更大的不良影响。

二、过程维度的监控内容

过程维度的监控内容主要是从影响教师质量的内部环境和外部环境两个方面展开。影响教师质量的内部环境主要指教育系统内部的环境，包括教育政策环境、学校环境、个人背景等，这些环境因素对教师质量起着导向和指引的作用。教育政策环境是影响教师质量较为重要的环境。例如教师培养培训政策、师资配置政策、职称评定政策等这些政策环境会对教师质量起到导向作用。不同学校发展水平与状态、个人的兴趣、爱好等对教师质量会产生潜移默化的影响。影响教师质量的外部环境主要是指教师生活和工作社区的环境，包括社区的生活条件、文化环境与资源等，促进教师质量提升的社会与教育实践需要多来自于这种背景环境。环境作为监控的背景对教师质量监控的功能发挥有着较大的影响。环境因素不仅影响过程维度的教师质量监控功能发挥，而且对其他维度的教师质量监控内容也具有较好的解释力。

三、过程维度的监控有效性及权变策略应用

过程维度的教师质量监控内容不论是内部环境，还是外部环境都是处于不断变化的过程中，监控过程中应该关注这些环境及其变化以保证教师质量监控效率。权变理论①对这类问题进行了较为系统的阐述，它强调在管理中要根据组织所处的内外部条件随机应变，针对不同的具体条件寻求不同的最合适的管理模式、方案或方法。② 在教师质量监控过程中，为提高监控效率，监控组织或监控人员应该树立权变意识，要根据所处的外部环境和内部条件的发展变化随机应变，根据具体的环境情况，运用权变策略进行有效的监控。

（一）过程维度监控的有效性

过程维度的教师质量监控有效性，就是在教师质量监控过程中，分析影响教师质量的内外部环境因素及其各种因素的相互关系，依据教师质量及其影响因素的实际情况，有的放矢地寻求解决教师质量方面的问题。过程维度监控的有效性是通过关注监控过程中内外环境及其变化得以保证的。

教育的发展与社会的变化等环境因素必然会给教师质量带来影响。由于社会、教育等影响教师质量的内部条件与外部环境不断变化，义务教育教师质量监控过程中的监控主体的选择、监控指标的制定、监控方式选择、监控结果的使用都处在动态之中。义务教育中教师质量监控主体要不断关注内外环境和条件的变化，审视监控目标、指标、方式，决定是否持续、调整、重组或改善监控活动。在这一过程中，依据实际情况，义务教育中教师质量监控目标可能需要不断地完善，监控方式可能需要不断地改进，监控指标可能需要不断地进行调整以保证监控的有效性。

（二）县域义务教育中教师质量监控应采用权变策略

义务教育中教师质量监控要关注全局性环境的变化。由于义务教育是根据法律规定，适龄儿童和青少年都必须接受，国家、社会、家庭必须予以保证的国民教育。所以，义务教育阶段教师质量与国家、社会、家庭有着千丝万缕的联系。一定意义上，义务教育中教师质量监控应该考虑国家、社会、家庭等方面的发展

---

① 权变理论的研究始于20世纪60年代，它是在经验主义学派基础上发展起来，反映了一定时代背景条件下实际管理活动需要的管理理论，是西方组织管理学中以具体情况及具体对策的应变思想为基础而形成的一 种管理理论，在20世纪70年代逐渐形成体系。其代表人物卢桑斯（Luthans）。权变理论（Contingency Theory）认为，在环境的多样性、管理对象特征的多样性、管理主体的多样性的条件下，不可能寻找到一种管理模式是永远有效的，不存在所谓的“最佳的”管理模式，只有特定管理环境之下的最适用的管理方式。管理方式应随管理者的特性而变化、随管理对象的特征而变化、随管理的环境而变化。

② 张冬冬．基于权变理论的鸡西市水资源规划与管理模型研究［D］．长春：吉林大学，2009.

变化，调适义务教育阶段教师质量与外界环境之间的关系，不断满足内外部需求主体对教师质量的需要而逐步提升教师质量，保证义务教育质量的提高。

义务教育中教师质量监控要顾及多元主体利益。义务教育是国家整体教育的重要组成部分，也是国民教育的基础部分。因此，义务教育阶段教师质量有着重要的社会意义。此阶段的教师质量的高低会直接影响到国家、社会、行政管理部门、学校、教师、家长、学生等多元利益相关者的利益。因此，在义务教育教师质量监控过程中，存在着多元利益主体，但要在诸多利益相关者之间取得共识，实现利益平衡，存在一定难度。

义务教育中教师质量监控的主要目的是通过对教师质量的监控提升教师质量，最终实现城乡享有优质师资，促进城乡义务教育均衡发展。所以，教师质量监控体系的建构应该考虑城乡义务教育的发展水平与实际需求，应该与城乡义务教育现实状态相适应。城乡义务教育发展的不同步与存在的差距是实施教师质量监控前应该予以考虑的重要前提之一。

义务教育中教师质量监控目标的实现，很大程度上取决于监控指标、监控方式。如果监控的指标难以量化，监控方式不具有相应的效度，往往会给教师质量监控带来一定的困难。因此，在义务教育教师质量监控中要审时度势，善于诊断教师质量相关的内外环境的特点，根据这些方面特点来确定监控的目标，最大程度地找到系统的、科学合理的、具有可操作性的监控指标、监控方式并不断适时调整监控指标，选择监控方式，使监控能够适应环境的变化而存在和发展，以确保教师质量监控的有效性。

总之，县域义务教育教师质量监控的专业维度、利益维度、过程维度各有自己的监控特征与要求，对这些特征与要求的正确认识有利于科学合理的监控体系建构。但有一点是要强调的，在这三个不同维度中，作为监控客体的教师质量都具有相同的条件，即体现在作为被监控对象的教师质量必须具有一定的公开性。要使教师质量受到有效监控，最基本的条件就是教师质量必须让监控主体看得见，摸得着。监控主体对教师质量一无所知，监控就无法实现。因此，教师质量除了涉及教师个人的隐私外，其余都必须依据一定的法律程序和规章制度，在一定的范围内公布于众，使教师质量的各方面都广泛地置于公众的关注和监督之下。没有一定程度的公开，监控主体不了解真实情况，那么信息选择就没有基础，监控就没有前提条件，监控就失去依据和效力。

第二章　县域义务教育教师质量监控体系的建构

建构科学合理的县域义务教育教师质量监控体系，能够促进县域内义务教育教师质量的提升、城乡教育均衡发展，对促进农村教育发展具有重要意义。县域义务教育教师质量监控体系的科学性与合理性，需以县域义务教育教师质量监控理论框架问题得到充分研究为基础和前提条件的。

在县域义务教育教师质量监控体系建构时，我们需要对县域义务教育教师质量监控体系建构的一些基本问题做出回答。县域义务教育教师质量监控过程中应该有哪些主体参与监控？这些多元主体与专业标准之间是否有价值冲突，冲突的根源是什么，通过什么路径能够实现他们之间的价值整合？县域义务教育教师质量监控指标的不同取向的功能有何区别，在选择监控指标时应遵循什么原则，用什么方式展现与表达各项指标比较合适？县域义务教育教师质量监控指标底线是什么，如何确定底线？县域义务教育教师质量指标主要包括那些方面？这些问题都是县域义务教育教师质量监控指标体系研究中需要回答的问题。本章就是在理论框架分析的基础上，从县域义务教育教师质量监控主体和县域义务教育教师质量监控指标两方面对上述这些问题进行探讨。

第一节　县域义务教育教师质量多元主体监控

县域义务教育教师质量监控是依据质量指标，对县域内义务教育阶段教师质量进行监督和调控。以教师质量为本，通过监控技术在行政管理部门、专家、学校、教师、家长、学生、社区等之间进行教师质量信息的沟通与交流，完成对教师质量的监控，谋求教师质量监控对权力部门负责、对专业要求负责和对利益相关者负责的统一。由行政管理部门组织实施的教师质量多元主体监控，需要专业人员和利益相关者的参与，但这并不是对权力的否定，它是追求平权的一种表现，也是从权力到利益、责任的必然选择和要求。从我国目前县域义务教育教师质量监控情况来看，尽管各地、各部门在教师质量监控方面有所创新，但是，总体看来，我国县域义务教育教师质量监控无论在理论还是在实践上都还不成熟，尚未形成完善的监控体系。从监控主体看，教师质量监控多是自上而下的由权力部门执行，而缺少专业人员和其他相关利益主体的参与，尤其缺少家长、学生、社区等的参与。要解决这一问题，就要推行县域义务教育教师质量监控主体多元化，就要处理好多元主体与专业标准的关系。

一、教师质量多元主体监控的多元性与专业性的价值冲突

县域义务教育教师质量监控过程中不同利益主体的参与体现了多元主体的价值诉求，专业标准监控的统一性要求保证了监控程序的精确性和监控结果的可靠性。但在同一监控过程中的多元性和专业性之间有着不可避免的价值冲突。

（一）教师质量多元主体监控过程中的多元主体与专业标准作用

教师质量监控过程中需要对多元主体与专业标准各自所起的作用有一个正确认识，了解多元性与专业性之间的价值冲突的根源所在，只有这样才能建构科学合理的县域义务教育教师质量多元主体监控体系，保证监控的实效性。

1. 多元主体参与县域义务教育教师质量监控的必然与必要

监控主体在教师质量监控中处于非常重要的地位。自上而下式的以行政管理部门为主导的教师质量监控很容易导致监控流于形式，监控结果失真，上级领导满意而其他利益群体不满意，而且会损害教师的形象。为了克服单一的监控主体带来的诸多缺陷，设立多元主体监控是县域内义务教育教师质量监控的一个必然过程。

教师质量监控主体多元化首先是由教师质量监控的特性所决定的。从本质上说，对义务教育阶段教师质量监控的最根本目的是为了实现利益相关者的利益，为县域内接受义务教育的学生提供有效的教育教学质量，促进教育公平的实现。从这一基本目的出发，判断教师质量高低的主体就不应当仅仅是行政管理部门，其监控主体应多元化，应包括行政管理部门、专家、家长、学生、社区等多元主体。只有从行政管理部门、专家、家长、学生、社区等多元监控主体对教师质量是否满意、满意程度如何这样的角度不断地提升教师质量、改进教师工作，教师才能获得有针对性的支持。

教师质量监控主体应多元化也是由价值导向多元性所决定的。不同主体在教师质量监控过程中具有不同的价值导向，不同的价值导向导致不同的价值选择，导致不同的目标选择，导致不同的质量监控结论。因此，在教师质量监控过程中，价值导向的多元性，必然带来行政管理内部的管理者以及其他利益相关者对教师质量所体现价值的不同认识①。从不同角度和视角对教师质量进行选择和判断，能够保证监控使用多重数据来源判断教师质量，② 从而增加教师质量监控的

---

① 于海英，张宇．地方高师院校农村教师培养培训一体化问题研究［J］．东北师大学报（哲学社会科学版），2014（2）：175-178.

② Kenneth D Peterson. Teacher Evaluation：A Comprehensive Guide to New Directions and Practices［EB/OL］. http：//books. google. com/books？id = 5GbLTU6LSqUC&pg = PA89&hl = zh-CN&rview = 1&source = gbs _ toc _r&cad = 4#v = onepage&q&f = false，2011-11-4.

效度。因此，教师质量监控主体应该多元化，在教师质量监控中应吸收来自行政管理部门内外的各组织和人员，以及利益相关者等参与监控，以增加监控的公平和公正，进一步推进教师质量监控的科学性。

2. 专业标准能够确保教师质量监控程序精确度和监控结果效度

标准这一术语至少有着两方面的含义。首先，标准是对价值或原则的表述；其次，标准意味着一种测量，即行为的水平或量度，指向并描述所期望的行为水平。专业标准是依据专业领域中的价值标准或原则进行准确判断的工具，是在共享意义与价值背景下进行决策的工具，强调专业工作中进行准确监控这一核心特征。专业标准必须源于合理的专业知识基础并能提供适当的指导，以便对事物做出正确判断。由权威性的学术机构中接受过专业知识并受过专业训练的专家依据专业监控技术要求来制定具有权威性的专业标准是一种普遍的做法。教师质量监控中由权威性的学术机构制定的专业标准强调对基础专业标准的支持；对专业能力的认可，① 这种专业标准追求的是统一的技术规范或者其他精确准则，它可以提高或者保证教师质量监控程序的精确度和监控结果的可靠度。对于教师质量中涉及专业性较强的内容，如果没有相应的专业标准是很难分辨出这些教师质量的高低的。理想的教师质量监控应该以专业标准为依据开展监控活动。

3. 多元性与专业性的价值冲突

价值冲突是指不同个体或群体在行为选择或评价中所依据的有关什么是善（好）或正当的原则、信念和标准之间的矛盾、不一致和对立，并且对立各方试图互相说服和压制对方的状态。价值是行为者行为选择的依据和评价的标准，行为者通过不同的行为选择或评价所传达的是其背后所依据的不同价值之间的差异、分歧和冲突。

不同主体参与县域义务教育教师质量监控决定了监控过程价值观的多元性。监控中多元主体有着不同的价值追求，所以，不同监控主体对其监控行为选择或监控过程中所依据的价值判断标准有着明显的差异。多元主体可以是以道德作为价值追求，以功利作为价值追求，也可能以权利作为价值追求，正如前面所说，教师质量监控中的不同主体对教师质量监控问题具有不同的价值导向，对教师质量的判断与分析依据的标准不同。例如，教育行政管理部门依据权力制定政策标准来监控，其他利益相关者则是考虑各自的利益满足程度来监控，而专业标准是从专业角度来判断教师质量问题，专业标准下的监控体现的是监控价值观的统一性。专业权威对教师质量进行监控是依据专业标准对教师质量进行高与低的界定，依据专业标准明确教师质量应该改进的方向与目标，其中标准往往是客观的，是用来判断教师质量的规则、技术规范或者准则，主要是为确保教师质量能

① 吴金辉．教师专业发展的理论与实践［M］．北京：中国传媒大学出版社，2006：6-7.

够符合专业规范和专业需要。多元主体参与教师质量监控与专业标准基本要求属于不同领域的不同价值取向，这必然会引发他们之间的价值冲突，主要表现在多元主体的价值追求必然会与以专业标准为依据的判断相冲突。

（二）教师质量多元主体监控过程中的多元主体与专业标准价值冲突根源

县域义务教育教师质量多元主体监控中，多元主体与专业标准的价值冲突根源在于专业性与多元性价值逻辑前提的不可通约问题以及专业性与多元性价值选择的优先性排序问题。

1. 专业性与多元性价值逻辑前提的不可通约问题

专业性和多元性的不同价值诉求在逻辑前提上各不相同，互相冲突，其根源在于不同价值逻辑的前提预设的不可通约上。具体来说，专业性监控要求远见卓识和知识化，但是并不是多元主体中所有的人都能有这种价值追求，并不是所有人都会认为专业标准是监控的依据与标准。而多元性监控需要多元利益的体现，体现的可能是道德追求、功利追求或者权利追求而不是专业标准。在这里，不同价值逻辑的前提预设遇到了不同的合理性证明问题，而在一定意义上讲，不同合理性之间是不可通约的。由此可以初步得出这样的结论，多元主体与专业标准不同价值逻辑的自成一体性和不同价值逻辑前提之间的不可通约性决定了多元主体与专业标准不同价值逻辑之间的冲突必然存在。

2. 专业性与多元性价值选择之间的优先性排序问题

专业性和多元性的不同价值逻辑之间的优先性选择产生冲突，这种类型价值冲突的实质是不同价值逻辑之间选择的优先性排序问题，在此种冲突情境中，摆在人们面前的不同选择是在专业性标准与多元性价值追求之间的选择。选择专业性标准就意味着多元主体的价值追求就会放在次要地位。监控中选择了多元主体价值追求就会导致专业标准的主导地位的丧失。从优先排序问题上，专业性与多元性之间存在不同程度的冲突。在某种意义上说，监控过程中内含着解决这种内部冲突的优先性排序标准①，为解决价值间选择优先性冲突问题，应该提供解决的办法和标准。因此，笔者将关注不同价值逻辑之间的冲突问题的解决。

二、教师质量多元主体监控的多元性与专业性的价值整合

多元主体共同参与教师质量监控，即行政管理部门、专家、学校、教师、家长、学生、社区等各主体共同参与、共同监督、共同调控教师质量。教师质量监控不是为了加强控制，其核心价值在于通过对教师质量的有效监控，使得多元主体的利益得到保证。教师质量监控过程中利益的多元化使得公众诉求多元化，监控中的多元主体共同参与使不同利益主体有机会合法有效表达自己的意愿，有利

① 张夏青．当前我国学校教育中的价值冲突及其解决［J］．教育学报，2011（1）：73-92.

于最大程度地满足不同利益主体的利益诉求①；有利于解决城乡教育质量差距问题，有利于促进教育公平。因此，创新和完善教师质量多元主体监控机制，充分维护和保障多元主体的参与权，从根本上保证县域内义务教育教师质量，是实现城乡教育一体化，推动教育公平的核心议题。

（一）教师质量多元主体监控过程中的多元性与专业性的整合基础

虽然，多元主体与专业标准追求的目标与价值各不相同，但是在县域内义务教育教师质量监控过程中，专业性监控要求远见卓识和知识化并未伤害多元性。多元性与专业性存在着价值整合基础：任何监控主体都肩负有相应的道德责任；教师质量监控的专业性可以通过多元性体现。

1. 多元主体监控与专业监控整合的道德责任基础

不论是从多元角度还是专业角度，任何监控主体都肩负有相应的道德责任。教师质量监控过程中不同监控主体都负有不同程度的不同的道德责任，这些不同程度的不同道德责任就成为了多元主体监控与专业监控整合的基础。这些道德责任可以分为经济责任、法律责任、伦理责任和自愿责任四种。

监控主体承担经济责任。监控过程中，监控主体是以监控教师质量为目标的主体，即监控主体不仅要监控教师为社会提供需要的人才和服务，而且还要监控教师在合适的教育（或经济）投入下进行人才培养和提供服务的质量要求。合适的教育（或经济）投入指的是，社会认为教师所培养的人才和提供的服务（教育产品）能够反映出人才培养和服务的真正价值，能够保证人才的可持续发展，能够给教育投资者以相应的回报。考虑到经济责任，监控主体在监控过程中会使用指向教育（或经济）效益的监控概念与方式，如人才培养的投入、教育成本等。这是社会对监控人员的要求。从经济责任角度来看，教师的所有活动都建立在收益的基础上。在监控教师质量过程中，除了监控教师质量相关内容外，还要关注教育（或经济）成本以及回报等问题，促使教师质量监控具有合理性。

既然社会已经赋予教师培养学生的责任，那么社会就会相应制定一些基本规则——法律。监控主体所承担的法律责任是指监控主体在法律的框架内开展监控活动。法律责任反映着社会的“文化伦理”，体现出由立法者确定的对公平地进行教师质量监控的基本看法。遵从这些法律是监控主体的社会责任。考虑到法律责任，监控主体在监控过程中会履行公民的权力，利用相关法律法规来监控教师质量。这也是社会对监控人员的要求。对照所有的相关法律、法规（包括义务教育法、教师法等）对教师质量进行全面监控，体现的是对教师质量监控合法性的关注。

伦理责任，即包括社会成员所期望或禁止的、尚未形成法律条文的那些活动

① 龚俊，杨廷文．多元主体共同参与社会管理机制探析［J］．人民论坛，2011（32）：172-173.

和做法。教师质量监控过程中的伦理责任主要是指不同利益相关者，例如行政管理者、教师、家长、学生和社区等都认为公平、正义的，同时也能尊重或者保护所有利益相关者的道德权利，只要是能反映这些要求的所有规范、标准、期望等都是伦理责任所包含的范围。即使伦理责任可能反映出的监控行为标准要比当下的法律要求的底线要高，但是这责任往往也可能只被看作是社会对监控人员的期望。合乎伦理地监控教师质量，有责任做正确、公平和正义的监控，避免损害利益相关者的利益，使教师质量监控合乎伦理。

自愿责任是监控主体从事监控活动时自愿的、非强制性的，并非法律要求的责任，这种责任不是寄予监控人员一般伦理方面的期望，它只取决于监控人员从事这些监控活动的意愿。不过，社会确实期望多元主体参加教师质量监控，从而形成有效的监控机制。这种责任一般不是道德或伦理上的要求。虽然，社会总是期望监控人员担负起监控的责任，但在实际的监控过程中，这类责任是由监控人员自由决定要不要承担的，这是社会对监控人员的期望。不同利益主体通过参与监控教师质量，支持行政管理部门、学校、教师的发展，成为一个好的教师质量监控的外援力量，这有助于提升教师质量，促进城乡义务教育均衡发展。

不论是专业主体还是多元主体进行教师质量监控，都会不同程度地承担各种道德责任。虽然专业性和多元性的价值追求不同，专业性与多元性价值逻辑前提的不可通约问题、专业性与多元性价值选择之间的优先性排序问题导致了价值冲突，但是专业性和多元性在监控的道德责任方面却存在着可能的整合基础。由于专业性和多元主体所面临的道德责任相同或有道德责任相同或相似的部分成分，在完成道德责任方面目标通常也具有相同或相似的内容，所以专业主体与多元主体之间在监控过程中就构成了监控中价值联结点。通过这种价值联结点进行整合，可以增加所有的利益和发挥所有的优势，从而产生整合的协同效应，不断提高监控质量，使得包括监控人员在内的利益相关者都能共享由教师质量提升带来的优质教育结果。

2. 教师质量监控的专业标准可以通过多元性体现

多元监控并不排除专业标准。在解决多元性和专业性价值冲突的问题前，首先要接受和承认不同监控主体在价值追求问题上所持有的不同价值逻辑及其差异，这是当前寻求价值冲突问题解决路径所必须具有的前提性认知。在当今多元价值并存的社会条件下，价值冲突是存在的客观事实。面对价值冲突，不可能采取以一种价值逻辑否定或战胜另一种价值逻辑的应对方式，而是要直面多种价值并存的社会事实。在承认和尊重社会多元价值并存的前提下，虽然价值冲突是客观存在的①，但一定范围和程度内的专业性和多元性价值也有其整合的基础。这

① 张夏青．当前我国学校教育中的价值冲突及其解决［J］．教育学报，2011（1）：73-92.

决定了在面对价值冲突时，要以道德责任来规范和约束监控人员的行为，以此消解价值冲突所带来的争议和分歧。

教师质量监控的专业标准可以通过多元性体现。解决价值冲突问题的新路径：即通过平等的交流、对话在专业标准和多元主体价值追求之间达成一定范围和程度的道德责任共识，在此基础上将专业标准通过适当的方式渗透到多元主体的价值选择中，以便促进多元主体用更合理、更合法的标准进行教师质量监控。肯定多元主体监控的并存并寻求专业标准与多元价值的契合点，这种解决价值冲突问题的路径是以完成道德责任为前提，以教师质量提升为依托，以县域义务教育学生获得公平教育为旨归，以城乡教育一体化为指向，所以我们就可能不囿于底线价值共识的规范性约束，而致力于追求高质量教育，努力达至教育公平。

（二）教师质量多元主体监控过程中的多元性与专业性的整合路径

在教师质量监控系统内的多元主体监控有着自身的价值与优势。因此，有必要重构教师质量多元主体监控体系，并不断地对多元主体监控体系进行设计与再设计。其中关键的任务是重构多元主体之间的关系和角色，目的是以新的方式、由多元主体共同完成教师质量监控。县域义务教育教师质量多元主体监控的多元性与专业性的价值整合主要通过整合监控目标，建立最大限度地兼顾监控多元主体利益的利益均衡机制，重构教师质量监控指标，形成畅通、统一与协调的新型价值选择整合交流系统等路径实现整合。

1. 整合监控目标

多元性与专业性价值冲突的形成除了主体间利益的差异、对立、冲突之外，还可能是由于价值主体间所追求的目标不同所致。因此，监控目标整合是多元性与专业性的价值整合的核心。因为互容的、共同的、具有普适性的价值目标能够为正确引导、合理调控和有效整合义务教育教师质量监控中各种复杂的价值观及其价值冲突提供明确的目标导向，所以这种价值目标对不同监控主体间的价值观整合起着至关重要的保证作用。因此，价值整合的重要途径就是对县域义务教育教师质量监控主体的价值目标正确定位，找到不同监控主体的价值需求满足的融合点、契合点和最佳沟通点并充分发挥它们最大的主体效用与意义，使其产生强烈的价值共振效应，从而形成义务教育教师质量监控的核心目标。

2. 建立最大限度地兼顾监控多元主体利益的利益均衡机制

在义务教育阶段教师质量监控过程中，专业标准与各利益主体之间的矛盾与冲突必然会在利益上有所呈现与反映。这种冲突的客观实际要求重视对各方利益的调控，加大利益整合的力度，更好地发挥利益整合功能，建立最大限度地兼顾监控各方成员利益的利益均衡机制。对监控主体中各主体进行强有力的利益整合，保证教师质量监控共同价值观真正建立在所有利益相关者的根本利益基础之上，为协调、消解、融合并妥善处理各种价值冲突，为价值整合奠定坚实有力的利益基础，也为教师质量监控确立强有力的利益纽带。

3. 重构教师质量监控指标

通过重构过程以专业标准为基础，将合理的多元需求与价值追求渗透到监控指标中，把监控体系中涉及的每一个主体的价值选择提升到更高的价值活动群中，从而重构教师质量监控指标体系。按照重构的监控指标体系组织各监控主体的监控活动，实现多元主体监控。基于价值整合的多元主体监控指标有其整合的内在逻辑，多元主体监控指标应该囊括教师质量监控过程中的专业标准和各主体的共同价值选择。这些指标是在教师质量监控过程中，由专业性指标和多元性指标的联结点衔接，从而整合成多元主体监控的指标体系。

4. 形成畅通、统一与协调的新型价值选择整合交流系统

在多元性与专业性价值整合路径方面，还有一个关键的内容，即打通专业标准与各监控主体的价值选择和传递通道，形成畅通、统一与协调的新型价值选择整合交流系统。不论是监控目标整合、监控利益整合，还是监控指标重构都需要多元主体与专业标准之间有一个畅通的交流和整合的通道。这种通道能够打通专业标准与多元监控主体价值选择之间的壁垒，通过联结点把二者衔接起来。在监控过程中，能够提供必要的交流信息，各监控主体能够根据价值整合的需要调整自己的价值选择，理顺专业标准与多元价值选择之间的关系，协调各监控主体的监控活动，使多元主体监控的效果远远超过各单独主体监控的效果①，使传递通道更畅通、更便利于教师质量监控目标的实现。

第二节 县域义务教育教师质量监控指标体系

教师质量是衡量义务教育发展的重要标准之一。因此，监控教师质量的哪些内容，如何监控教师质量甚为重要。本节论述的是教师质量监控的具体内容问题，即有关县域义务教育教师质量指标体系的问题。质量指标体系是教师质量的操作化标准，它为教师质量监控提供了基本的框架，是教师质量监控得以进行的基础。在不同的情景下，对于教师质量的监控内容并不一致，相应地，用来监控教师质量的具体指标体系自然也就不同。因此，教师质量监控指标，很大程度上取决于不同情况下人们对教师质量具体内涵的理解和要求。教师质量指标体系的建立离不开对指标的取向、指标的确定原则、指标的展开和表达方式、指标的底线以及指标的具体内容等问题的正确认识。县域义务教育教师质量指标的多元取向中，不同取向具有不同的指标优势，相同取向指标存在着可比性；不同指标的

---

① 李杰义. 低碳经济条件下农业产业链的价值整合机制与路径选择［J］. 理论与改革，2011（5）：88-90.

确定原则体现出不同角度的要求；不同的教师质量指标的展开和表达方式不同，它们所呈现的关注点也是有差异的；指标底线是教师质量指标确定的基础性的问题；教师质量监控体系建构应该涉及教师质量的背景性指标、静态性质指标、活动性指标、有效性指标。对上述方面的问题的正确认识是构建县域义务教育教师质量监控指标体系的基本前提，因为他们将直接影响到具体监控指标的构建、影响到监控指标的有效性和可靠性。

一、县域义务教育教师质量监控指标取向

教师质量指标的取向问题是我们在研究县域义务教育教师质量指标前必须探讨的问题。因为不同的研究者在研制县域义务教育教师质量监控指标时所采取的取向是不同的，各种质量指标都是从特定维度对教师质量进行描述。因此，要对不同的教师质量指标取向进行分析，了解不同取向质量指标的功能和指标的侧重点，不同取向教师质量指标的优势以及相同取向教师质量指标的可比性。对教师质量指标取向的正确认识有利于把握教师质量指标制定的背景。教师质量指标的取向是多样的，其中条件性指标、素质性指标、有效性指标是几个主要的教师质量指标取向。

（一）教师质量指标的多元取向扫描

不同取向的教师质量指标功能、主体、指标侧重点是不同的（见表 2-1）。

表 2-1　不同取向的教师质量监控指标

指　标	功　能	主　体	指标侧重点
条件性指标	描述教师准入和在职资格的满足条件	权力部门	政策规定
素质性指标	描述教师专业素质的水平与程度	专业人员	专业要求
有效性指标	描述满足各方利益需求的程度	利益相关者	利益需求

条件性指标是从教师职业和社会需要的角度提出的指标，主要描述教师准入资格和在职资格的满足条件。这种取向的指标侧重于记录政策规定的资格状态与水平。素质性指标是从教育专业角度研制出的指标，监控教师专业素质的水平与程度。这种取向的指标侧重于对教师的专业要求。有效性指标是从所有利益相关者角度确立的指标，描述教师质量对所有的利益相关者需求的满足程度。这种取向的指标侧重从结果反馈角度考虑教师质量问题。

（二）不同取向的教师质量指标优势互补

不同取向的教师质量指标因其关注的指标侧重点不同，在呈现质量指标时显示出各自具有的特定优势，对其优势的正确认识有利于构建科学合理的指标体系。教师质量条件性指标倾向于对教师质量资格条件进行全面的描述，它是依据由权力部门制定的政策规定的内容确定教师质量资格条件，它属于强制性指标，

具有不可抗拒性的特点。素质性指标是对教师质量的专业素质水平和程度的描述，它是依据专业知识和专业要求确定教师质量的素质水平和程度，它属于权威性指标，具有令人信服的特征。有效性指标是对教师质量满足所有的利益相关者需求的程度进行界定的重要依据，它是依据利益相关者的结果反馈信息确定教师质量有效性的程度，属于合理性指标，具有正当性和适切度的特征。不论是条件性指标、素质性指标还是有效性指标他们之间都有一个核心联系点，即保证教师的教育教学质量，促进学生发展。所以，尽管不同取向的教师质量指标各有自己的侧重点，他们之间并不是互相矛盾的，不同取向的指标之间具有较好的优势互补性，在建构教师质量指标时对不同取向指标的关注能够全面描述教师质量特征，增加教师质量指标体系的效度和信度。

（三）相同取向教师质量指标的可比性

可比性是指所比较的各项指标之间具有基本的相同或相近之处，他们在相同的条件下可以进行对比。也就是说，可比性的前提条件是各项指标之间具有同质性，或两者之间具有构成成分相同或相似。对于不同取向教师质量指标来讲，因其关注点不同，相同或相似的成分较少，不能简单地加以比较。在同一个县域内，不同学校的相同取向因指标的相同或相似性具有可比性。

首先，教师质量指标内容的多少具有可比性。相同取向下的教师质量指标，不同学校在指标内容的选取上会有差异。县域内不同发展水平的学校因其所处地方的经济发展水平和地方政策等原因导致他们对教师质量的需求水平有着明显的差异。例如，有的农村或偏远学校对教师的需求仅停留在数量的需求上，而有的学校则是对教师质量的需求，甚至有的条件特别好的学校出现对教师质量的个别化需求。在这种情况下，不可能要求所有学校在教师质量指标内容的选择上完全一样。因此，在教师质量指标内容的选取上不同学校有不同的侧重，他们之间具有可比性。

其次，教师质量指标底线高低具有可比性。同一取向的教师质量指标底线可能不同，因为底线的确定要考虑多种因素，包括学段差异、教师发展阶段差异。不同学段以及教师不同发展阶段对教师质量要求不同，质量指标底线应有所差异，不应用同一指标底线衡量所有教师。当然，还有一个问题就是因城乡差距而产生农村和城市的指标底线的差异问题，但事实上，就教师质量而言，这是不能简单看待的①，当前许多地区由于农村教师获得发展的机会较少，农村教师质量都是无法达到预期质量指标底线的。同一取向的教师质量指标底线会因学段不同，教师发展阶段不同，区域不同而产生具有可比性的差异。

---

① 秦玉友．教育质量指标研制的学理问题省思［J］．东北师大学报（哲学社会科学版），2007（4）：126-131.

再次，教师质量指标的权重大小具有可比性。同一取向的教师质量指标的权重存在差异。某一指标的权重是该指标在整体指标体系中的相对重要程度。某一指标权重的大小取决于人们对它在整个监控体系中的重要性的认识，对教师质量的需求程度和方向不同，某一指标的权重自然会有所不同。例如，在有效性取向下的教师质量指标，如果学校追求升学率，就有可能把学生成就作为教师质量的一项重要指标。同一取向的教师质量指标权重的差异可以说明不同学校对教师质量的认识程度与水平不同，可以反映他们对教师质量的需求方向的差异。

二、县域义务教育教师质量指标确定的原则

建构县域义务教育教师质量指标体系，首先应该明确依据哪些原则确定教师质量指标，这对指标体系的建构起着方向性的作用①。不同维度对县域义务教育教师质量指标的确定提出不同的要求，所以建构指标体系应该从这些不同的维度探讨确定指标应遵循的原则。

（一）非饱和性原则

从教师质量指标性质维度，非饱和状态的教师质量指标能够保证指标的有效性，基于此我们提出了非饱和性原则。非饱和性指标是处于非饱和状态的指标。非饱和性原则要求选择教师质量指标时，所选的指标具有增长的空间，是可以向着正向趋势稳定变化，而且这种正向趋势稳定变化能够促进教师质量的提升，对教师质量的发展是有贡献的，这种指标在相关政策的干预下可以发生变化，并且变化速度与干预的强度具有一定的相关性。以教师学历为例，当义务教育阶段教师学历普遍较低的情况下，教师学历可以在政策引导下持续提高要求，并且这一提高对教师发展和教师质量提高是有贡献的，因此，它可以作为教师质量指标纳入县域义务教育教师质量指标体系。而当教师学历达到一定水平后，再提高要求，也不会带来教师质量的提高时，教师学历已经不满足非饱和性原则了，也就不能再选择这个指标作为县域义务教育教师质量指标了。在依据非饱和性原则制定县域义务教育教师质量监控指标时，应该尽可能征求所有利益相关者的意见和建议，以保证制定和选择的指标能够被所有监控主体接受和认可。

（二）简约性原则

从教师质量指标质量维度，提出简约性原则。即设计指标应该尽量用教师质量全面的核心要素来表达教师质量状况，同时也要使用尽量少的指标数量。简约性原则要求教师质量指标的确定要使用尽量少的指标揭示县域义务教育教师质量状况，目的就是一方面保证指标监控效果的有效性，另一方面降低或减少监控的时间和资源成本。在建构县域义务教育教师质量指标时，要将县域义务教育教师

① 秦玉友．教育质量指标领域基本问题反思与探究［J］．当代教育科学，2005（8）：13-16.

质量指标用适当的方式进行全面展开，明晰各种指标之间的逻辑关系，避免不必要的重复，从数量上保证指标的简约性。教师质量不仅要数量适度，而且也要保证其质量。指标的确立要充分考虑不同质量要素的发展及其对教师质量监控的贡献，进行必要归纳，抽象出教师质量共同的核心成分，即指标应该能够体现质量的核心要素，这需要对质量指标进行深度描述，找到其关键领域的核心要素，通过简约的方式表达出来，使得指标表达简洁准确。当然，简约性并不是具有无限合理性，因为质量较好的教师就可能对既定的教师质量指标有超越性的特征。

（三）调节性原则

从教师质量的动态性维度，提出调节性原则。县域内不同学校的发展水平因其所处地方的经济发展水平和地方政策等原因导致不同学校在教师质量指标内容的选取上有不同的侧重。其次，不同学段以及教师不同发展阶段对教师质量要求不同，质量指标底线应有所差异。这些都要求教师质量指标要有动态的调节性。因此，应该确定一个基本的教师质量指标体系，在体系中要求具体指标的绝对性与相对性相结合。教师质量指标可以因不同区域、不同学校、不同学段或不同发展阶段而有所选择和进行必要调整。这种调节性并不是凭指标制定者意愿来随便调整指标，教师质量指标相对性不可以过分低于基本具体指标，否则对县域义务教育教师质量的提升和义务教育均衡发展是不利的。

（四）影响性原则

从教师质量的效用维度，提出影响性原则。教师质量的监控不仅仅就是监控，而是通过监控不断提升教师质量，促进县域内义务教育均衡发展。所以，确定指标要遵循改进教师质量功能的原则。确定教师质量指标的作用绝不是简单地给教师质量下定义、划范围。教师质量指标确定后，通过监控能够对教师质量有改进功能。也就是说，建构具有影响性的教师质量指标体系能够对教师质量改进和提升进行积极干预。教师质量指标对教师质量水平的描述应该体现出教师质量发展与改进的水平与协调度，为教师质量提供一个适度的提升与改进平台。

（五）量质结合原则

从教师质量的完整性维度，提出量质结合的原则。量化监控逻辑性强，标准化和精确化程度较高，能对教师质量做出精确分析。但不能够反映教师质量中的绩效和过程、情感、态度、价值取向的某些不可量化因素。质性监控方式注重整体性，但对教师质量而言，其标准也难以做到统一，其监控的过程和程度也无法做到规范。教师质量作为保证义务教育质量的一个核心要素，需要全面考察①。因为教师质量中存在许多不能量化或不能科学量化的指标。确定教师质量指标时

---

① 秦玉友．教师质量指标领域基本问题反思与探究［J］．当代教育科学，2005（8）：13-16.

不能只关心能量化而忽视不能量化的东西，如果单凭量化的指标，并不能反映出教师质量发展的全面水平，教师质量监控要遵循量质结合原则，以保证监控结果的效度和信度。

三、县域义务教育教师质量监控指标的展开方式与表达效度

在研究县域义务教育教师质量监控指标时，对教师质量指标的展开方式和表达效度问题的研究有利于从全面、整体的视角对县域义务教育教师质量监控指标的横向和纵向的展开方式以及表达的有效性和准确性进行梳理与分析，从而保证在建构教师质量监控指标体系时教师质量指标数量适度，关键性指标简约，表达准确有效。

（一）县域义务教育教师质量监控指标的展开方式

教师质量极难界定，原因是这不仅取决于可见的外显的行为指标，而且还取决于教师内隐的心理特质。在县域义务教育教师质量监控中，只有采取有效的展开方式才能尽可能地将教师质量的全部或者趋近于全部的内容展现出来。县域义务教育教师质量的展开方式可以通过纵向和横向两种方式展开。纵向展开是指按照教师发展过程（新任、过渡、成熟）和学段层级（小学、初中）的逻辑展开教师质量指标。侧重于教师发展和学生不同阶段的差异性的教师质量指标一般更倾向于纵向展开。横向展开主要是从教师质量状态（如静态质量、动态质量等）抽象出教师质量指标；有时也把普遍关注的教师质量的数量问题（如教师整体质量、教师个体质量等）或者教师质量的学科差异（如语文学科教师质量、数学学科教师质量等）纳入指标体系之中，诸如侧重于地区间和教师间的质量差异的教师质量指标更倾向于横向展开教师质量指标。

在建构县域层面的义务教育教师质量监控指标体系过程中，我们可以从横向和纵向两个方向上展开。即，在开发教师质量指标时，这个模式既有纵向的学段指标和发展阶段指标；同时也有横向的状态指标、数量指标和学科指标（见表 2-2）。

表 2-2　教师质量监控指标展开方式

展开方向	展开的具体依据	指标类型
纵向	教师质量学段指标	小学阶段教师质量指标
		初中阶段教师质量指标
	教师质量发展阶段指标	求生存阶段教师质量指标
		调整阶段教师质量指标
		成熟阶段教师质量指标

续表 2-2

展开方向	展开的具体依据	指标类型
横向	教师质量状态指标	教师质量背景性指标
		教师质量静态性指标
		教师质量活动性指标
		教师质量有效性指标
	教师质量数量指标	教师群体质量指标
		教师个体质量指标
	教师质量学科指标	语文学科教师质量指标
		数学学科教师质量指标
		外语学科教师质量指标
		科学学科教师质量指标
		音乐学科教师质量指标
		体育学科教师质量指标
		美术学科教师质量指标
		信息技术学科教师质量指标
		政治（品德与生活、品德与社会、思想品德）学科教师质量指标
		历史学科教师质量指标
		地理学科教师质量指标
		物理学科教师质量指标
		化学学科教师质量指标
		生物学科教师质量指标

县域义务教育教师质量指标可以从纵向和横向两种方式展开（见表 2-2）。我们认为，纵向方面可以从两个维度——学段和发展阶段展开。横向方面，可以从三个维度——状态和数量、学科展开。在设计县域义务教育教师质量指标时，从学段纵向展开义务教育教师质量指标领域，即小学阶段教师质量指标、初中阶段教师质量指标；从发展阶段纵向展开义务教育教师质量指标领域，即新任阶段教师质量指标、过渡阶段教师质量指标、成熟阶段教师质量指标。从状态横向展

开义务教育教师质量指标领域，即教师质量背景性指标、教师质量静态性指标、教师质量活动性指标、教师质量有效性指标；从数量横向展开教师发展指标领域，即教师群体质量指标、教师个体质量指标。教师质量的群体性指标是针对全体教师质量指标，具有共通性和普适性，可以用来对教师质量进行团体监控。教师质量的个体性指标是教师个体质量的监控指标，这种质量指标不具有普遍性，只适合对教师个体进行监控。从学科横向展开教师质量指标领域，即语文学科教师质量指标、数学学科教师质量指标、外语学科教师质量指标、科学学科教师质量指标、音乐学科教师质量指标、体育学科教师质量指标、美术学科教师质量指标、信息技术学科教师质量指标、政治（品德与生活 品德与社会 思想品德）学科教师质量指标、历史学科教师质量指标、地理学科教师质量指标、物理学科教师质量指标、化学学科教师质量指标、生物学科教师质量指标，因不同学科有着不同的特征，所以不同学科的教师质量指标是应该有区别的。

从横向和纵向展开方式，可以更加清晰地看到和照顾不同学段、不同发展阶段和不同状态、不同数量以及不同学科的义务教育教师质量指标选取的不同侧重点和发展水平的差异，增加教师质量指标建构和应用的操作性。根据学段和发展阶段纵向展开教师质量指标，从状态、数量、学科横向展开教师质量指标可以保证指标体系的系统性、全面性和逻辑上的一致性①。这样一来，初步建立起的义务教育教师质量指标体系，其展开方式突出县域义务教育教师质量的特点。总之，无论是纵向展开还是横向展开教师质量监控指标，教师质量指标都要数量适度，通过提取关键性指标来突出简约性。要达到简约性，要先全后简，即要从纵向上尽量全面涵盖所有教师质量环节，从横向上尽量包括所有状态、数量、学科要素，然后根据不同取向，对教师质量指标进行取舍。

（二）县域义务教育教师质量监控指标的表达效度

教师质量指标的表达效度是一定取向的教师质量指标体系表达其特定关注的质量核心要素的有效性与准确性。一项指标的质量如何可以通过教师质量指标表达的有效性与准确性来体现。一定取向的教师质量指标体系对其特定关注的质量核心要素的表达不准确或有效性较低，我们就可以判定此指标体系需要重新修订和调整。

1. 教师质量监控指标表达的有效性

教师质量指标表达的有效性是针对监控的结果而言的，这种有效性就是这些指标的监控结果正确反映所要监控的教师质量的特性和功能的程度。对于教师质量监控来说，只有当监控结果真实、正确地反映所欲监控的教师质量时，才能认

① 秦玉友，袁桂林．农村教育发展指标体系建构的理论问题研究［J］．中国教育学刊，2007（12）：13-16.

为这种监控指标是较为有效的或效度较高的。

把教师学历标准作为一项教师质量监控指标分析其表达的有效性。例如，一个县域内所有的教师的学历标准，只有一半的教师达到了指标规定的水平，这个指标就是非饱和性[①]的教师质量指标，这种非饱和性指标可以随着时间等因素的变化，朝着更高学历标准方向变化，这时的学历维度指标的提升对教师质量的提升是有贡献的，同时也能够在一定程度上表达教师质量全面意义的提升，表现出较高的有效性。但当县域内义务教育所有学校的教师学历标准都已经达到或超过指标规定标准，这个指标在监控体系中出现，就属于低效的指标，此时的学历指标随着时间等因素的变化，并没有表现出稳定的趋势性变化，它的有效性就较差。它的增长仅仅是学历的增长，不能够表达教师质量全面意义的提升，对教师质量监控是没有贡献或贡献不大的。

对于教师质量监控而言，监控指标表达的有效性决定了监控的质量。在县域义务教育教师质量监控中，为保证监控质量，设置指标标准应该选择对教师质量提升意义重大，有较强表达能力的非饱和性指标，当非饱和性指标随着时间推移转变成饱和性指标后就应该修订或删除，以确保教师质量指标表达的有效性。

2. 教师质量监控指标表达的准确性

教师质量指标表达的准确性是针对一定的监控目的而言的。教师质量监控有其监控的目的和功能，通过判断监控指标表达的准确性一定程度上就可以判断监控达到目的的程度。如果监控指标是依据监控目标进行深层次描述与表达，那么，准确性是高的；反之，准确性则是低的。

从准确性来看，教师质量指标可以分为深层次描述的教师质量指标和浅层次描述的教师质量指标。分层次描述教师质量指标，目的在于说明教师质量指标应该描述出教师质量指标所指示的事物对教师质量的不同层次的意义。因为不同表达层次所能传递的教师质量的信息是不同的，对教师质量表达的准确性也是有区别的。例如，同样是以教师上课的工作量为指标，不同层次的指标描述所体现的教师质量的准确性有着不同的含义：上了 10 次课；上了 10 次生动的课；上了 10 次很受学生欢迎的生动的课；上了 10 次赢得同行和学生及家长非常认可的生动的课。如果教师质量指标是浅层次描述，只采集上了 10 次课这一指标，以上对四位教师的描述在这一指标上是相同的。如果是深层次描述，那么会发现，仅仅上了 10 次课这个指标对教师质量没有构成意义表达。

教师质量指标的作用绝不是简单地对教师质量进行浅层次的描述，教师质量指标要对教师质量有更多意义。这就要求教师质量指标体系能够对教师的各类指

① 秦玉友．教育质量指标研制的学理问题省思［J］．东北师大学报（哲学社会科学版），2007（4）：126-131.

标，例如背景性指标、静态性指标、活动性指标和有效性指标等进行深层次描述，揭示指标背后更具有深度的意义①，通过深度描述触及教师质量的核心要素，以对其构成尽量深层次的意义表达，确保监控指标表达的准确性。

四、县域义务教育教师质量监控指标底线

县域义务教育教师质量指标底线是在指标体系中的各指标上的不同刻度和刻度区间形成的最低标准。在教师质量监控过程中，底线是指教师质量必须达到的最基本的水平、最低的标准、最起码的限度。底线是保证教师质量的坚固防线，对底线的正确确定有助于保证县域义务教育教师质量。要开发县域义务教育教师质量指标底线，就需要探讨县域义务教育教师质量指标底线的涵义、底线的确定与表达要求、底线的内容。

（一）县域义务教育教师质量监控指标底线的涵义

底线是指人们在社会生活或工作中对某事物心里可以承受或能够认可阈值的下限、或某项活动进行前设定的期望目标的最低水平和基本要求。在社会生活中，底线同底限的内涵是一样的，指最低的条件、最低的限度。超出了这一最低限度，事物的性质就要发生质的变化。教师质量的底线就是合格与不合格的临界点，未达到此限度，就是不合格的②。

在教师质量监控体系中，“底线”是指教师质量最低的标准、条件和限度③。教师质量底线具有几个特征：首先，底线是某一段时间内教师质量程度上的基本性和最低性，是教师要达到的最低水平和最基本的标准。其次，底线具有进程的不可逾越性。即没有达到最低目标，就不可能实现更高层次的目标。第三，底线具有针对性。教师质量底线的确定要考虑多种因素，包括学段差异，教师发展阶段差异等。不同学段以及教师不同发展阶段等对教师质量要求不同，质量指标底线应有所差异，在县域内义务教育不应用同一指标底线衡量所有教师。

底线是教师质量的最低防线，虽然它在一定时期内不会有变化，但这种防线并不是一成不变的。县域内不同的发展阶段、不同的教育实践需求等对县域义务教育教师质量会不断提出新的要求，底线自然也会发生不断的变化。在教师质量监控过程中，底线是教师质量必须达到的最基本的水平、最低的标准、最起码的限度，是教师的基本质量，它的设定是以每位教师的实践质量起点，以权力部门、专业人员、利益相关者的认可为基本要求的。底线的设定为县域义务教育教

① 秦玉友．教育质量指标研制的学理问题省思［J］．东北师大学报（哲学社会科学版），2007（4）：126-131.

② 郝文清．论教师道德的底线［J］．齐鲁学刊，2010（5）：96-99.

③ 张继平，卢晓梅．坚守高等教育质量的底线［J］．山西师大学报（社会科学版），2010（4）：118-121.

师质量的纵横比较都提供了一个基本的标准，在这个共同的底线上，尽管存在着多样性的教师质量，但只有达到底线要求的教师质量才会被认可。在实践中，之所以提出教师质量底线，就是要避免教师质量标准的空泛性。

（二）教师质量监控指标底线的确定与表达要求

底线问题研究，最困难的就是指标底线的确定与表达。代表教师质量的指标有很多，要想在众多的指标中找到恰当的指标底线并表达出来，就需要对众多的指标进行简约，找出最能表示底线状况的具体指标，需要认真的思考和斟酌，要考虑到各方面的要求，然后用最合适的方式表达出来。在这个过程中，要确定与表达教师质量监控指标底线必须遵循一定的要求和原则。

首先，底线指标表述要内涵清晰。教师质量底线的确定要保证底线指标表达的内涵清晰。底线表达内涵清晰的意义在于，能够让参与监控的所有人员都能对底线指标有一个清晰的认识，对底线的内涵没有任何歧义，为监控底线标准的把握提供一个指导方向。对于监控人员来讲，底线内涵表述清晰能够有效地把握质量底线，在监控过程中能够准确地依据底线对教师质量进行监控，尤其是教育系统外的作为监控人员的利益相关者更需要底线指标表达的清晰明了。对于被监控的教师而言，内涵清晰的底线能够使得自己有一个明确的标准去努力形成与提升教师质量。还有一点就是教师质量底线指标表述要使用肯定性的规范表达。

其次，底线指标的具体规范要具有不可代替性①。教师质量底线不但需要理论内涵表达清晰，同时也需要制定具有可操作性的底线指标实施的具体规范与规章。教师质量底线指标的具体规范和规章必须规定得具体、有针对性，具有可操作性；教师质量底线应该具有专业规范性，这些规范属于教师质量专属，具有不可替代性的专业特性。

再次，底线指标要能够发挥社会功能。既然教师质量底线是在社会需求和教育实践需求基础上确定，被社会和利益相关者认可和接受的，那么它就应该对社会发挥应有的功能。它应该为教师质量的形成与发展提供专业发展动力及价值方向；教师质量底线应该保障利益相关者的利益，促进教育质量的提升，保证城乡教育一体化的有效促进，实现教育公平。

（三）教师质量监控指标底线的内容

所谓确定底线，不是确定教师质量高低的标准线，是要确定教师质量最低的界线、教师质量中基础部分与非基础部分的界线、重点和次序的界线，这些界线是教师质量中一些基础性的问题。因此，要确定底线，必须依据对那些基础性问题、基本的关系的深入研究。要确定底线，就要找到有标志意义的“量”，在所

① 景天魁．底线公平概念和指标体系——关于社会保障基础理论的探讨［J］．哈尔滨工业大学学报（社会科学版），2013（1）：21-34.

有因素中选择有重要意义的、关键性的核心因素，删除那些可化约的，影响微小的因素。因此，对于底线的选择，也只局限在选择和确定具有直接的、决定性影响的底线指标。底线只是为了确定界限，不能代表或代替教师质量的全部内容。

从不同角度可以确定不同的教师质量底线：专业质量底线、职业质量底线和法律质量底线。所选择的刻画专业质量、职业质量和法律质量的指标不能代表教师质量的全部内容，它们只是用来划定“底线”的，划分底线的标志量应该越少越好。具体而言，通过专业质量底线、职业质量底线和法律质量底线来体现不同要求层面的教师质量；专业质量底线是由专业组织或机构批准和发布，在专业范围内统一的标准，这种质量底线使用于专业角度的教师质量；职业质量底线是由社会及利益相关者对教师职业认可和接受的质量底线；法定质量底线是由权力部门通过法律法规等形式对教师质量底线做的一种规定，具有强制性特点。

这三项底线在教师质量的界限上都比较清楚，都属于底线部分质量，与非底线部分质量没有重叠、交叉、跨界的情况。这三项底线，它们都没有排斥性，在这些质量指标面前是人人平等的。每一领域中确定的底线是这一领域所要调节的最主要、最重要的规范的最低要求，这三种底线的确定都不能够损害利益相关者的正当利益。因此，县域内的任何学生只要在接受义务教育阶段，不论民族大小、地理位置远近、家庭收入多少都应该享受到达到质量指标底线要求的教育教学质量。这三项底线对于保障县域义务教育教师质量的基本需求具有无可替代的作用，而且，它们对于教育质量保障和教育公平需要的满足具有基础性意义。例如，法定质量标准可以解决农村或落后地区教师质量的后顾之忧，教师质量状况改善了，也可以提高农村或落后地区教育质量等。由于以上原因，上述三项教师质量底线适合作为划分教师质量的代表性底线。

五、县域义务教育教师质量监控指标体系建构

县域义务教育教师质量监控指标体系的建构就是要给出监控教师质量水平的各个维度，并说明从这些方面检视教师质量水平的合理性①。教师质量状况是决定一个县域义务教育发展水平的直接影响因素。在教师质量监控指标体系建构过程中，教师质量背景性指标、教师质量静态性指标、教师质量活动性指标、教师质量有效性指标是监控教师质量时必须考虑的几个重要问题。在县域义务教育教师质量监控指标体系建构时，这里以横向展开的教师质量指标的状态质量为主，在不同层次的指标展开时，适当考虑纵向展开时的要素。下面从背景性指标领域、静态性指标领域、动态性指标领域、有效性指标领域等指标领域讨论义务教育教师质量指标体系建构。

---

① 秦玉友．教育质量指标领域基本问题反思与探究［J］．当代教育科学，2005（8）：13-16.

（一）县域义务教育教师质量背景性指标

教师质量监控过程中，要考虑教师质量背景性指标，不能脱离教师质量背景而单独描述教师质量。脱离教师质量背景谈教师质量是不恰当的。对县域义务教育教师质量进行监控必须明确与教师质量相关的背景因素。不同的教师质量背景因素，例如社区环境、学校发展水平、教师政策、教师兴趣等对不同教师的质量所产生的影响是存在着差距的，这种差距会导致相同指标在不同地区未必能把相同的教师质量显现出来。从监控实践来说，这些背景性指标对教师质量显现方式和显现程度是最具意义的，应该充分考虑这些背景性指标。

背景性指标在县域义务教育教师质量监控指标中往往没有引起人们的足够重视，但是从区域差异视野看，义务教育教师质量背景性指标是重要的指标领域，这一指标领域除了自身具有重要意义外，对解释其他指标具有重要作用。背景性指标分为四类，包括社区背景、学校背景、教育背景和个人背景四类指标（见表2-3），通过这些指标可以看出不同地区县域义务教育教师质量的背景性差异，可以解释不同学校间教师的教育教学质量的差异，可以解释在相同学校中不同教师所教学生可能的素质差异，可以预测不同教师对教师质量的追求水平和程度。

表2-3　义务教育教师质量背景性指标

一级指标	二级指标	三级指标
社区背景	社区的居住与生活条件	社区名誉与社区地位
		地理位置与交通条件
		住房条件
		工资福利
	参与的社区活动	社区活动的数量
		社区活动的质量
	居住的社区教育和文化资源	社区教育机构、文化场所数量
		社区教育机构、文化场所质量
学校背景	学校发展水平	办学、管理政策导向
		课堂资源与学校设备
		教师到岗率
	学校规模	校班比
		师生比

续表 2-3

一级指标	二级指标	三级指标
教育背景	县域教师政策	师资配置政策
		教师质量评定标准
		教师质量奖惩制度
	县域师资队伍的流动	优质流动
		劣质流动
	教师专业发展	进修、培训机会
		进修、培训实效性
	教师学历水平	第一学历
		最后学历
	教师职称水平	职称级别
	教师教龄	教龄多少
个人背景	教师业余爱好	教师兴趣
		教师特长
	自学情况	自学时间
		自学质量
	家庭藏书状况	家庭藏书数量
		家庭藏书质量

在社区背景、学校背景、教育背景和个人背景中，社区背景是最宏观的，也是短期难以改变的，或者说即使教师努力改变的难度也较大。学校背景中这些指标的外在特征是当前义务教育学校和教师难以改变的，但有些是可以改变的，例如，学校通过制定校本政策，确定教师质量导向等。教育背景方面，许多是可以改变的，如可以通过地方政策保证师资配置问题的均衡与合理、教师优质流动、提供教师质量提升的机会等。在所有的背景性指标中，个人背景是相对来所最容易改变的。教师可以根据自身的实际情况进行调整，促进自身质量的提升。

（二）县域义务教育教师质量静态性指标

这里教师质量静态性指标主要是指以“静态”形式表现出来的教师质量。这种静态性是教师质量得以体现的基础。静态性指标是教师通过资格、专业素养以及品质表现出来（见表 2-4），在教师质量监控的实践中，人们对静态性指标中的资格指标比较关注，因为它具有静态性和外显性特点，往往作为监控教师质量的首要指标。

表 2-4 义务教育教师质量静态性指标

一级指标	二级指标	三级指标
教师资格	准入资格（从业资格）	资格理论水平测试成绩
		资格实践能力测试成绩
		心理健康测试水平
	在职资格（晋升资格）	教学业绩
		科研业绩
		专业测试水平
		心理健康测试水平
教师专业素质	专业理念	教育观
		学生观
		教学活动观
	专业道德	专业义务道德
		专业责任道德
		专业行为道德
	专业知识	本体性知识
		条件性知识
		实践性知识
		素养性知识
教师品质	教师教学品质（性格特征）	灵敏度
		创造力
		亲和力
		热情度、激情度
		体贴
	教师专业品质（性格特征）	自我效能
		教育教学成败归因
		专业责任感

资格是由准入资格和在职资格两个方面的指标构成。一般来讲，资格越高，教师质量就越高。但并不是说，资格定得越高越好，资格指标的选择要考虑到不同学段、不同学科、教育实践需要等方面因素，依据社会发展和教育发展需求确定资格指标的高低。专业素养是教师静态性指标的核心指标，专业素养的高低会直接影响到教师质量，会影响到教师教育教学的有效性，专业素养中人们更关注

教师的专业知识水平，这方面的监控指标较为完整，而专业理念和专业道德往往缺乏实质性的、具有可操作性的指标来监控。一定意义上讲，专业理念与专业道德对教师的专业知识的掌握与有效运用有着密切的关系。如果人为将他们割裂将影响到对教师质量的全面认识。教师品质可以从教学品质特征和专业品质特征两个方面展现，不同的教师品质对教师质量有着不同的影响，教学品质影响到教师的教学热情、创造力和学生的向师性等，专业品质将会促使教师积极向上、具有责任感。

（三）县域义务教育教师质量活动性指标

教师质量活动性指标，即动态性指标。教师作为教育系统中的人力资源，对他的质量监控不仅要看他们的静态质量，还要看他们质量的实际运行及其效果。教师的静态性指标只是教师质量的一部分，并不能代表全部质量。也就是说，对教育实践而言，教师的工作是一项培养具有主观能动性的人的活动，教师静态质量是教师得以开展工作的基础，教师质量的显现与教师的教育教学的实践活动息息相关。教师的实践活动主要通过教师教育教学运行实施能力和教师教育教学绩效提升能力表现出来。能力强的教师的工作绩效非常明显，教师不仅能够完成教育教学任务、促进自己的专业发展，重要的是也能很好地提高学生学业成绩并培养相应的能力。这些方面多是动态的活动，其指标也要求能够体现动态特征。

任何义务教育教师的实践活动都离不开教师的各方面能力，各种能力的实施是教育教学任务完成情况和教师专业发展、学生发展情况的实践活动。因此，在县域义务教育教师质量动态性指标领域中，包括教师教育教学运行实施能力，涉及基本能力、教学能力、教育能力、发展性能力；教师教育教学绩效提升能力，涉及提高教师教育教学水平能力，促进学生学业成绩进步的相应能力等（见表 2-5）。

表 2-5　义务教育教师质量活动性指标

一级指标	二级指标	三级指标
教师教育教学运行实施能力	基本能力	书写能力
		表达能力
		现代教育技术使用能力
	教学能力	教学设计能力
		课堂教学能力
		实验教学能力
		课外辅导能力
	教育能力	管理能力
		沟通协调能力
	发展性能力	教育评价能力
		教育科研能力

续表 2-5

一级指标	二级指标	三级指标
教师教育教学绩效提升能力	提高教师教育教学水平能力	教学达到或超过课程标准要求能力
		教师专业发展能力
	促进学生学业成绩进步相应能力	促进学生学业成绩取得绝对成绩和相对进步的能力
		促进学生实践能力取得绝对水平和相对进步的能力

（四）县域义务教育教师质量有效性指标

义务教育教师质量的有效性是从教师对各利益相关者利益的满足程度而言。义务教育教师质量有效性指标指向学生成功、教师成功、学校成功、教育成功、社会成功五个方面（见表 2-6）。有效性指标满足学生利益程度可以通过学生接受教育后的品德水平、智力水平、毅力水平、动力水平、生活质量、生存能力、社会适应等做出判断。教师成功主要是以教师自我价值实现，社会、专家、管理部门对自己的认可程度以及教师自我的职业幸福指数来表现的。学校成功主要是学校品质的提升，学校教育教学质量、学校特色形成来判断。教育成功是在教育系统中教师质量对城乡义务教育的影响应该是一致的，应表现为城乡义务教育教师质量没有太大差别，县域内义务教育阶段所有学生都应该享有由相同或相近的师资质量带来的教育。社会成功主要通过教师的社会关系，即教师与学生和同行关系、教师与家长的关系、教师与专家的关系、教师与管理部门的关系、教师与其他利益相关者的关系、为社区服务状况等方面体现出来。在这些关系的形成发展过程中，教师因具有较好的社会影响而具有较强的吸引力。

表 2-6 义务教育教师质量有效性指标

一级指标	二级指标	三级指标
学生成功	学生品德水平	知识水平
		实践行为
	学生智力水平	知识基础
		学习能力
	学生毅力水平	学习习惯
		学习毅力
	学生动力水平	学生兴趣
		外在动机
	学生生活质量	学生生活安排能力
	学生生存能力	学生生存技能
	学生社会适应	学生的社会融入能力

续表 2-6

一级指标	二级指标	三级指标
教师成功	教师自我价值实现	社会认可
		专家认可
		管理部门认可
		自我职业幸福感/幸福指数
学校成功	学校品质提升	教育教学质量
		学校特色
教育成功	城乡义务教育质量差异	农村义务教育质量水平
		城市义务教育质量水平
社会成功	社会关系	教师与学生、同行关系
		教师与家长的关系
		教师与专家的关系
		教师与管理部门关系
		教师与其他利益相关者关系
		为社区服务状况

第三章　县域义务教育教师质量监控现状的个案分析

通过实证调查来了解县域义务教育教师质量监控现状是本研究的现实基础。本章主要对黑龙江省H市（县级）的义务教育教师质量监控中的监控主体、监控内容、监控方式、监控反馈结果、对监控的再监控五个方面进行调查研究，通过调查研究结果了解目前县域义务教育教师质量监控处于怎样的状态，县域义务教育教师质量监控中存在哪些问题，进一步分析县域义务教育教师质量监控现实状况与理论框架、指标体系之间的差距，为县域义务教育教师质量监控的实施关键策略提供现实支撑。本章是在对黑龙江省H市（县级）的义务教育教师质量监控现状调查的基础上，从描述分析和特征分析两个方面展开。

第一节　县域义务教育教师质量监控现状分析的研究对象特征

本节对县域义务教育教师质量监控现状分析的研究对象特征进行了简单的整理与分析，主要分析了研究对象的个人基本信息，包括被试的性别、年龄、教龄、婚姻状况；研究对象的教育特征，包括被试的不同工作角色、不同学历、不同学校、不同职称级别、不同任教情况。

一、研究对象的基本特征

（一）被试性别

在543名被试中，男性被试有180人，占总人数的33.1%；女性被试有329人，占总人数的60.6%；未填写性别被试有34人，占总人数的6.3%（见表3-1）。

表3-1　被试性别

性别	人数	百分比/%
男	180	33.1
女	329	60.6
小计	509	93.7
缺失	34	6.3
总计	543	100

（二）被试年龄与教龄

在543名被试中，年龄跨度从20岁到59岁，教龄跨度从0年到41年（见表3-2和表3-3）（被试中年龄统计数据中12人，教龄统计中25人未填写信息）。从整体看，教师年龄较大、教龄较长者占多数。

表3-2　被试年龄

年龄	人数	百分比/%
20.00	1	0.2
21.00	1	0.2
24.00	1	0.2
25.00	3	0.6
26.00	3	0.6
27.00	3	0.6
29.00	2	0.4
30.00	3	0.6
31.00	5	0.9
32.00	6	1.1
33.00	14	2.6
34.00	17	3.1
35.00	24	4.4
36.00	23	4.2
37.00	24	4.4
38.00	22	4.1
39.00	31	5.7
40.00	27	5.0
41.00	28	5.2
42.00	30	5.5
43.00	26	4.8
44.00	32	5.9
45.00	36	6.6
46.00	35	6.4
47.00	29	5.3
48.00	32	5.9
49.00	23	4.2
50.00	15	2.8
51.00	11	2.0
52.00	9	1.7
53.00	7	1.3
54.00	4	0.7
55.00	1	0.2
56.00	2	0.4
59.00	1	0.2
小计	531	97.8
缺失	12	2.2
总计	543	100

表3-3　被试教龄

教龄	人数	百分比/%
0.00	9	1.7
1.00	1	0.2
2.00	3	0.6
4.00	2	0.4
5.00	2	0.4
6.00	1	0.2
7.00	4	0.7
8.00	2	0.4
9.00	1	0.2
10.00	1	0.2
11.00	2	0.4
12.00	3	0.6
13.00	8	1.5
14.00	20	3.7
15.00	32	5.9
16.00	27	5.0
17.00	35	6.4
18.00	30	5.5
19.00	23	4.2
20.00	21	3.9
21.00	38	7.0
22.00	26	4.8
23.00	40	7.4
24.00	30	5.5
25.00	22	4.1
26.00	29	5.3
27.00	14	2.6
28.00	18	3.3
29.00	12	2.2
30.00	16	2.9
31.00	13	2.4
32.00	15	2.8
33.00	7	1.3
34.00	6	1.1
35.00	2	0.4
36.00	1	0.2
39.00	1	0.2
41.00	1	0.2
小计	518	95.4
缺失	25	4.6
总计	543	100

（三）被试婚姻状况

在543名被试中，已婚有孩子者471人，占86.7%；已婚没孩子者22人，占4.1%；未婚者19人，占3.5%；已婚有孩子，但是孩子年龄未填写者19人，占3.5%；婚姻状况未填但有孩子的被试7人，占1.3%，没有填写信息的被试5人，占0.9%。被试孩子的年龄跨度从未满周岁到32岁（见表3-4和表3-5）。

表3-4 被试孩子年龄

孩子年龄	人数	百分比/%	孩子年龄	人数	百分比/%
0.00	1	0.2	18.00	30	5.5
1.00	2	0.4	19.00	11	2.0
2.00	1	0.2	20.00	29	5.3
3.00	1	0.2	21.00	28	5.2
4.00	8	1.5	22.00	18	3.3
5.00	4	0.7	23.00	20	3.7
6.00	3	0.6	24.00	18	3.3
7.00	12	2.2	25.00	21	3.9
8.00	17	3.1	26.00	10	1.8
9.00	19	3.5	27.00	11	2.0
10.00	22	4.1	28.00	10	1.8
11.00	20	3.7	29.00	4	0.7
12.00	18	3.3	30.00	3	0.6
13.00	29	5.3	31.00	2	0.4
14.00	13	2.4	32.00	2	0.4
15.00	20	3.7	小计	452	83.2
16.00	26	4.8	缺失	91	16.8
17.00	19	3.5	总计	543	100

表3-5 被试婚姻状况

婚姻状况	人数	百分比/%
已婚有孩子	471	86.7
已婚没有孩子	22	4.1
未婚	19	3.5
已婚孩子年龄未写	19	3.5
婚姻状况未填但有孩子	7	1.3
小计	538	99.1
缺失	5	0.9
总计	543	100

二、研究对象的教育特征

（一）被试是否为班主任

在543名被试中，班主任为164人，占总人数30.2%；不是班主任的为314人，占总人数的57.8%；曾经做过班主任的40人，占总人数的7.4%；从未做过班主任的5人，占总人数的0.9%；未填写信息的20人，占总人数的3.7%（见表3-6）。

表3-6　被试是否是班主任

是否为班主任	人数	百分比/%
是班主任	164	30.2
不是班主任	314	57.8
曾经做过	40	7.4
从未做过	5	0.9
小计	523	96.3
缺失	20	3.7
总计	543	100

（二）被试行政职务

在543名被试中，校长（包括教学校长和德育校长）34人，占总人数的6.3%；教导主任20人，占总人数的3.7%；学年组长21人，占总人数的3.9%；学校其他职务159人，占总人数的29.3%；没有学校行政职务的263人，占总人数的48.4%；教育局的23人，占总人数的4.2%。其中有23人（占总人数的4.2%）没有填写信息（见表3-7）。

表3-7　被试行政职务

行政职务	人数	百分比/%
校长（包括教学、德育校长）	34	6.3
教导主任	20	3.7
学年组长	21	3.9
其他行政职务	159	29.3
没有行政职务	263	48.4
教育局	23	4.2
小计	520	95.8
缺失	23	4.2
总计	543	100

（三）被试学历情况

在543名被试中，第一学历：高中以下13人，占总人数的2.4%；高中58人，占总人数10.7%；中专或中师239人，占总人数的44%；大专167人，占总人数的30.8%；大学本科55人，占总人数的10.1%；有11人（占总人数2%）未填写信息。最高学历：高中以下7人，占总人数的1.3%；高中5人，占总人数的0.9%；中专或中师36人，占总人数的6.6%；大专159人，占总人数的29.3%；大学本科326人，占总人数的60%；研究生4人，占总人数的0.7%。有6人（占总人数的1.1%）没有填写信息（见表3-8和表3-9）。

表3-8　被试第一学历

第一学历	人数	百分比/%
高中以下	13	2.4
高中	58	10.7
中专或中师	239	44.0
大专	167	30.8
大学本科	55	10.1
小计	532	98.0
缺失	11	2.0
总计	543	100

表3-9　被试最高学历

最高学历	人数	百分比/%
高中以下	7	1.3
高中	5	0.9
中专或中师	36	6.6
大专	159	29.3
大学本科	326	60.0
研究生	4	0.7
小计	537	98.9
缺失	6	1.1
总计	543	100

（四）被试职称情况

在543名被试中，中教高级102人，占总人数的18.8%；中教一级142人，占总人数的26.2%；中教二级75人，占总人数的13.8%；中教三级1人，占总人数的0.2%；小学特级教师4人，占总人数的0.7%；小教高级106人，占总人数的19.5%；小教一级90人，占总人数的16.6%；小教二级4人，占总人数的0.7%；新教师未评职称10人，占总人数的1.8%；没机会参加评职称的7人，占总人数的1.3%。有2人（占总人数0.4%）未填写信息（见表3-10）。

表3-10　被试职称

职称级别	频率	百分比/%
中教高级	102	18.8
中教一级	142	26.2
中教二级	75	13.8
中教三级	1	0.2
小学特级教师	4	0.7

续表 3-10

职称级别	频率	百分比/%
小教高级	106	19.5
小教一级	90	16.6
小教二级	4	0.7
新教师未评教师	10	1.8
没机会参加评职称	7	1.3
合计	541	99.6
缺失	2	0.4
合计	543	100.0

（五）被试所在学校教学质量情况

在 543 名被试中，认为所在学校教师质量非常好的 228 人，占总人数的 42%；比较好的 255 人，占总人数的 47%；一般的 51 人，占总人数的 9.4%；比较低的 3 人，占总人数的 0.6%；不清楚的 5 人，占总人数的 0.9%；有 1 人（占总人数的 0.2%）没有填写信息（见表 3-11）。

表 3-11　被试学校教学质量

学校教学质量	人数	百分比/%
非常好	228	42.0
比较好	255	47.0
一般	51	9.4
比较低	3	0.6
不清楚	5	0.9
合计	542	99.8
缺失	1	0.2
总计	543	100

（六）被试（曾）任教年级

在 543 名被试中，有 529 人选择了（曾）任教的年级，占总人数的 97.4%，有 14 人未填写此项信息，占总人数的 2.6%。被试“总计”为 808，百分比为 152.7%，超过被试总人数及其百分比，意味着有的老师不只教授一个年级。（曾）任教小学一年级的人数有 58 人，占 11.0%；（曾）任教小学二年级 45 人，占 8.5%；（曾）任教小学三年级 70 人，占 13.2%；（曾）任教小学四年级 81 人，占 15.3%；（曾）任教小学五年级 62 人，占 11.7%；（曾）任教小学六年级 79 人，占 14.9%；（曾）任教初一 95 人，占 18.0%；（曾）任教初二 116 人，占

21.9%；（曾）任教初三 98 人，占 18.5%；（曾）任教初四 8 人，占 1.5%；（曾）任教高一 4 人，占 0.8%；（曾）任教高二 3 人，占 0.6%；（曾）任教高三 3 人，占 0.6%；不是科任教师的 86 人，占 16.3%（见表 3-12）。

表 3-12　被试（曾）任教年级

（曾）任教年级	人数	百分比/%
小学一年级	58	11.0
小学二年级	45	8.5
小学三年级	70	13.2
小学四年级	81	15.3
小学五年级	62	11.7
小学六年级	79	14.9
初一	95	18.0
初二	116	21.9
初三	98	18.5
初四	8	1.5
高一	4	0.8
高二	3	0.6
高三	3	0.6
不是科任教师	86	16.3
总计	808	152.7

（七）被试（曾）任教学科

在 543 名被试中，有 528 人选择了（曾）任教的学科，占总人数的 97.2%，有 15 人未填写此项信息，占总人数的 2.8%。被试“总计”为 659，百分比为 124.8%，超过被试总人数及其百分比，意味着有的老师不只教授一个学科。教授语文的有 150 人，占 28.4%；教授数学的有 140 人，占 26.5%；教授外语的有 55 人，占 10.4%；教授历史的有 23 人，占 4.4%；教授地理的有 17 人，占 3.2%；教授品德与社会的有 43 人，占 8.1%；教授化学的有 20 人，占 3.8%；教授生物的有 14 人，占 2.7%；教授物理的有 25 人，占 4.7%；教授体育的有 38 人，占 7.2%；教授信息技术的有 14 人，占 2.7%；教授音乐的有 19 人，占 3.6%；教授美术的有 23 人，占 4.4%；教授科学的有 10 人，占 1.9%；教授综合实践活动的有 12 人，占 2.3%；教授地方或校本课程的有 25 人，占 4.7%；其他的有 31 人，占 5.9%（见表 3-13）。

表 3-13　被试（曾）任教学科

（曾）任教学科	人数	百分比/%
语文	150	28.4
数学	140	26.5
外语	55	10.4
历史与社会	12	2.3
地理	17	3.2
品德与社会	43	8.1
化学	20	3.8
生物	14	2.7
物理	25	4.7
体育	38	7.2
信息技术	14	2.7
音乐	19	3.6
美术	22	4.2
艺术	1	0.2
科学	10	1.9
综合实践活动	12	2.3
地方或校本课程	25	4.7
历史	11	2.1
其他	31	5.9
总计	659	124.8

第二节　县域义务教育教师质量监控现状的描述分析

本节内容主要是对调查的 H 市（县级）的义务教育教师质量监控现状做基本的描述性分析。分析内容主要是对教师质量理解问题、义务教育教师质量监控的主体问题、义务教育教师质量监控内容问题、义务教育教师质量监控方式问题、义务教育教师质量监控结果及反馈问题、对义务教育教师质量监控的再监控问题几个方面进行描述性分析。通过描述性分析了解和认识县域内义务教育教师质量监控的现状和基本情况。

一、教师质量理解情况

研究从对教师质量高低界定的主要依据是专业知识水平、教学经验与能力、师德水平、学历水平、职称水平、学生成绩、学生升学率七个方面来分析①。调查显示，对于义务教育阶段县域内对教师质量高低界定的主要依据选择情况如图3-1所示。有23.3%的被试认为专业知识水平是界定教师质量高低依据，有30.2%的被试认为教学经验与能力是界定依据，认为师德水平是界定依据的被试有21.8%；认为学生成绩是判断依据的被试有14.1%，而选择学生升学率和学历水平、职称水平的被试分别为4.8%，4.3%，1.6%。

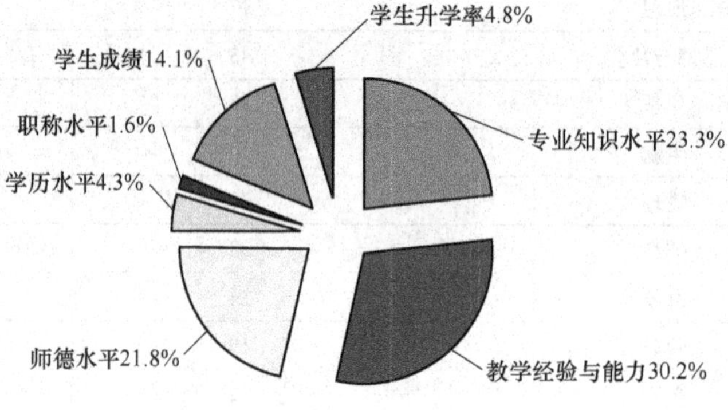

图3-1 被试界定教师质量依据情况

二、教师质量监控主体情况②

研究从教师质量都有哪些主体监控、哪些人最经常监控、哪些人监控对教师质量影响最大、监控是否具备监控知识和监控优势、主体参与监控的原因六个方面进行分析。通过本研究的调查显示，在教师质量监控参与主体方面，有19.5%和15.8%的被试认为县域义务教育教师质量监控主要监控主体是校长和教导主任，

其次是14.1%和12.1%的被试认为还有上级行政领导和教育督导，10.3%和10.1%的被试认为教师和教学副校长也是监控主体。还有7.5%、5.7%、5.1%的被试认为有家长、学生、德育副校长（见图3-2）。同时，研究还对最经常参与教师质量监控的主体问题进行调查。如图3-3所示，24.2%的被试认为校长是最

① 这里提到的对教师质量高低界定主要依据的七个方面是县域里调查对象的选择。在正式问卷调查之前，笔者曾用自己界定的教师质量概念进行了访谈和试调研，结果县域里的调查对象对教师质量高低界定的依据只涉及这七个方面。为保证调查问卷有效，所以在正式调查中用了这七个方面的内容，而不是笔者界定的教师质量概念相关内容。

② 这里提到的教师质量监控参与主体是县域里调查对象的选择。在形成正式问卷调查之前，笔者曾对教师质量监控参与主体进行了访谈和试调研，结果县域里的调查对象在教师质量监控参与主体中没有被试选择社区（人员）。为保证调查问卷有效，所以在正式调查中没有设置这一选项。后面调研内容也是通过访谈和试调研之后形成的。

经常监控教师质量主体，其次是22.9%的被试认为教导主任是最经常监控主体。还有13.7%、11.3%、11.1%的被试认为是教学副校长、上级行政领导、教育督导。另外，还有5.3%、4.4%、4.3%、2.8%的被试认为是德育副校长、家长、教师、学生。

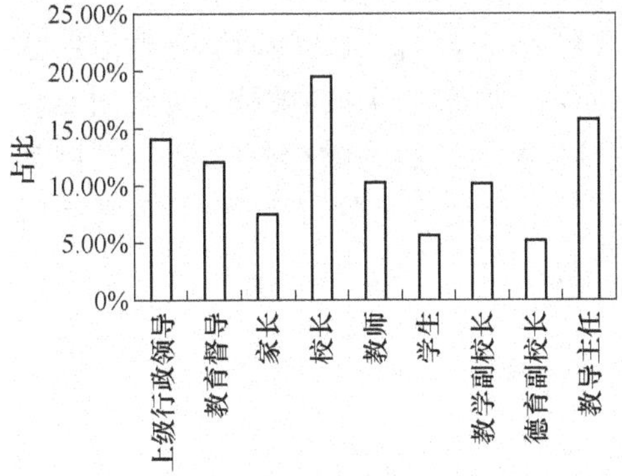

图3-2 教师质量监控主体

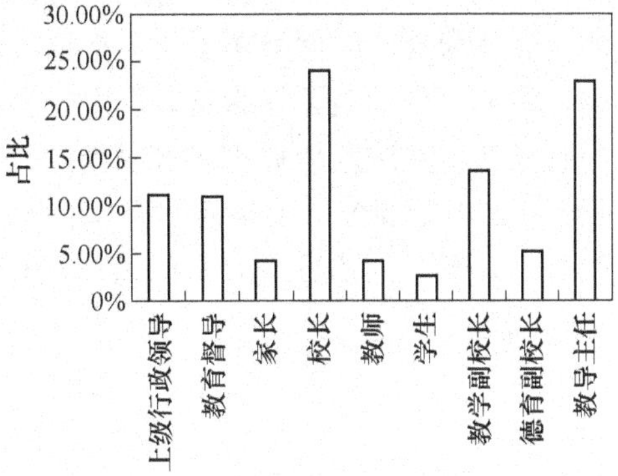

图3-3 最经常监控教师质量主体

随后，研究又对教师质量监控主体监控频率进行了调查。调查显示，被试作为监控主体参加监控教师的频率比例差距不是很大，一直监控的人有13.6%，经常监控、有时监控、偶尔监控的比例都在20%~25%，从来没有参加监控的被试有18.8%（见图3-4）。被试对自己的教师质量监控频率能够做到一直监控的有21%，经常监控的有32%，有时监控的有26.7%，偶尔监控的12.2%，还有7.4%从来没有监控过（见图3-5）。

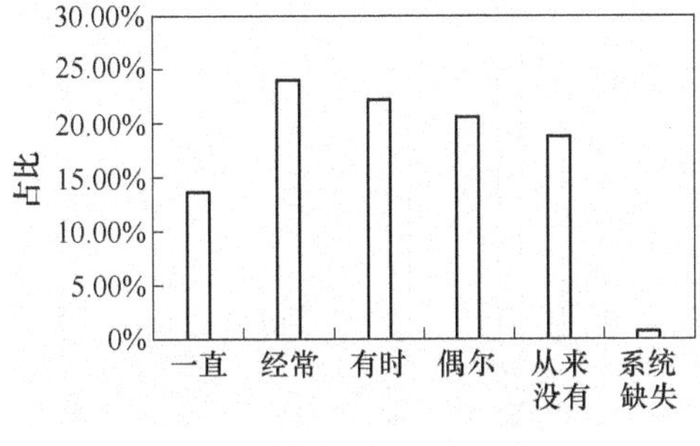

图3-4 被试参加教师质量监控情况

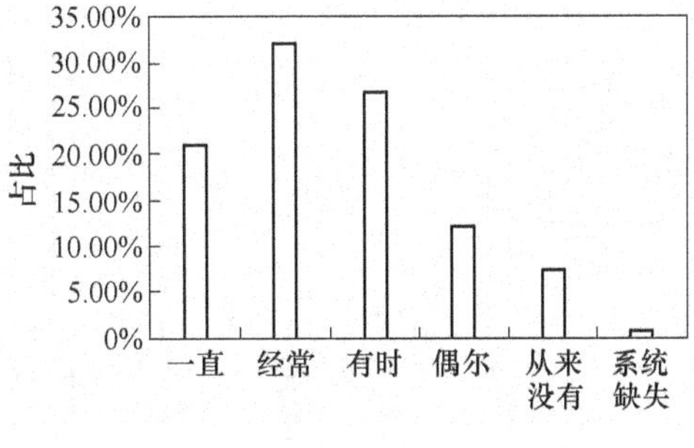

图3-5 被试监控自己教师质量情况

与此同时，在了解对教师质量影响最大的监控主体方面，调查如图3-6所示，26.4%的被试认为校长是对教师质量影响最大的监控主体，其次14%和11.8%的被试认为是教导主任和教学校长，而认为上级行政领导、学生、教育督导、教师、家长、德育副校长是对教师质量影响最大的监控主体的被试比例分别为9.8%、9.1%、9.0%、8.4%、7.9%、3.6%。

监控专门知识、监控优势、监控原因是了解监控主体监控效率、认识不同监控主体差异的主要内容。本研究对监控主体的监控专门知识、监控优势、监控原因进行了调查。被试监控专门知识调查结果如图 3-7 所示，非常缺乏的有 3.3%，比较缺乏的有 23.9%，一般的有 36.6%，不太缺乏的有 21%，完全不缺乏的有 5.9%，还有 7.9%的被试不清楚。监控优势的调查结果如图 3-8 所示，有 39.4%的被试认为自己的优势在于能够把握方向，有 26.5%的被试认为能够做到信息准确，有 17.7%的被试认为是时间上便利，还有 8.9%和 7.4%的被试认为空间便利和有权威。被试监控原因的调查结果如图 3-9 所示，因为学校规定参与监控有 42.7%，由于职位要求参与的有 23.9%，家长委员会成员的占 5.2%，自愿申请的有 11.7%，而还有 16.5%的被试没有参加过。

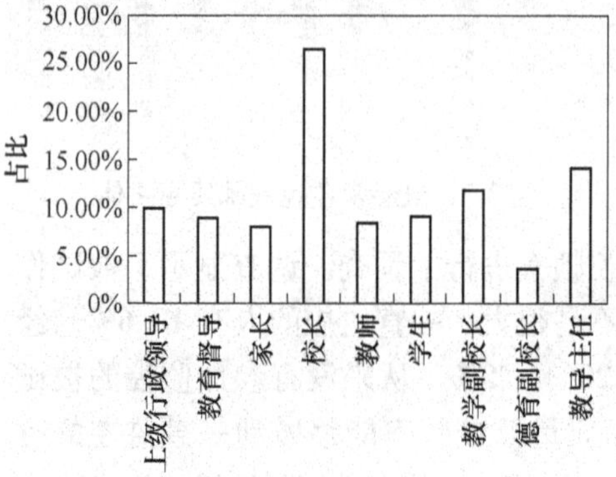

图 3-6 对教师质量影响最大监控主体

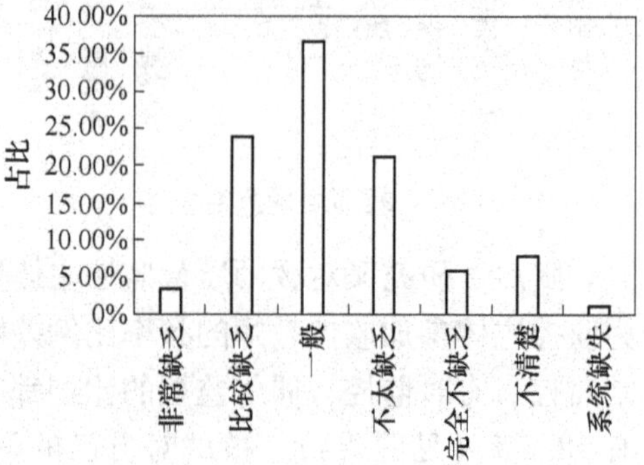

图 3-7 监控主体具备监控知识情况

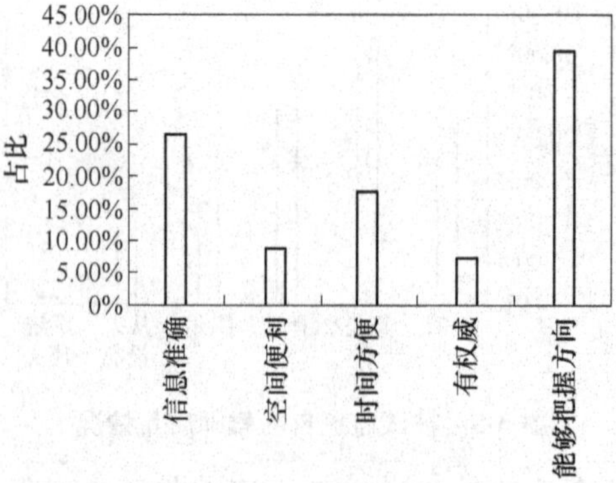

图 3-8 监控主体的监控优势

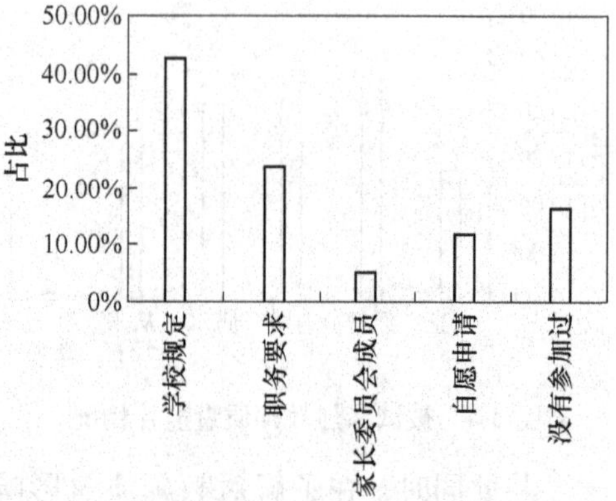

图 3-9 监控主体参加监控原因

三、教师质量监控内容情况

研究从教师质量监控主要监控内容和最重要的监控内容、监控内容确定者、监控内容涵盖教师质量情况、不同学科教师质量监控内容相同程度、新老（不同职称）教师质量监控内容相同程度六个方面进行分析。调查显示，教师质量监控主要监控内容和最重要监控内容①的现状情况如图3-10和图3-11所示。25.1%的被试认为教师质量监控主要内容为背景性质量，24.9%的被试认为是静态性质量，26.9%的被试认为是活动性质量，23.1%的被试认为是有效性质量。但是最重要内容中，22.5%的被试认为背景性质量最重要，26.3%的被试认为静态性质量最重要，31.1%的被试认为活动性质量最重要，9.6%的被试认为有效性质量最重要。

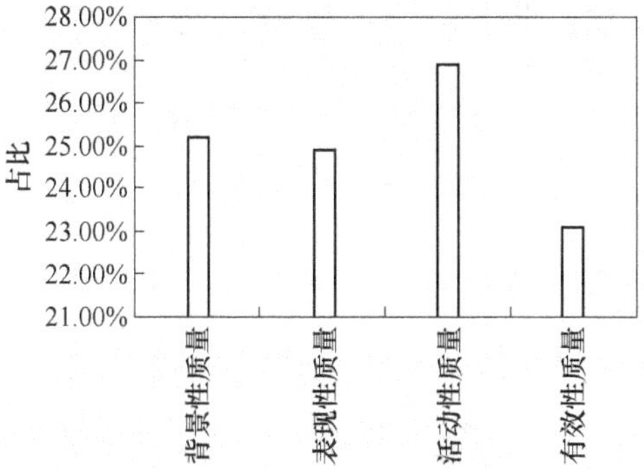

图3-10　教师质量监控主要内容

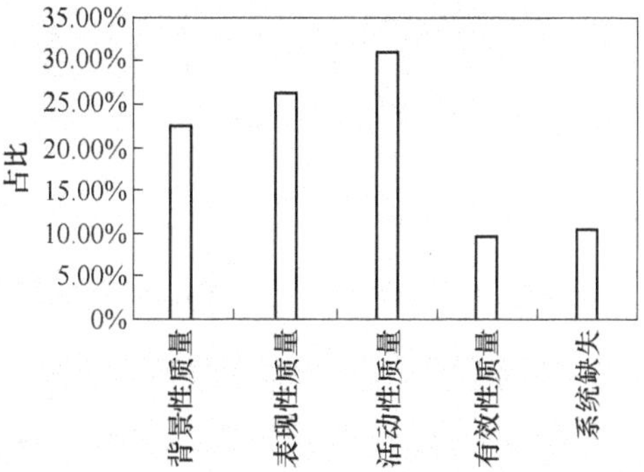

图3-11　教师质量监控中最重要监控内容

对不同领域的教师质量监控的内容进行调查显示如图3-12所示，相比之下，认为教师教育教学能力（14.8%）、师德水平（12.0%）作为教师质量监控内容的被试比较多；其次，就是认为学生学业成绩（9.9%）、教师品质（8.2%）、教师专业发展能力（8.3%）、教师进修情况（7.4%）、教师自学情况（7.0%）、学生各种能力的发展（6.7%）、教师所在学校的发展水平与规模（6.6%）、教师学历与职称水平（5.4%）、教师资格（4.1%）也是监控内容；而较少的被试把教师相关地方政策（2.2%）、教师自我价值实现程度（2.3%）、教师所在地的教育质量（2.4%）、教师生活的社区情况（1.3%）、教师家庭藏书（0.8%）、教师社会关系（0.5%）作为监控内容。

---

① 调查问卷中设计的教师质量监控内容、最重要监控内容涉及背景性质量、静态性质量、活动性质量、有效性质量四个方面。

背景性质量：教师生活的社区情况、教师所在地学校的发展水平与规模、教师进修情况、学历与职称水平、教师自学情况、教师家庭藏书、教师相关地方政策；

静态性质量：教师资格、师德水平、教师品质；

活动性质量：教师教育教学能力、教师专业发展能力；

有效性质量：学生学业成绩、学生各种能力的发展、教师自我价值实现程度、教师所在地教育质量、教师社会关系。

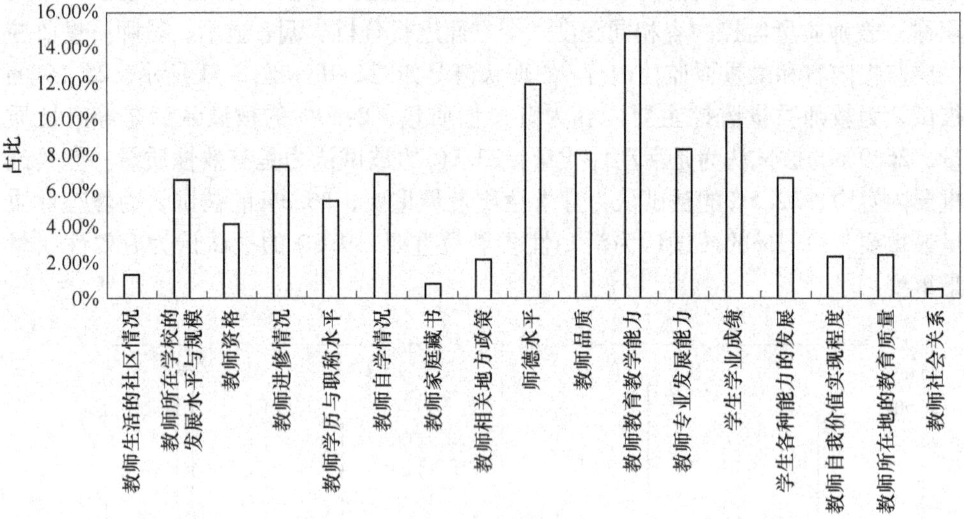

图 3-12 教师质量监控具体内容情况

教师背景性质量监控内容调查显示如图 3-13 所示，被试更多地将教师学历与职称（18%）、教师进修（24%）、教师自学（23%）、教师所在学校的发展水平与规模（21%）作为监控内容，较少的被试将教师相关地方政策（7%）、教师生活的社区情况（4%）、教师家庭藏书（3%）作为监控内容。教师静态性质量监控内容方面调查显示如图 3-14 所示，有 49%的被试把师德水平作为监控内容，其次有 34%、17%的被试认为教师品质、教师资格是监控内容。

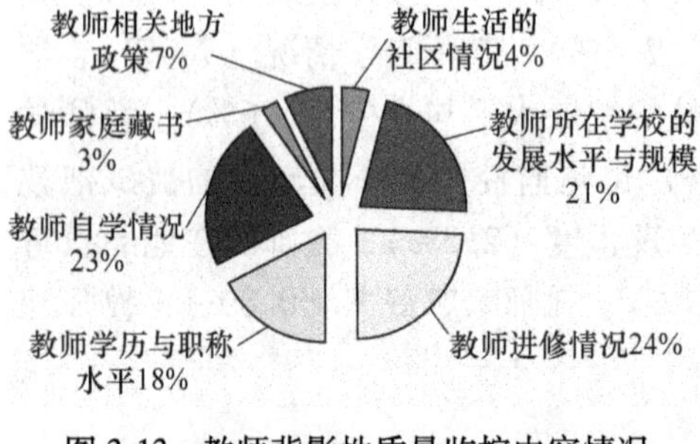

图 3-13 教师背影性质量监控内容情况

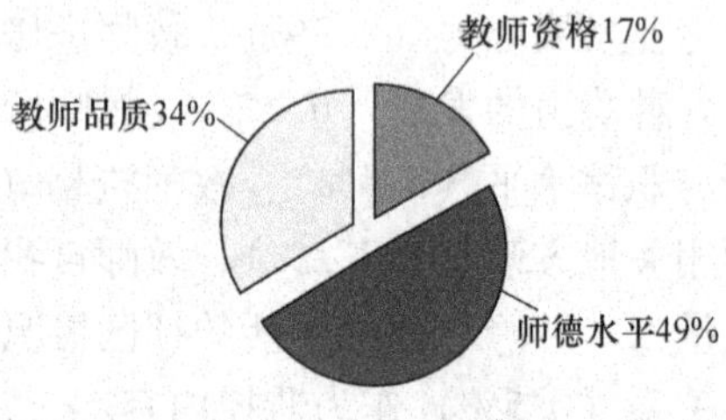

图 3-14 教师静态性质量监控内容情况

教师活动性质量监控内容情况调查显示如图 3-15 所示，64%的被试认为教师教育教学能力是监控内容，36%的被试认为教师专业发展能力是监控内容。教师有效性质量监控内容情况调查显示如图 3-16 所示，45%的被试选择了学生学业成绩作为监控内容，31%的被试认为学生各种能力的发展是监控内容，有相同比例的被试（11%）认为教师所在地的教育质量和教师自我价值实现程度是监控内容，只有 2%的被试选择了教师社会关系作为监控内容。

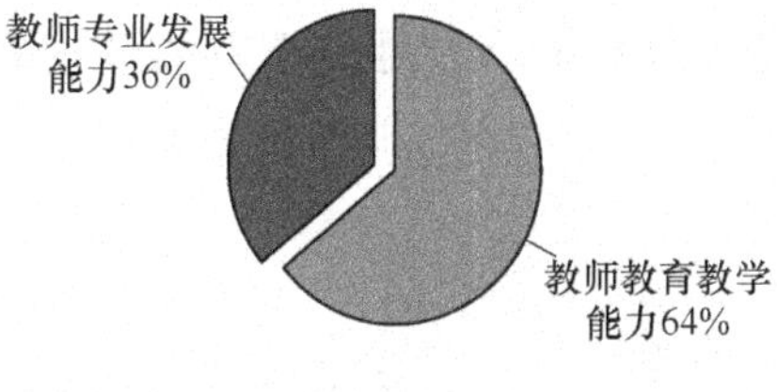

图 3-15　教师活动性质量监控内容情况

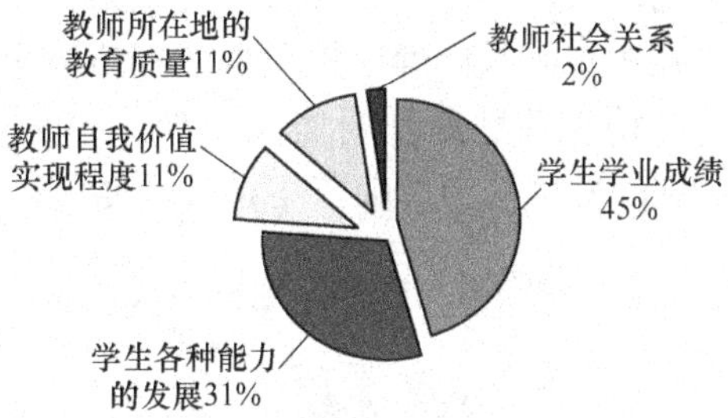

图 3-16　教师有效性质量监控内容情况

对不同领域的教师质量监控的最重要内容进行调查如图 3-17 所示，较多的被试认为教师教育教学能力（26.2%）和师德水平（16.8%）是最重要监控内容，其次，也有被试认为教师所在学校的发展水平与规模（10.7%）、教师品质（6.4%）、学生学业成绩（5.2%）、教师专业发展能力（5.0%）是监控最重要的内容。还有一些被试认为教师生活的社区情况（2.9%）、教师资格（3.1%）、教师进修情况（3.1%）、学历与职称水平（2.6%）、教师自学情况（1.8%）、教师家庭藏书（0.4%）、教师相关地方政策（0.9%）、学生各种能力的发展（2.9%）、教师自我价值实现程度（0.6%）、教师所在地的教育质量（0.7%）、教师社会关系（0.2%）是最重要监控内容。

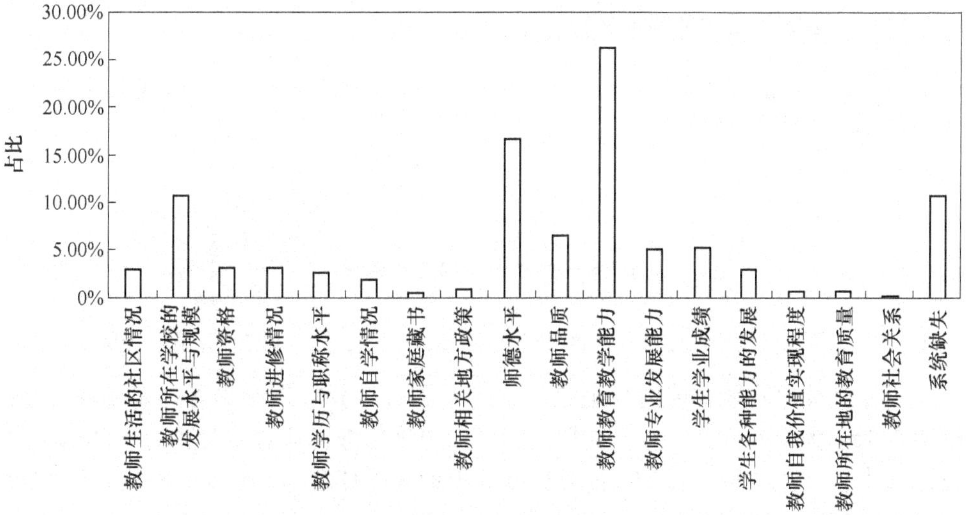

图 3-17　教师质量监控最重要内容

教师背景性质量监控内容调查如图 3-18 所示，48%的被试认为教师所在学校的发展水平与规模是最重要的监控内容，有 14%和 13%、12%的被试选择了教师进修情况和教师生活的社区情况、学历与职称水平，相对较少被试选择了教师自学情况（8%）、教师相关地方政策（3%）、教师家庭藏书（2%）作为最重要的监控内容。教师静态性质量监控内容调查显示如图 3-19 所示，有 64%的被试认为师德水平是最重要监控内容，24%的被试认为教师品质是最重要监控内容，12%的被试认为教师资格是最重要监控内容。

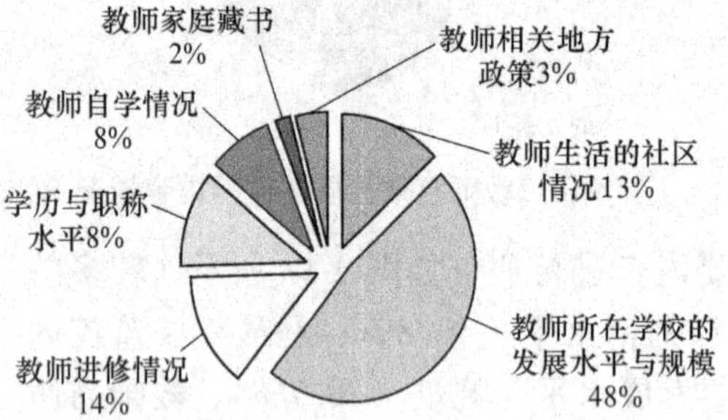

图 3-18 教师背景性质量监控最重要内容

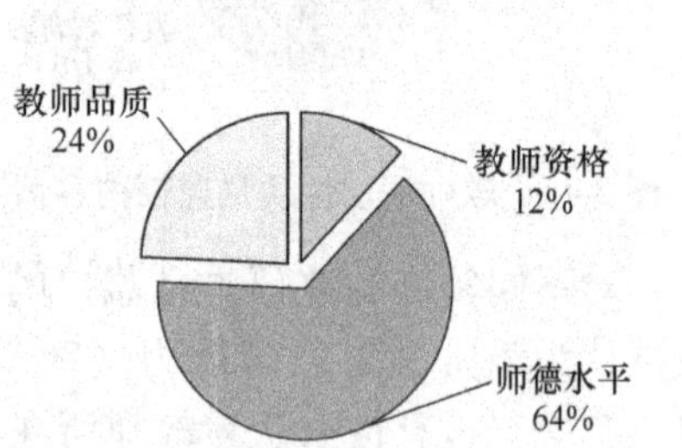

图 3-19 教师静态性质量监控最重要内容

教师活动性质量监控内容调查如图 3-20 所示，84%的被试认为教师教学能力是最重要的监控内容，16%的被试认为教师专业发展能力是最重要监控内容。教师有效性质量监控内容情况调查显示如图 3-21 所示，有 54%的被试认为学生学业成绩是最重要监控内容，30%的被试认为学生各种能力的发展是最重要监控内容，有 7%、6%和 3%的被试认为教师所在地的教育质量，教师自我价值实现程度，教师社会关系是最重要监控内容。

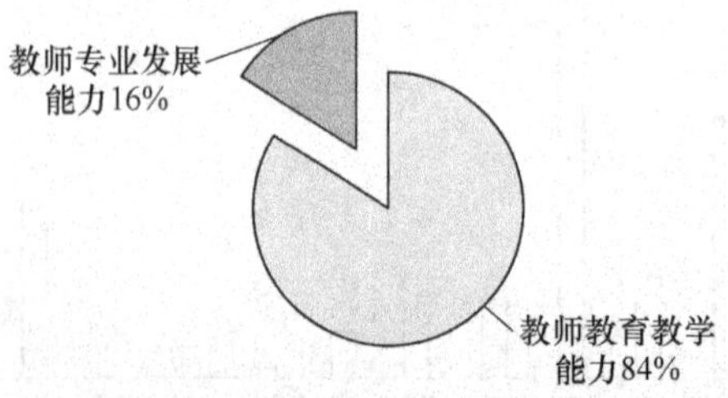

图 3-20 教师活动性质量监控最重要内容

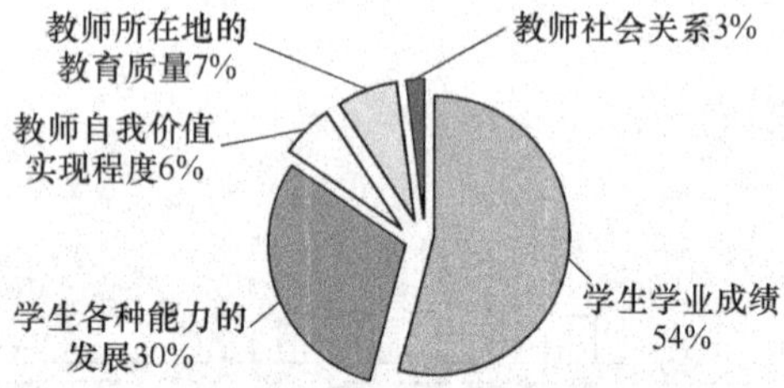

图 3-21 教师有效性质量监控最重要内容

研究对教师质量监控内容确定者进行了调查，分析结果如图 3-22 所示，被试中有 15.7%的人认为，有上级行政领导参与确定教师质量监控内容，28.8%的被试认为有校长参与，有 25%的被试认为有教导主任参与，14%的被试认为有教师参与，5.7%的被试认为有家长参与，6.6%的被试认为有学生参与，还有 4.2%的被试对此不清楚。研究进一步了解监控内容涵盖教师质量情况，调查显示，6.8%的被试认为完全能，43.8%的被试认为大部分能，16.4%的被试认为一半能，16.6%的被试认为小部分能，2.4%的被试认为完全不能，还有 12.5%的被试对此不清楚（见图 3-23）。

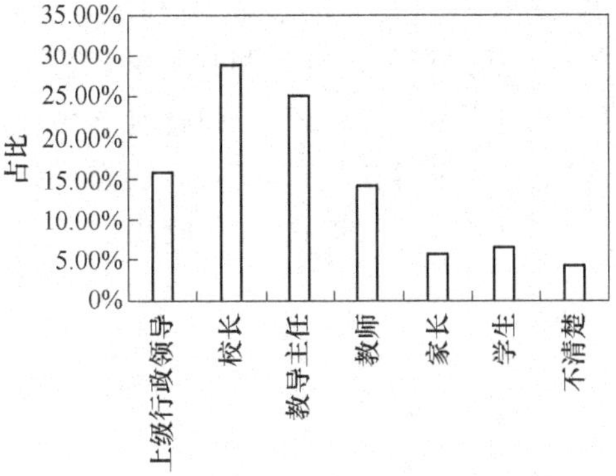

图 3-22 参与教师质量监控内容确定者

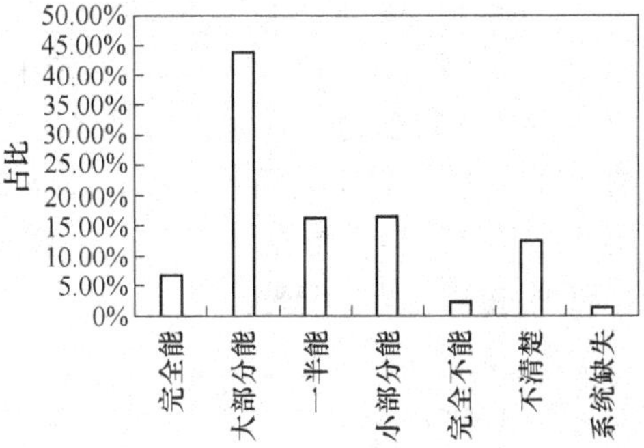

图 3-23 教师质量监控内容涵盖教师质量情况

研究分析了不同学科教师质量监控内容相同程度。调查显示，7.7%的被试认为完全一样，48.1%的被试认为大部分一样，10.5%的被试认为一半一样，12.5%的被试认为小部分一样，6.3%的被试认为完全不同，12.3%的被试对此不清楚（见图 3-24）。研究新老（不同职称）教师质量监控内容相同程度的调查结果如图 3-25 所示，18.4%的被试认为完全一样，46%的被试认为大部分一样，11%的被试认为一半一样，8.7%的被试认为小部分一样，2.2%的被试认为完全不同，还有 11.4%的被试对此不清楚。

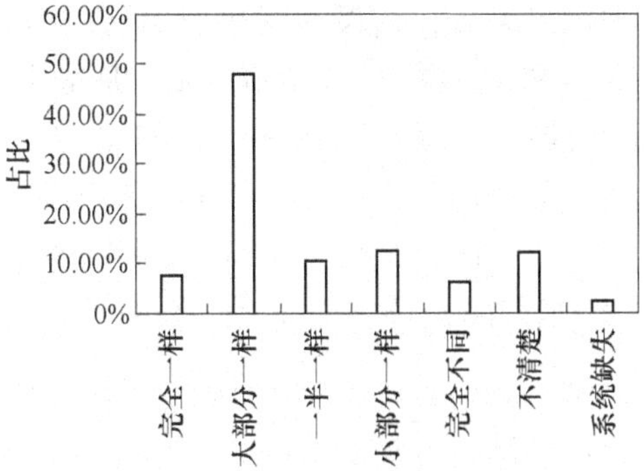

图 3-24 不同学科教师质量监控内容相同程度

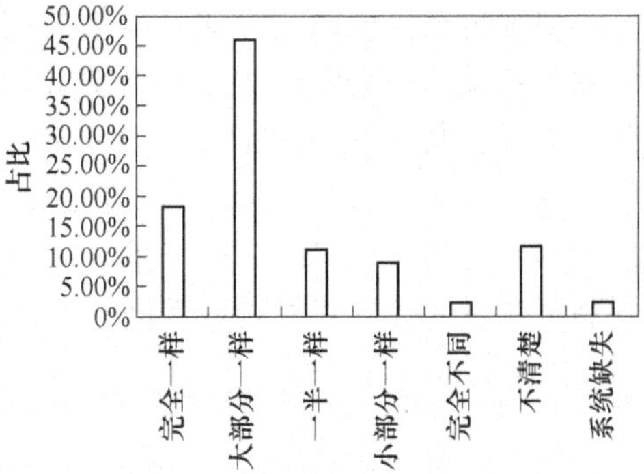

图 3-25 新老（不同职称）教师质量监控内容相同程度

四、教师质量监控方式情况

研究从教师质量监控使用的一般方式、使用最多的方式、使用最有效的方式、不同学科教师质量监控方式、新老（不同职称）教师质量监控方式五个方面进行调查与分析。调查结果如图 3-26 所示，被试选择教师质量监控过程中使用的一般监控方式比例比较大的主要有听课（19%），问卷调查（17.8%）、学生考试成绩（16.9%）、工作业绩考核（11.5%）、学科考试（10.2%），而个别访谈（8.8%）、集体访谈（6.3%）、实地检查材料（5.7%）、网络检查材料（1.3%）比例相对比较小。随后对使用最多的方式进行了调查，调查结果如图3-27所示，比较多的人认为使用最多的监控方式是听课（23.3%）和查看学生成绩（20.5%），其次是问卷调查（15.8%）和工作业绩考核（13.4%），而选择访谈（9.5%）、学科考试（7.1%）、检查材料（6.4%）的被试比例较小，还有4.1%的被试对此不清楚。

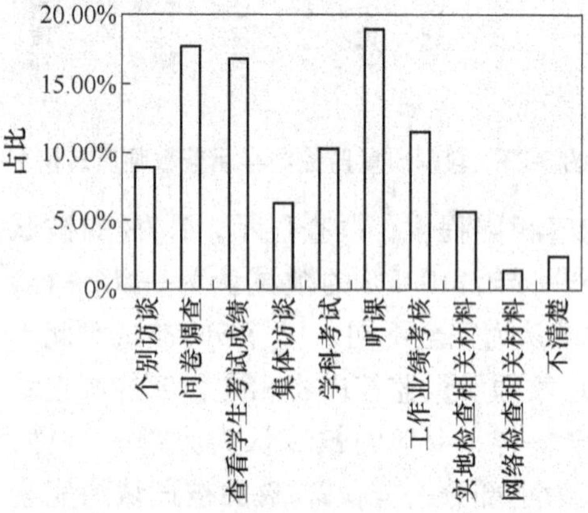

图3-26　教师质量监控一般使用方式

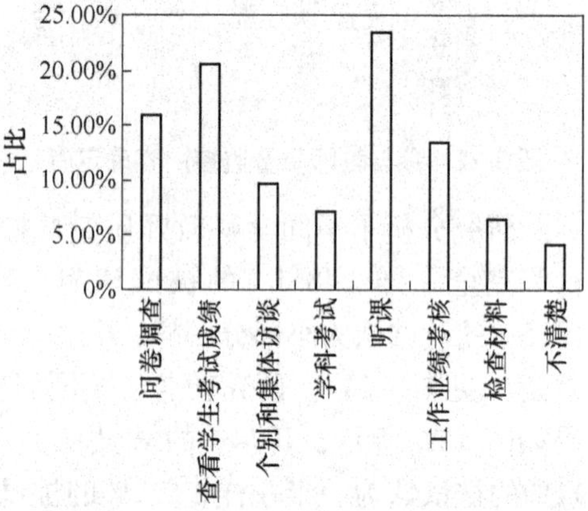

图3-27　教师质量监控使用最多方式

研究也对哪种监控方式最有效的问题进行了调查，结果如图3-28所示，比较多的被试认为查看学生考试成绩（22.3%）、校内教师听课（17.3%）是最有效的方式，其次是问卷调查（14.7%），而选择个别访谈（4.8%）、集体访谈（4.8%）、学科考试（8.5%）、校内领导听课（9.9%）、上级部门听课（3.6%）、实地检查材料（5.3%）、网络检查材料（1.9%）的被试较少。同时，对不同学科教师质量监控方式相同程度进行了调查，结果如图3-29所示，有53.4%的被

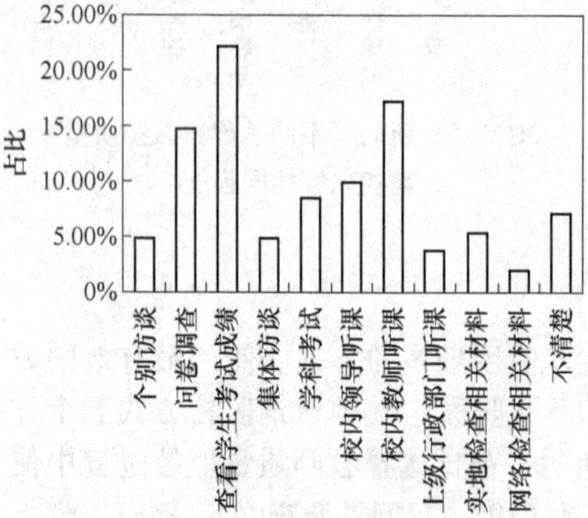

图3-28　教师质量监控最有效方式

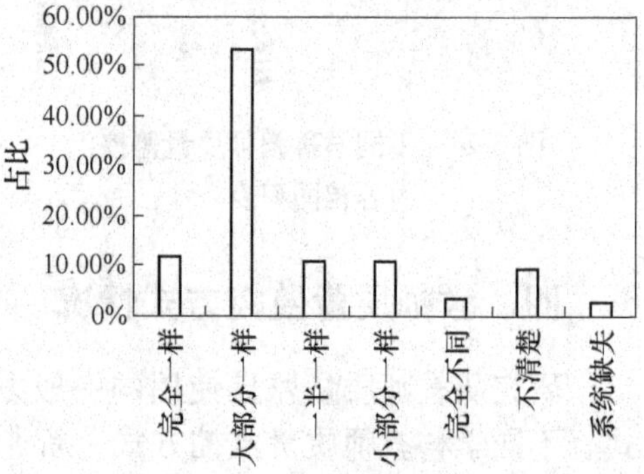

图3-29　不同学科教师质量监控方式相同程度

试认为不同学科教师质量监控方式大部分是一样的，有12%的被试认为是完全一样的，10.9%的被试认为有一半一样，还有8.5%和3.3%的被试认为小部分一样、完全不同，而9.4%被试不清楚。

新老（不同职称）教师质量监控方式问题的调查结果如图3-30所示，有一半以上（50.5%）的被试认为新老（不同职称）教师质量监控方式大部分一样，有15.7%的被试认为完全一样，有11.8%的被试认为一半一样，还有6.1%和2.8%的被试认为小部分一样、完全不同，而10.5%的被试则不清楚。

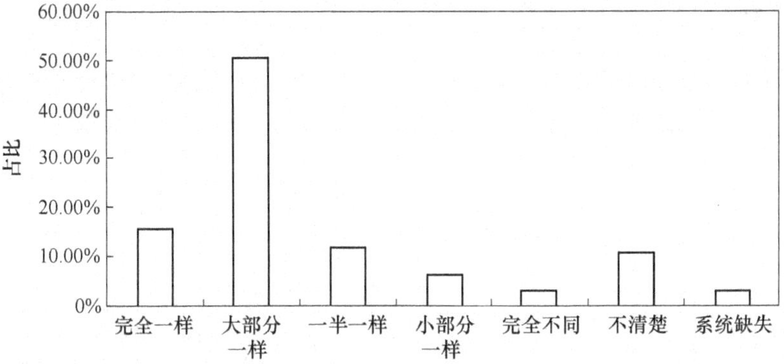

图3-30　新老（不同职称）教师质量监控方式相同程度

五、教师质量监控效果及反馈情况

研究从监控主体意见是否受到重视、会对教师质量产生多大影响、教师质量监控是否有反馈结果、监控主体是否给教师提出反馈意见、监控结果能否代表教师的实际质量水平、监控结果能否促进教师质量提升、教师结果用途七个方面分析教师质量监控效果及反馈情况。调查显示，教师质量监控主体的意见被重视程度如图3-31所示。有8.3%的被试认为作为监控主体的自己意见非常受重视，有31.7%的被试认为比较重视，有27.8%的被试认为一般受重视，11.8%的被试认为不太受重视，5.3%的被试认为完全不受重视，还有13.4%的被试对此不清楚。调查显示，监控主体的意见对教师质量产生影响的大小程度如图3-32所示。有3.9%的被试认为对教师质量影响非常大，23.9%的被试认为影响比较大，39%的被试认为影响一般，12.5%的被试认为影响不太大，而7.2%的被试认为没有影响，还有12%的被试对此不清楚。

研究对教师质量监控是否有反馈结果情况进行了调查。调查结果如图3-33所示，17.1%的被试认为一直有，35.7%的被试认为经常有，26%的被试认为有时有，11.4%的被试认为偶尔有，8.5%的被试认为从来没有。研究进一步了解监控主体是否给监控教师提出反馈意见的情况。调查如图3-34所示，9.8%的被

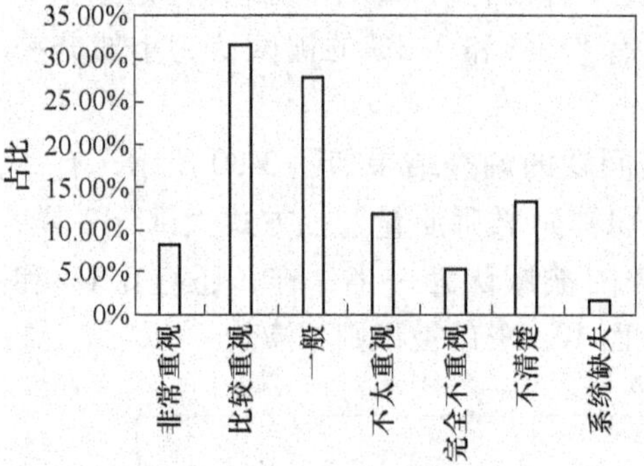

图 3-31　教师质量监控主体意见受重视程度

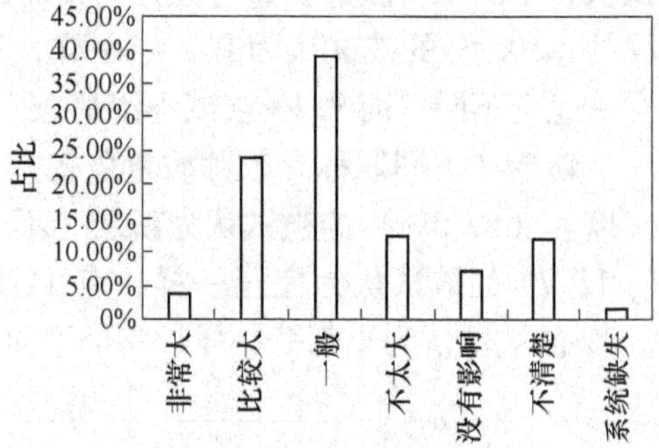

图 3-32　教师质量监控主体意见影响教师质量程度

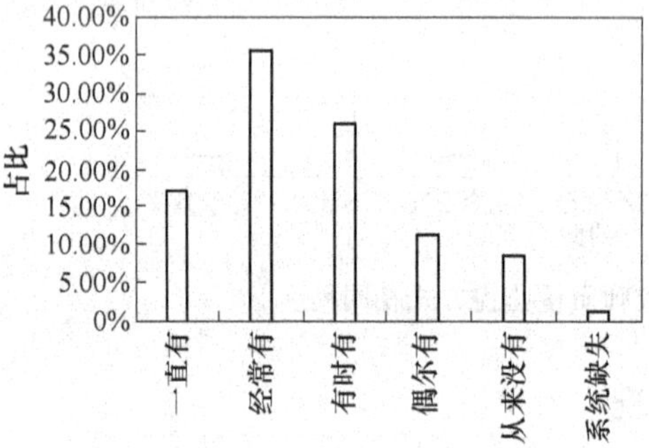

图 3-33　教师质量监控是否有反馈结果情况

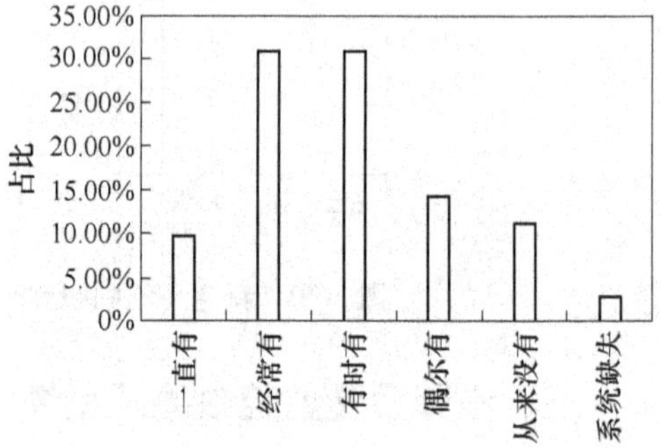

图 3-34　教师质量监控主体给教师提出反馈反馈意见情况

试认为一直给教师提出反馈意见，30.8%的被试认为经常给教师提出反馈意见，30.9%的被试认为有时给教师提出反馈意见，14.4%的被试认为偶尔给教师提出反馈意见，而有 11.2%的被试认为从来没有给教师提出反馈意见。

与此同时，研究对教师质量监控结果代表教师质量实际水平的程度进行了解，调查结果如图 3-35 所示，8.1%的被试认为完全能代表，51%的被试认为大部分能，13.8%的被试认为一半能，14.4%的被试认为小部分能，2.2%的被试认为完全不能，还有 8.8%的被试对此不清楚。监控结果对教师质量提升作用的大小是监控反馈中应该值得关注的问题。研究对此进行了调查，调查结果如图 3-36 所示，11.2%的被试认为完全能促进教师质量提升，44.6%的被试认为大部分能，14.2%的被试认为一半能，15.7%的被试认为小部分能，2.8%的被试认为完全不能，还有 9%的被试对此不清楚。

教师质量监控结果用于做什么是了解监控目标的重要内容。教师质量监控结果用途的调查结果如图 3-37 所示，20.5%的被试认为用于评优评奖，13.6%的被

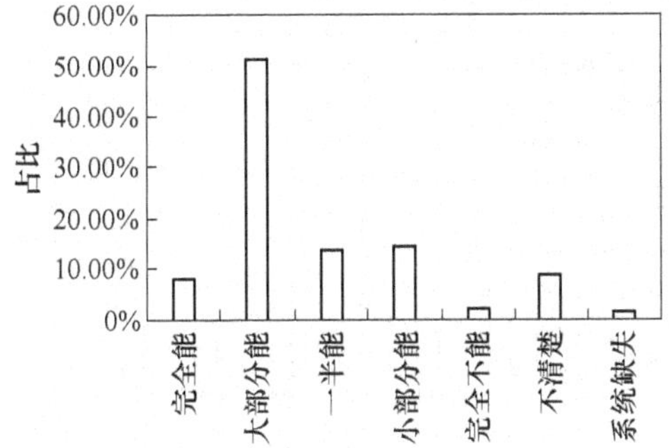

图 3-35　教师质量监控结果代表教师质量实际水平情况

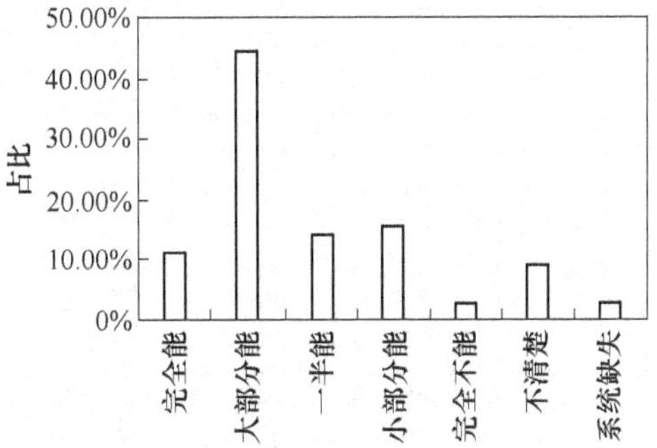

图 3-36　教师质量监控结果促进教师质量提升情况

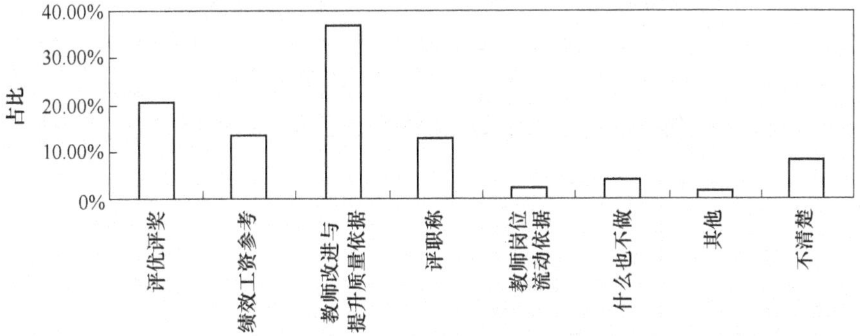

图 3-37　教师质量监控结果用途情况

试认为用于绩效工资参考，36.9%的被试认为用于教师改进与提升质量的依据，12.8%的被试认为用于评职称，2.2%的被试认为用于教师岗位流动依据，4.1%的被试认为什么也不做，1.6%的被试认为用于其他用途，还有 8.2%的被试对此不清楚。

六、对教师质量监控的再监控情况

研究从教师质量监控是否有相关部门或个人给予过指导和监督检查、这些指导和监督检查主要关注哪些内容等方面进行调查分析。在教师质量监控是否有指导方面，调查结果如图 3-38 所示，15.5%的被试认为学校的教师质量监控一直有人指导，27.1%的被试认为经常有，26%的被试认为有时有，10.7%的被试认为偶尔有，6.4%的被试认为从来没有，还有 10.7%的被试对此不清楚。对于教师质量监控工作是否有相关部门和个人进行监督和检查问题调查的结果如图 3-39 所示，18.4%的被试认为一直有相关部门和个人对学校教师质量监控工作进行监督和检查，34.4%的被试认为经常有，20.4%的被试认为有时有，8.8%的被试认为偶尔有，3.7%的被试认为从来没有，还有10.3%的被试对此不清楚。

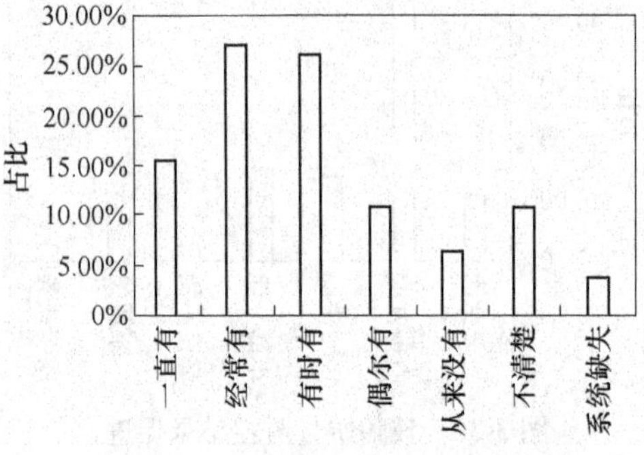

图3-38 教师质量监控接受指导情况

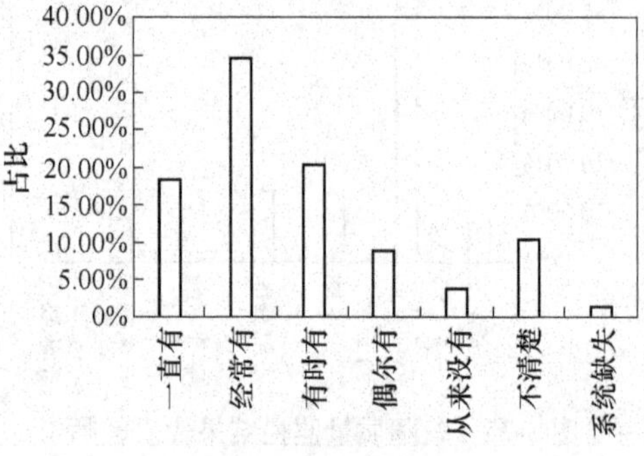

图3-39 教师质量监控工作接受监督检查情况

进一步了解教师质量监控工作的指导、监督检查主要关注的内容。调查显示（见图3-40），有30.4%的被试认为是关注材料是否齐全，23.6%的被试认为是关注内容是否合适，20.9%的被试认为是方式是否恰当，4.7%的被试认为是的谁来检查，13.5%的被试认为关注结果反馈情况，还有7%的被试对此不清楚。

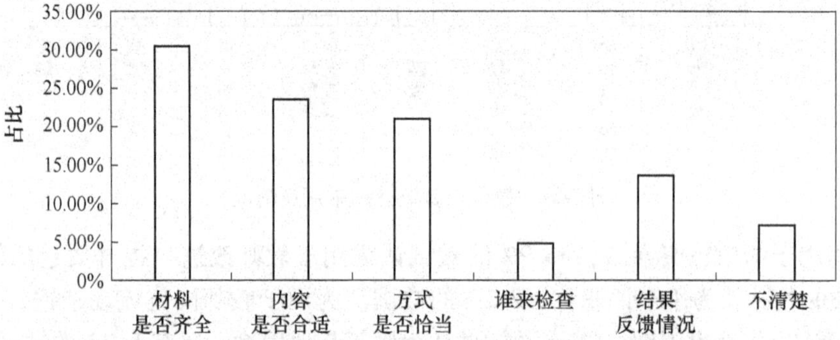

图3-40 教师质量监控指导、监督检查关注内容

七、本节小结

县域义务教育教师质量监控现状的描述性分析是本研究的实证基础，这一现状的调查是从县域层面的教师质量以及监控问题展开，围绕教师质量及其监控的主体、方式、结果及反馈、对监控的再监控多个维度进行描述性分析，了解和把握县域内义务教育教师质量监控的基本现状。通过本次调查归纳出下面的结论：

（1）通过对教师质量理解的调查说明，在义务教育阶段人们对教师质量高低的界定依据最主要的是教学经验与能力、其次是专业知识水平和师德水平，将学生成绩作为教师质量判断依据的人数没有超过半数。而将学生升学率和学历水平、尤其是将职称水平作为教师质量高低的判断标准的比例并不大。这体现了人们在对教师质量高低进行界定时更多地是依据教师自身内在素质的表现，而某些外在依据，例如学历与职称，在界定教师质量方面并不被看重。

（2）通过对教师质量监控主体的调查说明，对于县域义务教育教师质量监控，上级行政领导、教育督导、家长、教师、学生、教学副校长、德育副校长、教导主任都能有机会参与。但这些主体参与的机会并不是相同的，最经常参加监控的是校长和教导主任，相比之下，德育副校长、教师、家长、学生参与监控的机会较少，有18.8%的被试从来没有参加监控，还有7.4%的被试从来没有对自己的教师质量进行过监控。在所有的监控主体中，不同被试对教师质量的影响大小不等。但相比之下，校长却被更多被试认为是对教师质量影响最大。这说明，县域义务教育教师质量监控中其他监控主体的作用并未引起应有的重视。

多数被试认为自己并不具备完全的专门监控知识，完全具备专门监控知识的被试比例只有5.9%。在监控过程中更多的被试认为自己监控优势在于能够把握方向和信息准确，而空间和时间便利性和权威性在监控中的优势并不明显。至于参与监控的原因，强制性的要求所在比例更大，多数人是根据学校规定和职务要求进行监控。对于县域义务教育教师质量监控来讲，监控主体的专门监控知识的掌握、时间、空间的便利性也是应该考虑的。

（3）通过对教师质量监控内容的调查显示，教师质量监控内容确定者有上级行政领导、校长、教导主任、教师、家长、学生。许多学校的监控内容基本上都是由校长和教导主任参与确定的，而学生和家长作为内容确定者的机会并不是很多。县域义务教育教师质量监控内容主要关注教师教育教学能力、师德水平两个方面，所以就出现了县域内义务教育教师质量监控内容大部分能涵盖教师质量，不同学科教师，新老（不同职称）教师质量监控内容大部分相同的状况。

在教师质量监控内容方面，不应该忽视一些次要利益相关者，他们的要求也应该反映在教师质量监控内容中。其次，教师质量监控内容一方面要尽可能全面，另一方面还要有针对性。监控内容的选择除了关注外显的活动性质量，对于背景性质量、静态性质量、有效性质量方面内容都应该给以相应的关注；在监控内容的选择方面也应该考虑到教师所教不同学科、教师发展不同阶段的特征。

（4）通过对教师质量监控方式的调查说明，教师质量监控过程中使用的一般监控方式有听课、问卷调查、学生考试成绩、工作业绩考核、学科考试、个别访谈、集体访谈、实地检查材料、网络检查材料。使用最多的监控方式是听课和查看学生成绩，最有效监控方式是查看学生考试成绩、校内教师听课，县域义务教育教师质量监控虽然还有其他方式，但使用的频率并不是很高。这种使用监控方式的单一性导致了不同学科和新老（不同职称）教师质量监控方式大部分是相同的。

（5）通过对教师质量监控结果及反馈的调查说明，监控主体的意见能够受到相应的重视，也能够对教师质量产生相应的影响，但是重视和影响程度不是非常高。教师质量监控的结果虽然有反馈但并不能做到所有的监控都能有反馈结果，尤其是较多监控主体不能做到经常给教师提出反馈意见。教师质量监控反馈结果大部分能代表教师质量实际水平，反馈信息大部分能促进教师质量提升，教师质量监控结果主要用于教师改进与提升质量的依据。但是如果从现实的监控内容范围来看，监控反馈结果及其对教师质量的影响只涉及到教师质量的一部分，这对教师质量全面提升实际上还是有影响的。

(6) 通过对教师质量监控的再监控调查说明，教师质量监控能够接受指导和监督检查，指导监督检查最关注的内容是监控材料是否齐全，其次是内容是否合适、方式是否恰当。对县域义务教育教师质量监控进行再监控，不仅要关注监控材料、监控内容、监控方法，也要关注监控主体、监控结果反馈情况，因为这些方面对教师质量监控工作能够起到重要的指导和调节作用。

第三节 县域义务教育教师质量监控现状的特征分析

描述性分析对县域义务教育教师质量监控的现状进行一个基本概况的描述。为了进一步深入地挖掘和把握县域义务教育教师质量监控现状的特征与原因，本节进行了特征分析。主要试图通过差异对比分析，比较县域义务教育教师质量监控是否存在差异、在哪些方面存在显著差异；试图通过相关性分析，探寻与县域义务教育教师质量监控相关的因素有哪些，相关程度如何；试图通过回归分析，查找影响县域义务教育教师质量监控效率的主要原因所在，以便为县域义务教育教师质量监控体系的建构与实施提供可供参考的依据。

一、县域义务教育教师质量监控现状的差异分析

对县域义务教育教师质量监控的调查结果进行差异对比分析，主要是通过卡方检验，分析不同性别、不同年龄、不同教龄、不同婚姻状况（有无孩子、子女年龄段）、不同工作角色（是否科任教师、是否班主任、有无行政职务）、不同学历（第一学历、最高学历）、不同学校（不同类型学校、不同地理位置学校、不同教学水平学校）、不同职称级别（高级、中级）、不同任教情况（不同年级、任教不同学科）的被试在教师质量理解方面、教师质量监控主体、监控内容、监控方式、监控结果及反馈、对监控的再监控这几个方面是否存在显著差异进行对比分析。

（一）教师质量理解差异对比分析

为了更清晰、更全面地掌握被试对教师质量界定依据的问题，研究根据被试的性别、年龄、教龄、婚姻状况（有无孩子、子女年龄）、工作角色（科任教师、班主任、行政职务）、学历情况（第一学历、最高学历）、学校状况（学校

类型、学校地理位置、学校教学水平)、职称水平(高级职称、中级职称)、任教情况(教授年级、教授学科)进行差异对比分析。通过卡方检验来判断、分析被试在教师质量界定主要依据方面(专业知识水平、教学经验与能力、师德水平、学历水平、职称水平、学生成绩、学生升学率)是否存在显著差异。

从卡方检验的结果来看,在教师质量高低界定依据方面,不同教龄、有无孩子、不同子女年龄段、是否科任教师、是否班主任、不同教学水平学校、不同职称被试在教师质量理解方面不存在显著差异($p>0.05$),见表3-14。即,不同教龄、有无孩子、不同孩子年龄段、是否科任教师、是否班主任、不同教学水平学校、不同职称被试在对教师质量进行界定时选择的教学经验与能力,专业知识水平、师德水平、学生成绩、学生升学率、学历水平、职称水平各方面依据没有明显差异(见表3-14)。但不同性别、不同年龄、有无行政职务、不同第一学历、不同最高学历、不同类型学校、不同地理位置学校、教授不同年级、教授不同学科被试在教师质量理解方面存在显著差异($p<0.05$),见表3-16。可以表明不同性别、不同年龄、有无行政职务、不同第一学历、不同最高学历、不同类型学校、不同地理位置学校、教授不同年级、教授不同学科的被试在对教师质量进行界定时选择的教学经验与能力,专业知识水平、师德水平、学生成绩、学生升学率、学历水平、职称水平各方面依据存在显著差异(见表3-14)。

表3-14 教师质量理解差异对比分析

对比类别	教师质量高低界定依据
不同性别	$\chi^2=18.559^{**}$, $df=7$, $p=0.010$
不同年龄	$\chi^2=26.513^{*}$, $df=14$, $p=0.022$
不同教龄	$\chi^2=20.542$, $df=14$, $p=0.114$
有无孩子	$\chi^2=10.997$, $df=5$, $p=0.051$
孩子年龄段	$\chi^2=13.007$, $df=14$, $p=0.526$
是否科任教师	$\chi^2=1.643$, $df=7$, $p=0.977$
是否班主任	$\chi^2=6.023$, $df=7$, $p=0.537$
有无行政职务	$\chi^2=15.143^{*}$, $df=7$, $p=0.034$
第一学历	$\chi^2=71.805^{**}$, $df=21$, $p=0.000$
最高学历	$\chi^2=29.884^{**}$, $df=14$, $p=0.008$
不同类型学校	$\chi^2=42.818^{**}$, $df=14$, $p=0.000$
不同地理位置学校	$\chi^2=25.061^{*}$, $df=14$, $p=0.034$
不同教学水平学校	$\chi^2=16.888$, $df=14$, $p=0.262$
不同职称	$\chi^2=10.067$, $df=7$, $p=0.185$
教授不同年级	$\chi^2=59.207^{**}$, $df=21$, $p=0.000$
教授不同学科	$\chi^2=88.941^{**}$, $df=42$, $p=0.000$

注:$^{*}p<0.05$,$^{**}p<0.01$。

（二）教师质量监控主体差异对比分析

研究根据被试的不同性别、不同年龄、不同教龄、不同婚姻状况（有无孩子、子女年龄）、不同工作角色（科任教师、班主任、行政职务）、不同学历情况（第一学历、最高学历）、不同学校状况（学校类型、学校地理位置、学校教学水平）、不同职称（高级职称、中级职称）、不同任教情况（教授年级、教授学科）进行差异对比分析，通过卡方检验来判断、分析被试在教师质量监控主体方面是否存在显著差异。

1. 教师质量的监控参与主体差异对比分析

在参加教师质量监控主体方面，不同年龄和教龄、不同子女年龄段、有无孩子、是否科任教师和班主任没有显著差异（$p>0.05$），见表 3-15，这些被试参加的教师质量监控中，参与监控的上级行政领导、教育督导、家长、校长、教师、学生、教学副校长、德育副校长、教导主任大致相同。而不同性别，有无行政职务、不同第一学历和最高学历、不同类型学校、不同地理位置学校、不同教学水平学校、不同职称、教授不同年级和不同学科的被试在参加教师质量监控的主体方面存在显著差异（$p<0.05$），见表 3-15。

表 3-15 教师质量的监控参与主体差异对比分析

对比类别	参加 教师质量监控人员	最经常参加 教师质量监控人员	对教师质量 影响最大监控人员
性别	$\chi^2=24.662^{**}$, $df=9$, $p=0.003$	$\chi^2=10.540$, $df=9$, $p=0.309$	$\chi^2=12.168$, $df=9$, $p=0.204$
不同年龄	$\chi^2=25.972$, $df=18$, $p=0.100$	$\chi^2=17.205$, $df=18$, $p=0.509$	$\chi^2=18.863$, $df=18$, $p=0.400$
不同教龄	$\chi^2=6.628$, $df=18$, $p=0.993$	$\chi^2=17.417$, $df=18$, $p=0.495$	$\chi^2=15.377$, $df=18$, $p=0.636$
子女年龄段	$\chi^2=18.293$, $df=18$, $p=0.437$	$\chi^2=15.180$, $df=18$, $p=0.650$	$\chi^2=31.845^{*}$, $df=18$, $p=0.023$
有无孩子	$\chi^2=4.608$, $df=9$, $p=0.867$	$\chi^2=14.753$, $df=9$, $p=0.098$	$\chi^2=2.962$, $df=9$, $p=0.966$
是否科任教师	$\chi^2=5.218$, $df=9$, $p=0.815$	$\chi^2=8.334$, $df=9$, $p=0.501$	$\chi^2=17.246^{*}$, $df=9$, $p=0.045$
是否班主任	$\chi^2=7.288$, $df=9$, $p=0.607$	$\chi^2=7.646$, $df=9$, $p=0.570$	$\chi^2=12.857$, $df=9$, $p=0.169$
有无行政职务	$\chi^2=27.440^{**}$, $df=9$, $p=0.001$	$\chi^2=6.226$, $df=9$, $p=0.717$	$\chi^2=10.014$, $df=9$, $p=0.349$
第一学历	$\chi^2=84.024^{**}$, $df=27$, $p=0.000$	$\chi^2=77.735^{**}$, $df=27$, $p=0.000$	$\chi^2=69.204^{**}$, $df=27$, $p=0.000$
最高学历	$\chi^2=49.622^{**}$, $df=18$, $p=0.000$	$\chi^2=41.614^{**}$, $df=18$, $p=0.001$	$\chi^2=15.396$, $df=18$, $p=0.635$
不同类型学校	$\chi^2=55.012^{**}$, $df=18$, $p=0.000$	$\chi^2=68.382^{**}$, $df=18$, $p=0.000$	$\chi^2=103.821^{**}$, $df=18$, $p=0.000$

续表 3-15

对比类别	参加 教师质量监控人员	最经常参加 教师质量监控人员	对教师质量 影响最大监控人员
不同地理位置学校	$\chi^2=183.093^{**}$, $df=18$, $p=0.000$	$\chi^2=204.387^{**}$, $df=18$, $p=0.000$	$\chi^2=115.996^{**}$, $df=18$, $p=0.000$
不同教学水平学校	$\chi^2=81.285^{**}$, $df=18$, $p=0.000$	$\chi^2=78.520^{**}$, $df=18$, $p=0.000$	$\chi^2=62.079^{**}$, $df=18$, $p=0.000$
不同职称	$\chi^2=46.107^{**}$, $df=9$, $p=0.000$	$\chi^2=21.937^{**}$, $df=9$, $p=0.009$	$\chi^2=17.429^{*}$, $df=9$, $p=0.042$
教授不同年级	$\chi^2=80.659^{**}$, $df=27$, $p=0.000$	$\chi^2=70.525^{**}$, $df=27$, $p=0.000$	$\chi^2=66.956^{**}$, $df=27$, $p=0.000$
教授不同学科	$\chi^2=76.319^{*}$, $df=54$, $p=0.024$	$\chi^2=95.959^{**}$, $df=54$, $p=0.000$	$\chi^2=85.167^{**}$, $df=54$, $p=0.004$

注：$^{*}p<0.05$，$^{**}p<0.01$。

在最经常参加教师质量监控主体方面，不同性别、不同年龄和教龄、不同子女年龄段、有无孩子、是否科任教师和班主任、有无行政职务的被试不存在显著差异（$p>0.05$），见表 3-15，最经常参加教师质量监控的上级行政领导、教育督导、家长、校长、教师、学生、教学副校长、德育副校长、教导主任大致一致。但不同第一学历、不同最高学历、不同类型学校、不同地理位置学校、不同教学水平学校、不同职称、教授不同年级、教授不同学科的被试在最经常参加教师质量监控主体方面存在显著差异（$p<0.05$），见表 3-15。

在判断对教师质量影响最大的监控主体时，不同性别、不同年龄、不同教龄、有无孩子、是否班主任、有无行政职务、不同最高学历被试之间没有显著差异（$p>0.05$），见表 3-15，上级行政领导、教育督导、家长、校长、教师、学生、教学副校长、德育副校长、教导主任对教师质量影响方面大致相同。但不同子女年龄段、是否科任教师、不同第一学历、不同类型学校、不同地理位置学校、不同教学水平学校、不同职称、教授不同年级和不同学科的被试在判断对教师质量影响最大的监控主体时存在显著差异（$p<0.05$），见表 3-15。

2. 教师质量监控主体监控频率差异对比分析

不同性别、不同年龄、不同教龄、不同子女年龄段、有无孩子、不同第一学历、教授不同学科的被试在参加教师质量监控频率：一直、经常、有时、偶尔、从来没有几个方面没有显著差异（$p>0.05$），参加教师质量监控频率大致相同，见表 3-16。而是否科任教师和班主任、是否有行政职务、不同最高学历、不同类型学校、不同地理位置学校、不同教学水平学校、不同职称、教授不同年级的被试在参加教师质量监控的频率：一直、经常、有时、偶尔、从来没有几个方面存在显著差异（$p<0.05$），见表3-16。

不同性别、不同年龄和教龄、不同子女年龄段、有无孩子、是否科任教师和班主任、有无行政职务、不同第一学历、不同职称、教授不同年级的被试在监控自己教师质量频率方面没有显著差异（$p>0.05$），参加监控自己教师质量频率：一直、经常、有时、偶尔、从来没有几个方面大致相同，见表3-16。而不同最高学历、不同类型学校、不同地理位置学校、不同教学水平学校、教授不同学科被试在监控自己教师质量频率：一直、经常、有时、偶尔、从来没有几个方面存在显著差异（$p<0.05$），见表3-16。

表3-16 教师质量监控主体监控频率差异对比分析

对比类别	参加 教师质量监控频率	监控 自己教师质量频率
性别	$\chi^2=7.396$, $df=4$, $p=0.116$	$\chi^2=5.613$, $df=4$, $p=0.230$
年龄	$\chi^2=6.858$, $df=8$, $p=0.552$	$\chi^2=3.691$, $df=8$, $p=0.884$
教龄	$\chi^2=6.904$, $df=8$, $p=0.547$	$\chi^2=8.226$, $df=8$, $p=0.412$
子女年龄	$\chi^2=3.158$, $df=8$, $p=0.924$	$\chi^2=7.178$, $df=8$, $p=0.518$
有无孩子	$\chi^2=4.097$, $df=4$, $p=0.393$	$\chi^2=8.918$, $df=4$, $p=0.063$
是否科任教师	$\chi^2=18.527^{**}$, $df=4$, $p=0.001$	$\chi^2=7.114$, $df=4$, $p=0.130$
是否班主任	$\chi^2=19.992^{**}$, $df=4$, $p=0.001$	$\chi^2=5.985$, $df=4$, $p=0.200$
有无行政职务	$\chi^2=32.120^{**}$, $df=4$, $p=0.000$	$\chi^2=4.655$, $df=4$, $p=0.325$
第一学历	$\chi^2=18.834$, $df=12$, $p=0.093$	$\chi^2=15.782$, $df=12$, $p=0.201$
最高学历	$\chi^2=21.938^{**}$, $df=8$, $p=0.005$	$\chi^2=30.009^{**}$, $df=8$, $p=0.000$
不同类型学校	$\chi^2=16.062^{*}$, $df=8$, $p=0.042$	$\chi^2=19.254^{*}$, $df=8$, $p=0.014$
不同地理位置学校	$\chi^2=18.074^{*}$, $df=8$, $p=0.021$	$\chi^2=19.281^{*}$, $df=8$, $p=0.013$
不同教学水平学校	$\chi^2=19.608^{*}$, $df=8$, $p=0.012$	$\chi^2=46.550^{**}$, $df=8$, $p=0.000$
不同职称	$\chi^2=19.431^{**}$, $df=4$, $p=0.001$	$\chi^2=6.116$, $df=4$, $p=0.191$
教授不同年级	$\chi^2=24.425^{*}$, $df=12$, $p=0.018$	$\chi^2=17.317$, $df=12$, $p=0.138$
教授不同学科	$\chi^2=28.912$, $df=24$, $p=0.223$	$\chi^2=41.997^{*}$, $df=24$, $p=0.013$

注：$*p<0.05$，$**p<0.01$。

3. 教师质量监控主体监控知识、优势、原因差异对比分析

不同性别、不同年龄和教龄、不同子女年龄段、有无孩子、是否班主任、有无行政职务、不同第一学历和最高学历、不同类型学校、不同地理位置学校、不同职称、教授不同年级和学科的被试在教师质量监控专门监控知识掌握程度：非常缺乏、比较缺乏、一般、不太缺乏、完全不缺乏、不清楚方面没有显著差异

（p>0.05），见表 3-17。而是否科任教师、不同教学水平学校的被试在教师质量监控专门监控知识掌握程度：非常缺乏、比较缺乏、一般、不太缺乏、完全不缺乏、不清楚方面存在显著差异（p<0.05），见表 3-17。

表 3-17　教师质量监控主体监控知识、优势、原因差异对比分析

对比类别	监控主体具备监控专门知识情况	监控主体具有监控优势	监控主体参与监控原因
性别	$\chi^2=4.675$, $df=5$, $p=0.457$	$\chi^2=5.240$, $df=5$, $p=0.387$	$\chi^2=9.756$, $df=5$, $p=0.082$
年龄	$\chi^2=12.511$, $df=10$, $p=0.252$	$\chi^2=16.762$, $df=10$, $p=0.080$	$\chi^2=19.261^{*}$, $df=10$, $p=0.037$
教龄	$\chi^2=3.977$, $df=5$, $p=0.553$	$\chi^2=18.734^{*}$, $df=10$, $p=0.044$	$\chi^2=28.849^{**}$, $df=10$, $p=0.001$
子女年龄	$\chi^2=0.562$, $df=5$, $p=0.990$	$\chi^2=10.151$, $df=10$, $p=0.427$	$\chi^2=18.858^{*}$, $df=10$, $p=0.042$
有无孩子	$\chi^2=6.680$, $df=4$, $p=0.154$	$\chi^2=3.054$, $df=5$, $p=0.692$	$\chi^2=13.937^{*}$, $df=5$, $p=0.016$
是否科任教师	$\chi^2=27.715^{**}$, $df=5$, $p=0.000$	$\chi^2=24.147^{**}$, $df=5$, $p=0.000$	$\chi^2=14.420^{*}$, $df=5$, $p=0.013$
是否班主任	$\chi^2=3.069$, $df=5$, $p=0.689$	$\chi^2=0.165$, $df=5$, $p=0.999$	$\chi^2=12.604^{*}$, $df=5$, $p=0.027$
有无行政职务	$\chi^2=9.818$, $df=5$, $p=0.081$	$\chi^2=4.955$, $df=5$, $p=0.421$	$\chi^2=75.060^{**}$, $df=5$, $p=0.000$
第一学历	$\chi^2=7.388$, $df=10$, $p=0.688$	$\chi^2=9.241$, $df=15$, $p=0.865$	$\chi^2=34.752^{**}$, $df=15$, $p=0.003$
最高学历	$\chi^2=6.822$, $df=10$, $p=0.742$	$\chi^2=13.037$, $df=10$, $p=0.222$	$\chi^2=6.240$, $df=10$, $p=0.795$
不同类型学校	$\chi^2=11.584$, $df=10$, $p=0.314$	$\chi^2=43.716^{**}$, $df=10$, $p=0.000$	$\chi^2=19.735^{*}$, $df=10$, $p=0.032$
不同地理位置学校	$\chi^2=17.248$, $df=10$, $p=0.069$	$\chi^2=16.507$, $df=10$, $p=0.086$	$\chi^2=9.923$, $df=10$, $p=0.447$
不同教学水平学校	$\chi^2=22.595^{*}$, $df=10$, $p=0.012$	$\chi^2=20.742^{*}$, $df=10$, $p=0.023$	$\chi^2=31.069^{**}$, $df=10$, $p=0.001$
不同职称	$\chi^2=8.975$, $df=5$, $p=0.110$	$\chi^2=10.223$, $df=5$, $p=0.069$	$\chi^2=27.382^{**}$, $df=5$, $p=0.000$
教授不同年级	$\chi^2=5.609$, $df=4$, $p=0.230$	$\chi^2=36.786^{**}$, $df=15$, $p=0.001$	$\chi^2=34.325^{**}$, $df=15$, $p=0.003$
教授不同学科	$\chi^2=14.717$, $df=10$, $p=0.143$	$\chi^2=61.839^{**}$, $df=30$, $p=0.001$	$\chi^2=44.961^{*}$, $df=30$, $p=0.039$

注：$^{*}p<0.05$，$^{**}p<0.01$。

不同性别、不同年龄、不同子女年龄段、有无孩子、是否班主任、有无行政职务、不同第一学历和最高学历、不同地理位置学校、不同职称的被试在信息准确、空间便利、时间方便、有权威、能够把握方向这些监控优势方面没有显著差异（$p>0.05$），见表3-17；而不同教龄、是否科任教师、不同类型学校、不同教学水平学校、教授不同年级和学科的被试在信息准确、空间便利、时间方便、有权威、能够把握方向这些监控优势方面存在显著差异（$p<0.05$），见表3-17。

不同性别、不同最高学历、不同地理位置学校的被试在学校规定、职务要求、家长委员会成员、自愿申请、没有参加过这些监控原因方面没有显著差异（$p>0.05$），见表3-17。而不同年龄和教龄、不同子女年龄段、有无孩子、是否科任教师和班主任、有无行政职务、不同第一学历、不同类型学校、不同教学水平学校、不同职称、教授不同年级和学科的被试在学校规定、职务要求、家长委员会成员、自愿申请、没有参加过这些监控原因方面存在显著差异（$p<0.05$），见表3-17。

（三）教师质量监控内容差异对比分析

研究根据被试的性别、年龄、教龄、婚姻状况（有无孩子、子女年龄）、工作角色（科任教师、班主任、行政职务）、学历情况（第一学历、最高学历）、学校状况（学校类型、学校地理位置、学校教学水平）、职称级别（高级职称、中级职称）、任教情况（教授年级、教授学科）进行差异对比分析，通过卡方检验来判断、分析被试在教师质量监控内容，教师质量监控内容参与确定者、不同学科、新老（不同职称）教师质量监控内容方面的差异对比分析。

1. 教师质量监控内容差异对比分析

不同性别、不同教龄、不同子女年龄段、有无孩子、是否科任教师和班主任、不同最高学历、不同地理位置学校、不同教学水平学校、教授不同年级和学科的被试在教师质量监控主要内容：背景性质量、静态性质量、活动性质量、有效性质量方面没有显著差异（$p>0.05$），见表3-18；而不同年龄、有无行政职务、不同第一学历、不同类型学校、不同职称的被试在教师质量监控主要内容：背景性质量、静态性质量、活动性质量、有效性质量方面存在显著差异（$p<0.05$），见表3-18。

不同性别、不同年龄和教龄、不同子女年龄段、有无孩子、是否科任教师和班主任、有无行政职务、不同第一学历和最高学历、不同教学水平学校、不同职称、教授不同年级的被试在监控中最重要内容：背景性质量、静态性质量、活动性质量、有效性质量方面没有显著差异（$p>0.05$），见表3-18；而不同类型学校、不同地理位置学校、教授不同学科的被试在监控中最重要内容：背景性质量、静态性质量、活动性质量、有效性质量方面存在显著差异（$p<0.05$），见表3-18。

表 3-18　教师质量监控内容差异对比分析

对比类别	监控主要内容	监控中最重要内容
性别	$\chi^2=4.614$, $df=4$, $p=0.329$	$\chi^2=1.810$, $df=3$, $p=0.613$
年龄	$\chi^2=16.274^*$, $df=8$, $p=0.039$	$\chi^2=3.576$, $df=6$, $p=0.734$
教龄	$\chi^2=12.827$, $df=8$, $p=0.118$	$\chi^2=9.160$, $df=6$, $p=0.165$
子女年龄	$\chi^2=8.152$, $df=8$, $p=0.419$	$\chi^2=8.809$, $df=6$, $p=0.185$
有无孩子	$\chi^2=4.865$, $df=4$, $p=0.301$	$\chi^2=0.365$, $df=3$, $p=0.947$
科任教师	$\chi^2=3.674$, $df=4$, $p=0.452$	$\chi^2=0.086$, $df=3$, $p=0.993$
班主任	$\chi^2=5.215$, $df=4$, $p=0.266$	$\chi^2=3.997$, $df=3$, $p=0.262$
行政职务	$\chi^2=22.342^{**}$, $df=4$, $p=0.000$	$\chi^2=7.354$, $df=3$, $p=0.061$
第一学历	$\chi^2=21.932^*$, $df=12$, $p=0.038$	$\chi^2=10.108$, $df=9$, $p=0.342$
最高学历	$\chi^2=8.060$, $df=8$, $p=0.428$	$\chi^2=6.951$, $df=6$, $p=0.325$
不同类型学校	$\chi^2=18.105^*$, $df=8$, $p=0.020$	$\chi^2=16.791^{**}$, $df=6$, $p=0.010$
不同地理位置学校	$\chi^2=11.874$, $df=8$, $p=0.157$	$\chi^2=15.162^*$, $df=6$, $p=0.019$
不同教学水平学校	$\chi^2=10.627$, $df=8$, $p=0.224$	$\chi^2=6.042$, $df=6$, $p=0.418$
不同职称	$\chi^2=11.757^*$, $df=4$, $p=0.019$	$\chi^2=0.922$, $df=3$, $p=0.820$
教授不同年级	$\chi^2=10.596$, $df=12$, $p=0.564$	$\chi^2=14.601$, $df=9$, $p=0.103$
教授不同学科	$\chi^2=24.162$, $df=20$, $p=0.235$	$\chi^2=14.175^*$, $df=6$, $p=0.028$

注：$*p<0.05$，$**p<0.01$。

2. 教师质量监控内容确定问题对比分析

不同年龄和教龄、有无孩子、是否科任教师、有无行政职务、不同第一学历和最高学历、不同职称的被试在上级行政领导、校长、教导主任、教师、家长、学生、不清楚等参与确定监控内容方面没有显著差异（$p>0.05$），见表 3-19；而不同性别、不同子女年龄段、是否班主任、不同类型学校、不同地理位置学校、不同教学水平学校、教授不同年级和学科的被试在上级行政领导、校长、教导主任、教师、家长、学生、不清楚等参与确定监控内容方面存在显著差异（$p<0.05$），见表 3-19。

不同性别、不同年龄和教龄、不同子女年龄段、有无孩子、不同第一学历和最高学历、不同类型学校、不同地理位置学校、教授不同年级和学科的被试在监控内容涵盖教师质量程度：完全能、大部分能、一半能、小部分能、完全不能、不清楚方面没有显著差异（$p>0.05$），见表 3-19；而是否科任教师和班主任、有无行政职务、不同教学水平学校、不同职称的被试在监控内容涵盖教师质量程度：完全能、大部分能、一半能、小部分能、完全不能、不清楚方面存在显著差异（$p<0.05$），见表3-19。

表3-19　教师质量监控内容确定问题对比分析

对比类别	监控内容确定者	监控内容涵盖教师质量程度
性别	$\chi^2=17.925^*$，$df=7$，$p=0.012$	$\chi^2=3.333$，$df=5$，$p=0.649$
年龄	$\chi^2=12.347$，$df=14$，$p=0.578$	$\chi^2=15.843$，$df=10$，$p=0.104$
教龄	$\chi^2=9.379$，$df=14$，$p=0.806$	$\chi^2=5.181$，$df=5$，$p=0.394$
子女年龄	$\chi^2=27.120^*$，$df=14$，$p=0.019$	$\chi^2=9.615$，$df=10$，$p=0.475$
有无孩子	$\chi^2=9.789$，$df=7$，$p=0.201$	$\chi^2=5.478$，$df=4$，$p=0.242$
科任教师	$\chi^2=12.844$，$df=7$，$p=0.076$	$\chi^2=11.681^*$，$df=5$，$p=0.039$
班主任	$\chi^2=23.168^{**}$，$df=7$，$p=0.002$	$\chi^2=11.795^*$，$df=5$，$p=0.038$
行政职务	$\chi^2=11.441$，$df=7$，$p=0.120$	$\chi^2=21.282^{**}$，$df=4$，$p=0.000$
第一学历	$\chi^2=26.488$，$df=21$，$p=0.188$	$\chi^2=14.801$，$df=10$，$p=0.139$
最高学历	$\chi^2=17.477$，$df=14$，$p=0.232$	$\chi^2=14.337$，$df=10$，$p=0.158$
不同类型学校	$\chi^2=31.738^{**}$，$df=14$，$p=0.004$	$\chi^2=11.709$，$df=10$，$p=0.305$
不同地理位置学校	$\chi^2=24.289^*$，$df=14$，$p=0.042$	$\chi^2=16.673$，$df=10$，$p=0.082$
不同教学水平学校	$\chi^2=45.031^{**}$，$df=14$，$p=0.000$	$\chi^2=49.456^{**}$，$df=10$，$p=0.000$
不同职称	$\chi^2=10.389$，$df=7$，$p=0.168$	$\chi^2=11.790^*$，$df=5$，$p=0.038$
教授不同年级	$\chi^2=44.832^{**}$，$df=21$，$p=0.002$	$\chi^2=13.326$，$df=15$，$p=0.577$
教授不同学科	$\chi^2=82.367^{**}$，$df=35$，$p=0.000$	$\chi^2=9.208$，$df=10$，$p=0.513$

注：$*p<0.05$，$**p<0.01$。

3. 不同学科、新老（不同职称）教师质量监控内容差异对比分析

不同性别、不同年龄和教龄、不同子女年龄段、有无孩子、是否科任教师和班主任、不同类型学校、教授不同年级和学科的被试在不同学科教师质量监控内容相同程度：完全一样、大部分一样、一半一样、小部分一样、完全不同、不清楚方面没有显著差异（$p>0.05$），见表3-20。而有无行政职务、不同第一学历和最高学历、不同地理位置学校、不同教学水平学校、不同职称被试在不同学科教师质量监控内容相同程度：完全一样、大部分一样、一半一样、小部分一样、完全不同、不清楚方面有着显著差异（$p<0.05$），见表3-20。

不同性别、不同年龄和教龄、不同子女年龄段、有无孩子、是否科任教师和班主任、不同第一学历和最高学历、不同类型学校、不同教学水平学校、教授不同年级和学科的被试在新老（不同职称）教师质量监控内容相同程度：完全一样、大部分一样、一半一样、小部分一样、完全不同、不清楚方面没有显著差异

($p>0.05$)，见表 3-20；而有无行政职务、不同地理位置学校、不同职称的被试在新老（不同职称）教师质量监控内容相同程度：完全一样、大部分一样、一半一样、小部分一样、完全不同、不清楚方面存在显著差异（$p<0.05$），见表 3-20。

表 3-20　不同学科、新老（不同职称）教师质量监控内容差异对比分析

对比类别	不同学科教师质量监控内容相似程度	新老教师质量监控内容相似程度
性别	$\chi^2=5.367$, $df=5$, $p=0.373$	$\chi^2=8.264$, $df=5$, $p=0.142$
年龄	$\chi^2=13.843$, $df=10$, $p=0.180$	$\chi^2=3.191$, $df=8$, $p=0.922$
教龄	$\chi^2=9.652$, $df=5$, $p=0.086$	$\chi^2=3.608$, $df=5$, $p=0.607$
子女年龄	$\chi^2=4.877$, $df=10$, $p=0.899$	$\chi^2=9.348$, $df=10$, $p=0.499$
有无孩子	$\chi^2=1.275$, $df=4$, $p=0.866$	$\chi^2=1.419$, $df=4$, $p=0.841$
科任教师	$\chi^2=4.978$, $df=5$, $p=0.419$	$\chi^2=9.299$, $df=5$, $p=0.098$
班主任	$\chi^2=9.110$, $df=5$, $p=0.105$	$\chi^2=6.085$, $df=5$, $p=0.298$
行政职务	$\chi^2=33.345^{**}$, $df=5$, $p=0.000$	$\chi^2=25.878^{**}$, $df=5$, $p=0.000$
第一学历	$\chi^2=35.381^{**}$, $df=15$, $p=0.002$	$\chi^2=14.726$, $df=15$, $p=0.471$
最高学历	$\chi^2=26.585^{**}$, $df=10$, $p=0.003$	$\chi^2=12.757$, $df=10$, $p=0.238$
不同类型学校	$\chi^2=9.408$, $df=10$, $p=0.494$	$\chi^2=9.755$, $df=10$, $p=0.462$
不同地理位置学校	$\chi^2=23.960^{**}$, $df=10$, $p=0.008$	$\chi^2=33.281^{**}$, $df=10$, $p=0.000$
不同教学水平学校	$\chi^2=26.204^{**}$, $df=10$, $p=0.003$	$\chi^2=15.105$, $df=10$, $p=0.128$
不同职称	$\chi^2=11.428^{*}$, $df=5$, $p=0.044$	$\chi^2=16.412^{**}$, $df=5$, $p=0.006$
教授不同年级	$\chi^2=15.797$, $df=15$, $p=0.396$	$\chi^2=21.717$, $df=15$, $p=0.115$
教授不同学科	$\chi^2=20.662$, $df=25$, $p=0.711$	$\chi^2=10.378$, $df=10$, $p=0.408$

注：$^*p<0.05$，$^{**}p<0.01$。

（四）教师质量监控方式差异对比

研究根据被试的性别、年龄、教龄、婚姻状况（有无孩子、子女年龄）、工作角色（科任教师、班主任、行政职务）、学历情况（第一学历、最高学历）、学校状况（学校类型、学校地理位置、学校教学水平）、职称级别（高级职称、中级职称）、任教情况（教授年级、教授学科）进行差异对比分析，通过卡方检验来判断、分析被试在教师质量监控方式，不同学科、新老（不同职称）教师质量监控方式的差异对比分析。

1. 教师质量监控方式差异对比分析

不同性别、不同教龄、不同子女年龄段、有无孩子、是否班主任、不同最高学历、不同地理位置学校、不同职称的被试在教师质量监控使用的一般方式：个别访谈、问卷调查、查看学生考试成绩、集体访谈、学科考试、听课、工作业绩考核、实地检查相关材料、网络检查相关材料、不清楚方面没有显著差异（$p>0.05$），见表 3-21；而不同年龄、是否科任教师、有无行政职务、不同第一学历、不同类型学校、不同教学水平学校、教授不同年级和学科的被试在教师质量监控使用的一般方式：个别访谈、问卷调查、查看学生考试成绩、集体访谈、学科考试、听课、工作业绩考核、实地检查相关材料、网络检查相关材料、不清楚方面存在显著差异（$p<0.05$），见表 3-21。

表 3-21　教师质量监控方式差异对比分析

对比类别	教师质量监控一般使用哪些方式	哪种监控方式使用最多	哪种方式最有效
性别	$\chi^2=16.199$, $df=10$, $p=0.094$	$\chi^2=26.349^*$, $df=9$, $p=0.002$	$\chi^2=15.633$, $df=11$, $p=0.155$
年龄	$\chi^2=42.285^{**}$, $df=20$, $p=0.003$	$\chi^2=33.588^*$, $df=18$, $p=0.014$	$\chi^2=19.413$, $df=22$, $p=0.620$
教龄	$\chi^2=14.542$, $df=20$, $p=0.802$	$\chi^2=31.984^*$, $df=18$, $p=0.022$	$\chi^2=18.370$, $df=11$, $p=0.073$
子女年龄	$\chi^2=22.349$, $df=20$, $p=0.322$	$\chi^2=20.598$, $df=18$, $p=0.300$	$\chi^2=31.144$, $df=22$, $p=0.093$
有无孩子	$\chi^2=10.050$, $df=10$, $p=0.436$	$\chi^2=21.803^{**}$, $df=8$, $p=0.005$	$\chi^2=8.754$, $df=8$, $p=0.364$
科任教师	$\chi^2=27.137^{**}$, $df=10$, $p=0.002$	$\chi^2=18.350^*$, $df=9$, $p=0.031$	$\chi^2=11.771$, $df=11$, $p=0.381$
班主任	$\chi^2=15.319$, $df=10$, $p=0.121$	$\chi^2=13.720$, $df=9$, $p=0.133$	$\chi^2=16.589$, $df=11$, $p=0.121$
行政职务	$\chi^2=42.094^{**}$, $df=10$, $p=0.000$	$\chi^2=24.784^{**}$, $df=9$, $p=0.003$	$\chi^2=19.971^*$, $df=11$, $p=0.046$
第一学历	$\chi^2=47.707^{**}$, $df=20$, $p=0.000$	$\chi^2=56.759^{**}$, $df=27$, $p=0.001$	$\chi^2=25.188^{**}$, $df=11$, $p=0.009$
最高学历	$\chi^2=8.938$, $df=10$, $p=0.538$	$\chi^2=26.924$, $df=18$, $p=0.080$	$\chi^2=11.284$, $df=11$, $p=0.420$
不同类型学校	$\chi^2=58.542^{**}$, $df=20$, $p=0.000$	$\chi^2=56.823^{**}$, $df=18$, $p=0.000$	$\chi^2=48.060^{**}$, $df=22$, $p=0.001$

续表 3-21

对比类别	教师质量监控一般使用哪些方式	哪种监控方式使用最多	哪种方式最有效
不同地理位置学校	$\chi^2=16.218$, df=10, p=0.094	$\chi^2=36.370^{**}$, df=18, p=0.006	$\chi^2=49.355^{**}$, df=20, p=0.000
不同教学水平学校	$\chi^2=56.176^{**}$, df=20, p=0.000	$\chi^2=39.738^{**}$, df=18, p=0.002	$\chi^2=59.591^{**}$, df=22, p=0.000
不同职称	$\chi^2=9.917$, df=10, p=0.448	$\chi^2=19.129^{*}$, df=9, p=0.024	$\chi^2=15.487$, df=11, p=0.161
教授不同年级	$\chi^2=96.508^{**}$, df=30, p=0.000	$\chi^2=63.392^{**}$, df=27, p=0.000	$\chi^2=34.555^{**}$, df=11, p=0.000
教授不同学科	$\chi^2=106.323^{**}$, df=50, p=0.000	$\chi^2=86.886^{**}$, df=45, p=0.000	$\chi^2=33.307$, df=22, p=0.058

注：$*p<0.05$，$**p<0.01$。

不同子女年龄段、是否班主任、不同最高学历的被试在使用最多的监控方式：个别访谈、问卷调查、查看学生考试成绩、集体访谈、学科考试、听课、工作业绩考核、实地检查相关材料、网络检查相关材料、不清楚方面没有显著差异（$p>0.05$），见表 3-21；而不同性别、不同年龄和教龄、有无孩子、是否科任教师、有无行政职务、不同第一学历、不同类型学校、不同地理位置学校、不同教学水平、不同职称、教授不同年级和学科的被试在使用最多的监控方式：个别访谈、问卷调查、查看学生考试成绩、集体访谈、学科考试、听课、工作业绩考核、实地检查相关材料、网络检查相关材料、不清楚方面存在显著差异（$p<0.05$），见表 3-21。

不同性别、不同年龄和教龄、不同子女年龄段、有无孩子、是否科任教师和班主任、不同最高学历、不同职称、教授不同学科的被试在最有效监控方式：个别访谈、问卷调查、查看学生考试成绩、集体访谈、学科考试、校内领导听课、校内教师听课、上级行政部门听课、实地检查相关材料、网络检查相关材料、不清楚方面没有显著差异（$p>0.05$），见表 3-21；而有无行政职务、不同第一学历、不同类型学校、不同地理位置学校、不同教学水平学校、教授不同年级的被试在最有效监控方式方面：个别访谈、问卷调查、查看学生考试成绩、集体访谈、学科考试、校内领导听课、校内教师听课、上级行政部门听课、实地检查相关材料、网络检查相关材料、不清楚存在显著差异（$p<0.05$），见表 3-21。

2. 不同学科、新老（不同职称）教师质量监控方式差异对比分析

不同性别、不同年龄和教龄、不同子女年龄段、有无孩子、是否科任教师和班主任、不同第一学历和最高学历、不同类型学校、不同地理位置学校、不同职

称、教授不同年级和学科的被试在不同学科教师质量监控方式相同程度：完全一样、大部分一样、一半一样、小部分一样、完全不同、不清楚几方面不存在显著差异（$p>0.05$），见表 3-22；而有无行政职务、不同教学水平学校的被试在不同学科教师质量监控方式相同程度：完全一样、大部分一样、一半一样、小部分一样、完全不同、不清楚几方面存在显著差异（$p<0.05$），见表 3-22。

不同性别、不同年龄和教龄、不同子女年龄段、有无孩子、是否科任教师和班主任、不同最高学历、不同类型学校、教授不同年级和学科的被试在新老（不同职称）教师质量监控方式相同程度：完全一样、大部分一样、一半一样、小部分一样、完全不同、不清楚几方面没有显著差异（$p>0.05$），见表 3-22；而有无行政职务、不同第一学历、不同地理位置学校、不同教学水平学校、不同职称的被试在新老（不同职称）教师监控方式相同程度：完全一样、大部分一样、一半一样、小部分一样、完全不同、不清楚几方面存在显著差异（$p<0.05$），见表 3-22。

表 3-22 不同学科、新老（不同职称）教师质量监控方式差异对比分析

对比类别	不同学科教师质量监控方式是否相同	新老（不同职称）教师质量监控方式是否相同
性别	$\chi^2=7.709$, $df=5$, $p=0.173$	$\chi^2=8.579$, $df=5$, $p=0.127$
年龄	$\chi^2=7.984$, $df=10$, $p=0.630$	$\chi^2=9.548$, $df=5$, $p=0.089$
教龄	$\chi^2=9.460$, $df=$, 10 $p=0.489$	$\chi^2=6.969$, $df=5$, $p=0.226$
子女年龄	$\chi^2=7.324$, $df=10$, $p=0.695$	$\chi^2=7.674$, $df=10$, $p=0.661$
有无孩子	$\chi^2=2.903$, $df=3$, $p=0.407$	$\chi^2=6.766$, $df=4$, $p=0.149$
科任教师	$\chi^2=8.037$, $df=5$, $p=0.154$	$\chi^2=9.658$, $df=5$, $p=0.086$
班主任	$\chi^2=6.126$, $df=5$, $p=0.294$	$\chi^2=4.279$, $df=5$, $p=0.510$
行政职务	$\chi^2=34.046^{**}$, $df=5$, $p=0.000$	$\chi^2=20.062^{**}$, $df=5$, $p=0.001$
第一学历	$\chi^2=6.689$, $df=6$, $p=0.351$	$\chi^2=22.336^{**}$, $df=8$, $p=0.004$
最高学历	$\chi^2=4.490$, $df=10$, $p=0.923$	$\chi^2=9.970$, $df=10$, $p=0.443$
不同类型学校	$\chi^2=13.626$, $df=10$, $p=0.191$	$\chi^2=5.531$, $df=10$, $p=0.853$
不同地理位置学校	$\chi^2=15.563$, $df=10$, $p=0.113$	$\chi^2=20.978^{**}$, $df=8$, $p=0.007$
不同教学水平学校	$\chi^2=21.449^{*}$, $df=10$, $p=0.018$	$\chi^2=27.214^{**}$, $df=10$, $p=0.002$
不同职称	$\chi^2=10.522$, $df=5$, $p=0.062$	$\chi^2=19.593^{**}$, $df=5$, $p=0.001$
教授不同年级	$\chi^2=1.766$, $df=5$, $p=0.880$	$\chi^2=2.774$, $df=5$, $p=0.735$
教授不同学科	$\chi^2=11.435$, $df=10$, $p=0.325$	$\chi^2=9.330$, $df=10$, $p=0.501$

注：$^{*}p<0.05$，$^{**}p<0.01$。

（五）教师质量监控效果及反馈

研究根据被试的性别、年龄、教龄、婚姻状况（有无孩子、子女年龄）、工作角色（科任教师、班主任、行政职务）、学历情况（第一学历、最高学历）、学校状况（学校类型、学校地理位置、学校教学水平）、职称级别（高级职称、中级职称）、任教情况（教授年级、教授学科）进行差异对比分析，通过卡方检验来判断、分析被试在教师质量监控主体意见、影响，教师质量监控反馈、教师质量监控效果方面的差异对比分析。

1. 教师质量监控主体意见影响对比分析

不同性别、不同年龄、不同子女年龄段、有无孩子、是否班主任、不同第一学历和最高学历、不同类型学校、不同地理位置学校、教授不同年级的被试意见在教师质量监控中受到重视程度：非常重视、比较重视、一般、不太重视、完全不重视、不清楚方面没有显著差异（$p>0.05$），见表 3-23；而不同教龄、是否科任教师、有无行政职务、不同教学水平学校、不同职称、教授不同学科的被试意见在教师质量监控中受到重视程度：非常重视、比较重视、一般、不太重视、完全不重视、不清楚方面存在显著差异（$p<0.05$），见表 3-23。

表 3-23　教师质量监控主体意见影响对比分析

对比类别	监控主体意见 是否重视	监控主体意见 对教师质量影响
性别	$\chi^2=1.848$，$df=5$，$p=0.870$	$\chi^2=5.319$，$df=5$，$p=0.378$
年龄	$\chi^2=13.807$，$df=10$，$p=0.182$	$\chi^2=8.753$，$df=10$，$p=0.556$
教龄	$\chi^2=11.409^{*}$，$df=5$，$p=0.044$	$\chi^2=5.306$，$df=5$，$p=0.380$
子女年龄	$\chi^2=14.543$，$df=10$，$p=0.150$	$\chi^2=3.398$，$df=10$，$p=0.970$
有无孩子	$\chi^2=7.342$，$df=4$，$p=0.119$	$\chi^2=5.356$，$df=4$，$p=0.253$
科任教师	$\chi^2=19.548^{**}$，$df=5$，$p=0.002$	$\chi^2=47.068^{**}$，$df=5$，$p=0.000$
班主任	$\chi^2=7.999$，$df=5$，$p=0.156$	$\chi^2=3.035$，$df=5$，$p=0.695$
行政职务	$\chi^2=40.803^{**}$，$df=5$，$p=0.000$	$\chi^2=41.028^{**}$，$df=5$，$p=0.000$
第一学历	$\chi^2=15.795$，$df=10$，$p=0.106$	$\chi^2=10.976$，$df=15$，$p=0.754$
最高学历	$\chi^2=10.951$，$df=10$，$p=0.361$	$\chi^2=5.444$，$df=10$，$p=0.860$
不同类型学校	$\chi^2=13.022$，$df=10$，$p=0.222$	$\chi^2=20.922^{*}$，$df=10$，$p=0.022$
不同地理位置学校	$\chi^2=17.116$，$df=10$，$p=0.072$	$\chi^2=17.098$，$df=10$，$p=0.072$
不同教学水平学校	$\chi^2=39.299^{**}$，$df=8$，$p=0.000$	$\chi^2=27.450^{**}$，$df=10$，$p=0.002$
不同职称	$\chi^2=18.428^{**}$，$df=5$，$p=0.002$	$\chi^2=10.889$，$df=5$，$p=0.054$
教授不同年级	$\chi^2=20.716$，$df=15$，$p=0.146$	$\chi^2=14.561^{*}$，$df=5$，$p=0.012$
教授不同学科	$\chi^2=26.289^{**}$，$df=10$，$p=0.003$	$\chi^2=19.211^{*}$，$df=10$，$p=0.038$

注：$*p<0.05$，$**p<0.01$。

不同性别、不同年龄和教龄、不同子女年龄段、有无孩子、是否班主任、不同第一学历和最高学历、不同地理位置学校、不同职称的被试意见在教师质量监控中对教师质量影响程度：非常大、比较大、一般、不太大、没有影响、不清楚方面不存在显著差异（$p>0.05$），见表 3-23；而是否科任教师、有无行政职务、不同类型学校、不同教学水平学校、教授不同年级和学科的被试意见在教师质量监控中对教师质量影响程度：非常大、比较大、一般、不太大、没有影响、不清楚方面存在显著差异（$p<0.05$），见表 3-23。

2. 教师质量监控反馈差异对比分析

不同性别、不同年龄和教龄、不同子女年龄段、有无孩子、是否科任教师和班主任、不同第一学历和最高学历、不同类型学校、不同地理位置学校、不同职称、教授不同年级和学科的被试在教师质量监控有无反馈结果：一直有、经常有、有时有、偶尔有、从来没有方面没有显著差异（$p>0.05$），见表 3-24；而有无行政职务、不同教学水平学校的被试在教师质量监控有无反馈结果：一直有、经常有、有时有、偶尔有、从来没有方面存在显著差异（$p<0.05$），见表 3-24。

不同性别、不同年龄和教龄、不同子女年龄段、有无孩子、不同最高学历、不同类型学校、不同地理位置学校、教授不同学科的被试在监控主体给教师提供反馈意见：一直有、经常有、有时有、偶尔有、从来没有方面没有显著差异（$p>0.05$），见表 3-24；而是否科任教师和班主任、有无行政职务、不同第一学历、不同教学水平学校、不同职称、教授不同年级的被试在监控主体给教师提供反馈意见：一直有、经常有、有时有、偶尔有、从来没有方面存在显著差异（$p<0.05$），见表 3-24。

表 3-24　教师质量监控反馈差异对比分析

对比类别	教师质量有无监控反馈结果	监控主体是否给教师提供反馈意见
性别	$\chi^2=1.380$，$df=4$，$p=0.848$	$\chi^2=3.840$，$df=4$，$p=0.428$
年龄	$\chi^2=6.000$，$df=8$，$p=0.647$	$\chi^2=5.966$，$df=8$，$p=0.651$
教龄	$\chi^2=13.199$，$df=8$，$p=0.105$	$\chi^2=13.921$，$df=8$，$p=0.084$
子女年龄	$\chi^2=4.863$，$df=8$，$p=0.772$	$\chi^2=7.889$，$df=8$，$p=0.444$
有无孩子	$\chi^2=6.336$，$df=4$，$p=0.175$	$\chi^2=7.944$，$df=4$，$p=0.094$
科任教师	$\chi^2=5.835$，$df=4$，$p=0.212$	$\chi^2=22.130^{**}$，$df=4$，$p=0.000$
班主任	$\chi^2=9.036$，$df=4$，$p=0.060$	$\chi^2=12.934^{*}$，$df=4$，$p=0.012$
行政职务	$\chi^2=19.080^{**}$，$df=4$，$p=0.001$	$\chi^2=41.286^{**}$，$df=4$，$p=0.000$
第一学历	$\chi^2=15.534$，$df=12$，$p=0.214$	$\chi^2=28.519^{**}$，$df=12$，$p=0.005$
最高学历	$\chi^2=9.083$，$df=8$，$p=0.335$	$\chi^2=8.688$，$df=8$，$p=0.369$

续表 3-24

对比类别	教师质量有无监控反馈结果	监控主体是否给教师提供反馈意见
不同类型学校	$\chi^2=11.043$，df=8，p=0.199	$\chi^2=8.914$，df=8，p=0.350
不同地理位置学校	$\chi^2=10.243$，df=8，p=0.248	$\chi^2=8.935$，df=8，p=0.348
不同教学水平学校	$\chi^2=59.549^{**}$，df=8，p=0.000	$\chi^2=37.439^{**}$，df=8，p=0.000
不同职称	$\chi^2=8.844$，df=4，p=0.065	$\chi^2=10.070^{*}$，df=4，p=0.039
教授不同年级	$\chi^2=17.552$，df=12，p=0.130	$\chi^2=26.709^{**}$，df=12，p=0.009
教授不同学科	$\chi^2=13.422$，df=20，p=0.859	$\chi^2=22.656$，df=20，p=0.306

注：$^{*}p<0.05$，$^{**}p<0.01$。

3. 教师质量监控效果差异对比分析

不同性别、不同年龄和教龄、不同子女年龄段、有无孩子、是否科任教师和班主任、不同第一学历和最高学历、不同类型学校、不同地理位置学校、教授不同年级和学科的被试在教师质量监控结果代表教师实际质量的水平：完全能、大部分能、一半能、小部分能、完全不能、不清楚方面存在不显著差异（$p>0.05$），见表 3-25；而有无行政职务、不同教学水平学校、不同职称的被试在教师质量监控结果代表教师实际质量的水平：完全能、大部分能、一半能、小部分能、完全不能、不清楚方面存在显著差异（$p<0.05$），见表 3-25。

不同性别、不同年龄和教龄、不同子女年龄段、有无孩子、是否科任教师和班主任、不同第一学历和最高学历、不同类型学校、不同地理位置学校、不同职称、教授不同年级和学科的被试在教师质量监控结果促进教师质量提升程度：完全能、大部分能、一半能、小部分能、完全不能、不清楚方面没有显著差异（$p>0.05$），见表 3-25。而有无行政职务、不同教学水平学校的被试在教师质量监控结果促进教师质量提升程度：完全能、大部分能、一半能、小部分能、完全不能、不清楚方面存在显著差异（$p<0.05$），见表 3-25。

不同性别、不同年龄和教龄、不同子女年龄段、有无孩子、是否科任教师和班主任、不同第一学历和最高学历、不同类型学校、不同地理位置学校、不同职称、教授不同年级和学科的被试在教师质量监控结果用途：评优评奖、绩效工资参考、教师改进与提升质量依据、评职称、教师岗位流动依据、什么也不做、不清楚方面没有显著差异（$p>0.05$），见表 3-25；有无行政职务、不同教学水平学校的被试在教师质量监控结果用途：评优评奖、绩效工资参考、教师改进与提升质量依据、评职称、教师岗位流动依据、什么也不做、不清楚方面存在显著差异（$p<0.05$），见表 3-25。

表 3-25　教师质量监控效果差异对比分析

对比类别	教师质量结果代表教师实际质量的水平	教师质量监控结果促进教师质量提升程度	教师质量监控结果用途
性别	$\chi^2=5.275$, $df=5$, $p=0.383$	$\chi^2=2.974$, $df=5$, $p=0.704$	$\chi^2=5.248$, $df=8$, $p=0.731$
年龄	$\chi^2=4.073$, $df=5$, $p=0.539$	$\chi^2=4.178$, $df=5$, $p=0.524$	$\chi^2=22.942$, $df16=$, $p=0.115$
教龄	$\chi^2=11.780$, $df=10$, $p=0.300$	$\chi^2=5.541$, $df=10$, $p=0.852$	$\chi^2=5.826$, $df=8$, $p=0.667$
子女年龄	$\chi^2=8.764$, $df=10$, $p=0.555$	$\chi^2=4.600$, $df=10$, $p=0.916$	$\chi^2=14.099$, $df=8$, $p=0.079$
有无孩子	$\chi^2=1.452$, $df=4$, $p=0.835$	$\chi^2=1.771$, $df=4$, $p=0.778$	$\chi^2=7.273$, $df=7$, $p=0.401$
科任教师	$\chi^2=9.252$, $df=4$, $p=0.055$	$\chi^2=9.902$, $df=5$, $p=0.078$	$\chi^2=12.698$, $df=8$, $p=0.123$
班主任	$\chi^2=5.750$, $df=5$, $p=0.331$	$\chi^2=5.480$, $df=5$, $p=0.360$	$\chi^2=6.821$, $df=8$, $p=0.556$
行政职务	$\chi^2=31.860^{**}$, $df=5$, $p=0.000$	$\chi^2=14.832^{*}$, $df=5$, $p=0.011$	$\chi^2=46.377^{**}$, $df=8$, $p=0.000$
第一学历	$\chi^2=17.535$, $df=15$, $p=0.288$	$\chi^2=16.386$, $df=15$, $p=0.357$	$\chi^2=12.917$, $df=8$, $p=0.115$
最高学历	$\chi^2=4.685$, $df=5$, $p=0.456$	$\chi^2=14.380$, $df=10$, $p=0.156$	$\chi^2=12.100$, $df=16$, $p=0.737$
不同类型学校	$\chi^2=15.230$, $df=10$, $p=0.124$	$\chi^2=15.433$, $df=10$, $p=0.117$	$\chi^2=22.669$, $df=16$, $p=0.123$
不同地理位置学校	$\chi^2=17.142$, $df=10$, $p=0.071$	$\chi^2=15.505$, $df=10$, $p=0.115$	$\chi^2=21.101$, $df=16$, $p=0.175$
不同教学水平学校	$\chi^2=56.908^{**}$, $df=10$, $p=0.000$	$\chi^2=35.220^{**}$, $df=10$, $p=0.000$	$\chi^2=50.410^{**}$, $df=14$, $p=0.000$
不同职称	$\chi^2=15.585^{**}$, $df=5$, $p=0.008$	$\chi^2=6.992$, $df=5$, $p=0.221$	$\chi^2=11.150$, $df=8$, $p=0.193$
教授不同年级	$\chi^2=17.507$, $df=15$, $p=0.289$	$\chi^2=15.689$, $df=15$, $p=0.403$	$\chi^2=14.050$, $df=8$, $p=0.080$
教授不同学科	$\chi^2=4.090$, $df=10$, $p=0.943$	$\chi^2=9.188$, $df=10$, $p=0.514$	$\chi^2=12.226$, $df=16$, $p=0.728$

注：$*p<0.05$，$**p<0.01$。

（六）对教师质量监控的再监控差异对比分析

研究根据被试的性别、年龄、教龄、婚姻状况（有无孩子、子女年龄）、工作角色（科任教师、班主任、行政职务）、学历情况（第一学历、最高学历）、学校状况（学校类型、学校地理位置、学校教学水平）、职称级别（高级职称、中级职称）、任教情况（教授年级、教授学科）进行差异对比分析，通过卡方检验来判断、分析被试在对教师质量监控再监控内容的差异对比分析。

不同性别、不同年龄和教龄、不同子女年龄段、有无孩子、是否班主任、不同第一学历和最高学历、不同地理位置学校、教授不同年级和学科的被试在教师质量监控指导：一直有、经常有、有时有、偶尔有、从来没有、不清楚方面没有显著差异（$p>0.05$），见表3-26；而是否科任教师、有无行政职务、不同类型学校、不同教学水平学校、不同职称的被试在教师质量监控指导：一直有、经常有、有时有、偶尔有、从来没有、不清楚方面存在显著差异（$p<0.05$），见表3-26。

表3-26　对教师质量监控的再监控差异对比分析

对比类别	教师质量监控是否有指导	教师质量监控是否有监督检查	教师质量监控指导、监督检查内容
性别	$\chi^2=1.584$，$df=5$，$p=0.903$	$\chi^2=3.399$，$df=5$，$p=0.639$	$\chi^2=9.115$，$df=6$，$p=0.167$
年龄	$\chi^2=9.798$，$df=10$，$p=0.458$	$\chi^2=7.036$，$df=5$，$p=0.218$	$\chi^2=31.723^{**}$，$df=12$，$p=0.002$
教龄	$\chi^2=11.996$，$df=10$，$p=0.285$	$\chi^2=3.297$，$df=5$，$p=0.654$	$\chi^2=10.910$，$df=12$，$p=0.537$
子女年龄	$\chi^2=11.094$，$df=10$，$p=0.350$	$\chi^2=18.324$，$df=10$，$p=0.050$	$\chi^2=21.045$，$df=12$，$p=0.050$
有无孩子	$\chi^2=2.086$，$df=4$，$p=0.720$	$\chi^2=7.995$，$df=4$，$p=0.092$	$\chi^2=7.450$，$df=5$，$p=0.189$
是否科任教师	$\chi^2=12.225^{*}$，$df=5$，$p=0.032$	$\chi^2=6.206$，$df=5$，$p=0.287$	$\chi^2=7.942$，$df=6$，$p=0.242$
是否班主任	$\chi^2=2.375$，$df=5$，$p=0.795$	$\chi^2=6.108$，$df=5$，$p=0.296$	$\chi^2=5.489$，$df=6$，$p=0.483$
有无行政职务	$\chi^2=16.220^{**}$，$df=5$，$p=0.006$	$\chi^2=13.068^{*}$，$df=5$，$p=0.023$	$\chi^2=21.893^{**}$，$df=5$，$p=0.001$
第一学历	$\chi^2=13.850$，$df=15$，$p=0.537$	$\chi^2=21.132^{*}$，$df=10$，$p=0.020$	$\chi^2=17.865$，$df=18$，$p=0.465$
最高学历	$\chi^2=5.593$，$df=10$，$p=0.848$	$\chi^2=14.268$，$df=10$，$p=0.161$	$\chi^2=13.874$，$df=12$，$p=0.309$
不同类型学校	$\chi^2=22.939^{*}$，$df=10$，$p=0.011$	$\chi^2=24.431^{**}$，$df=10$，$p=0.007$	$\chi^2=7.218$，$df=12$，$p=0.843$
不同地理位置学校	$\chi^2=7.102$，$df=10$，$p=0.716$	$\chi^2=5.039$，$df=5$，$p=0.411$	$\chi^2=32.628^{**}$，$df=12$，$p=0.001$
不同教学水平学校	$\chi^2=32.226^{**}$，$df=10$，$p=0.000$	$\chi^2=37.280^{**}$，$df=10$，$p=0.000$	$\chi^2=36.028^{**}$，$df=12$，$p=0.000$
不同职称	$\chi^2=15.165^{*}$，$df=5$，$p=0.010$	$\chi^2=16.644^{**}$，$df=5$，$p=0.005$	$\chi^2=5.886$，$df=6$，$p=0.436$
教授不同年级	$\chi^2=23.239$，$df=15$，$p=0.079$	$\chi^2=16.350^{**}$，$df=5$，$p=0.006$	$\chi^2=22.554$，$df=18$，$p=0.208$
教授不同学科	$\chi^2=15.906$，$df=10$，$p=0.102$	$\chi^2=26.844^{**}$，$df=10$，$p=0.003$	$\chi^2=52.956^{**}$，$df=30$，$p=0.006$

注：$^{*}p<0.05$，$^{**}p<0.01$。

不同性别、不同年龄和教龄、有无孩子、是否科任教师和班主任、不同最高学历、不同地理位置学校的被试在教师质量监控的监督检查：一直有、经常有、有时有、偶尔有、从来没有、不清楚方面没有显著差异（$p>0.05$），见表3-26；而不同子女年龄段、有无行政职务、不同第一学历、不同类型学校、不同教学水平学校、不同职称、教授不同年级和学科的被试在教师质量监控的监督检查：一直有、经常有、有时有、偶尔有、从来没有、不清楚方面存在显著差异（$p<0.05$），见表3-26。

不同性别、不同教龄、有无孩子、是否科任教师和班主任、不同第一学历和最高学历、不同类型学校、不同职称、教授不同年级的被试在教师质量监控指导、监督检查内容（材料齐全、内容适合、方式恰当、谁来检查、结果反馈情况、不清楚）方面没有显著差异（$p>0.05$），见表3-26；而不同年龄、不同子女年龄段、有无行政职务、不同地理位置学校、不同教学水平学校、教授不同学科的被试在教师质量监控指导、监督检查内容（材料齐全、内容适合、方式恰当、谁来检查、结果反馈情况、不清楚）方面存在显著差异（$p<0.05$），见表3-26。

二、县域义务教育教师质量监控现状的相关分析

研究对被试的年龄、教龄、第一学历、最高学历、学校所在地、职称、学校教学质量、监控主体、监控内容、监控方式、监控反馈、对监控的再监控之间做了相关性分析①，通过相关性分析来判断，分析县域义务教育教师质量监控是否存在趋势特征。

（一）监控主体与其他维度相关性分析

1. 参加教师质量监控频率与其他维度相关性分析

将参加教师质量监控频率与其他维度进行相关性分析，数据结果显示，年龄、教龄、第一学历、学校教学质量与被试参加教师质量监控频率之间没有显著相关性（见表3-27）。而最高学历、学校所在地、职称、对自己教师质量监控频率、缺乏专门监控知识程度、监控意见受重视程度、监控意见对教师质量影响程度、监控内容涵盖教师质量程度、不同学科教师质量监控内容相同程度、新老（不同职称）教师质量监控内容相同程度、不同学科教师质量监控方式相同程度、新老（不同职称）教师质量监控方式相同程度、有无监控反馈结果、是否给教师提供反馈意见、监控结果代表教师质量实际水平程度、监控结果促进教师质量提升程度、监控工作是否有指导、监控工作是否有监督检查与被试参加教师质量监控频率之间有着显著相关。其中，最高学历、学校所在地、缺乏专门监控

① 在问卷中有些题目的选项有"不清楚"一项，因为不属于程度变量，在做相关性分析时将"不清楚"选项排除，不参加统计分析。

知识程度与被试参加教师质量监控频率之间存在显著负相关（见表 3-27）。

学校所在地从城市到乡镇到村屯，被试参加的监控频率逐渐增加。被试最高学历水平越高，职称水平越高，对自己教师质量监控频率越高，越是不缺乏专门监控知识的被试，监控意见受到重视程度越高，监控意见对教师质量影响程度越大，监控内容涵盖教师质量程度越大，不同学科，新老（不同职称）教师质量监控内容相同程度越高，不同学科，新老（不同职称）教师质量监控方式相同程度越高，监控越有反馈结果，给教师提供反馈意见频率越高，监控结果代表教师质量实际水平程度越高，监控结果促进教师质量提升程度越高，监控工作越是有指导，有监督检查，被试参加监控的频率越高。

表 3-27 参加教师质量监控频率与其他维度相关性分析

类别	参加学校教师质量频率
年龄	$r=0.003$, $p=0.946>0.05$, $n=527$
教龄	$r=-0.019$, $p=0.661>0.05$, $n=515$
第一学历	$r=-0.037$, $p=0.401>0.05$, $n=528$
最高学历	$r=-0.127^{**}$, $p=0.003<0.01$, $n=533$
学校所在地	$r=-0.089^{*}$, $p=0.044<0.05$, $n=515$
职称	$r=0.121^{**}$, $p=0.005<0.01$, $n=533$
学校教学质量	$r=0.040$, $p=0.355>0.05$, $n=533$
对自己教师质量监控频率	$r=0.486^{**}$, $p=0.000<0.01$, $n=535$
缺乏专门监控知识程度	$r=-0.166^{**}$, $p=0.000<0.01$, $n=491$
监控意见受重视程度	$r=0.308^{**}$, $p=0.000<0.01$, $n=460$
监控意见对教师质量影响程度	$r=0.377^{**}$, $p=0.000<0.01$, $n=467$
监控内容涵盖教师质量程度	$r=0.329^{**}$, $p=0.000<0.01$, $n=465$
不同学科教师质量监控内容相同程度	$r=0.183^{**}$, $p=0.000<0.01$, $n=459$
新老（不同职称）教师质量监控内容相同程度	$r=0.217^{**}$, $p=0.000<0.01$, $n=467$
不同学科教师质量监控方式相同程度	$r=0.139^{**}$, $p=0.000<0.01$, $n=475$
新老（不同职称）教师质量监控方式相同程度	$r=0.156^{**}$, $p=0.000<0.01$, $n=468$
有无监控反馈结果	$r=0.366^{**}$, $p=0.000<0.01$, $n=532$
是否给教师提供反馈意见	$r=0.374^{**}$, $p=0.000<0.01$, $n=523$
监控结果代表教师质量实际水平程度	$r=0.263^{**}$, $p=0.000<0.01$, $n=483$
监控结果促进教师质量提升程度	$r=0.265^{**}$, $p=0.000<0.01$, $n=477$
监控工作是否有指导	$r=0.258^{**}$, $p=0.000<0.01$, $n=462$
监控工作是否有监督检查	$r=0.284^{**}$, $p=0.000<0.01$, $n=463$

注：* $p<0.05$，** $p<0.01$。

2. 对自己教师质量监控频率与其他维度相关性分析

将对自己教师质量监控频率与其他维度进行相关性分析，数据结果显示，年龄、教龄、第一学历、学校所在地、职称、不同学科教师质量监控方式相同程度与被试对自己教师质量监控频率没有显著相关性（见表 3-28）。而最高学历、学校教学质量、参加教师质量监控频率、缺乏专门监控知识程度、监控意见受重视程度、监控意见对教师质量影响程度、监控内容涵盖教师质量程度、不同学科教师质量监控内容相同程度、新老（不同职称）教师质量监控内容相同程度、新老（不同职称）教师质量监控方式相同程度、有无监控反馈结果、是否给教师提供反馈意见、监控结果代表教师质量实际水平程度、监控结果促进教师质量提升程度、监控工作是否有指导、监控工作是否有监督检查与被试对自己教师质量监控频率之间存在显著相关，其中，最高学历、缺乏专门监控知识程度与被试对自己教师质量监控频率存在显著负相关（见表 3-28）。

表 3-28 对自己教师质量监控频率与其他维度相关性分析

类别	对自己教师质量监控频率
年龄	$r=0.028$, $p=0.515>0.05$, $n=527$
教龄	$r=-0.056$, $p=0.207>0.05$, $n=514$
第一学历	$r=-0.024$, $p=0.581>0.05$, $n=529$
最高学历	$r=-0.194^{**}$, $p=0.000<0.01$, $n=533$
学校所在地	$r=-0.042$, $p=0.339>0.05$, $n=514$
职称	$r=0.056$, $p=0.196>0.05$, $n=533$
学校教学质量	$r=0.184^{**}$, $p=0.000<0.01$, $n=538$
参加教师质量监控频率	$r=0.486^{**}$, $p=0.000<0.01$, $n=535$
缺乏专门监控知识程度	$r=-0.287^{**}$, $p=0.000<0.01$, $n=490$
监控意见受重视程度	$r=0.224^{**}$, $p=0.000<0.01$, $n=458$
监控意见对教师质量影响程度	$r=0.256^{**}$, $p=0.000<0.01$, $n=467$
监控内容涵盖教师质量程度	$r=0.339^{**}$, $p=0.000<0.01$, $n=463$
不同学科教师质量监控内容相同程度	$r=0.124^{**}$, $p=0.008<0.01$, $n=459$
新老（不同职称）教师质量监控内容相同程度	$r=0.100^{**}$, $p=0.031<0.01$, $n=466$
不同学科教师质量监控方式相同程度	$r=0.059$, $p=0.203>0.05$, $n=474$
新老（不同职称）教师质量监控方式相同程度	$r=0.137^{**}$, $p=0.003<0.01$, $n=467$
有无监控反馈结果	$r=0.316^{**}$, $p=0.000<0.01$, $n=532$
是否给教师提供反馈意见	$r=0.311^{**}$, $p=0.000<0.01$, $n=523$
监控结果代表教师质量实际水平程度	$r=0.218^{**}$, $p=0.000<0.01$, $n=483$
监控结果促进教师质量提升程度	$r=0.324^{**}$, $p=0.000<0.01$, $n=477$
监控工作是否有指导	$r=0.271^{**}$, $p=0.000<0.01$, $n=462$
监控工作是否有监督检查	$r=0.283^{**}$, $p=0.000<0.01$, $n=463$

注：$*$ $p<0.05$，$**$ $p<0.01$。

最高学历越高，学校教学质量越好，参加教师质量监控频率越高，越是不缺乏专门监控知识，监控意见受重视程度越高，监控意见对教师质量影响程度越大，监控内容涵盖教师质量程度越高，不同学科、新老（不同职称）教师质量监控内容相同程度越大，新老（不同职称）教师质量监控方式相同程度越高，越是有监控反馈结果，给教师提供反馈意见频率越高，监控结果代表教师质量实际水平程度越高，监控结果促进教师质量提升程度越高，监控工作越是有指导、有监督检查，被试对自己教师质量监控频率越高。

3. 缺乏专门监控知识程度与其他维度相关性分析

将缺乏专门监控知识程度与其他维度进行相关性分析，数据结果说明，年龄、教龄、第一学历、最高学历、学校所在地、职称、学校教学质量、监控意见受重视程度、监控意见对教师质量影响程度、不同学科教师质量监控内容相同程度、新老（不同职称）教师质量监控内容相同程度、不同学科教师质量监控方式相同程度、是否给教师提供反馈意见、监控结果代表教师质量实际水平程度、监控结果促进教师质量提升程度与缺乏专门监控知识程度之间没有显著相关性（见表 3-29）。而参加教师质量监控频率、对自己教师质量监控频率、监控内容涵盖教师质量程度、新老（不同职称）教师质量监控方式相同程度、有无监控反馈结果、监控工作是否有指导、监控工作是否有监督检查与缺乏专门监控知识程度之间存在显著负相关（见表 3-29）。

参加教师质量监控频率越高，对自己教师质量监控频率越高，监控内容涵盖教师质量程度越高，新老（不同职称）教师质量监控方式相同程度越高，越是有监控反馈结果，越是监控工作有指导、有监督检查，被试越不缺乏专门监控知识。

表 3-29　缺乏专门监控知识程度与其他维度相关性分析

类　别	缺乏专门监控知识程度
年龄	$r=0.016$, $p=0.725>0.05$, $n=483$
教龄	$r=0.038$, $p=0.413>0.05$, $n=470$
第一学历	$r=-0.044$, $p=0.339>0.05$, $n=482$
最高学历	$r=0.025$, $p=0.583>0.05$, $n=487$
学校所在地	$r=-0.060$, $p=0.192>0.05$, $n=468$
职称	$r=-0.022$, $p=0.628>0.05$, $n=488$
学校教学质量	$r=-0.085$, $p=0.059>0.05$, $n=492$
参加教师质量监控频率	$r=-0.166^{**}$, $p=0.000<0.01$, $n=491$
对自己教师质量监控频率	$r=-0.287^{**}$, $p=0.000<0.01$, $n=490$
监控意见受重视程度	$r=-0.009$, $p=0.852>0.05$, $n=448$

续表 3-29

类　别	缺乏专门监控知识程度
监控意见对教师质量影响程度	$r=-0.030$, $p=0.521>0.05$, $n=450$
监控内容涵盖教师质量程度	$r=-0.166^{**}$, $p=0.000<0.01$, $n=442$
不同学科教师质量监控内容相同程度	$r=-0.032$, $p=0.505>0.05$, $n=438$
新老（不同职称）教师质量监控内容相同程度	$r=-0.065$, $p=0.169>0.05$, $n=443$
不同学科教师质量监控方式相同程度	$r=-0.070$, $p=0.137>0.05$, $n=449$
新老（不同职称）教师质量监控方式相同程度	$r=-0.215^{**}$, $p=0.000<0.01$, $n=446$
有无监控反馈结果	$r=-0.174^{**}$, $p=0.000<0.01$, $n=488$
是否给教师提供反馈意见	$r=-0.087$, $p=0.056>0.05$, $n=480$
监控结果代表教师质量实际水平程度	$r=-0.076$, $p=0.105>0.05$, $n=453$
监控结果促进教师质量提升程度	$r=-0.092$, $p=0.051>0.05$, $n=447$
监控工作是否有指导	$r=-0.110^{*}$, $p=0.021<0.05$, $n=436$
监控工作是否有监督检查	$r=-0.138^{**}$, $p=0.004<0.01$, $n=435$

注：* $p<0.05$，** $p<0.01$。

（二）监控内容与其他维度相关性分析

1. 监控内容涵盖教师质量程度与其他维度相关性分析

将监控内容涵盖教师质量程度与其他维度进行相关性分析，数据结果显示，年龄、教龄、第一学历、最高学历、学校所在地、职称与监控内容涵盖教师质量程度之间没有显著相关性（见表 3-30）。而学校教学质量、参加教师质量监控频率、对自己教师质量监控频率、缺乏专门监控知识程度、监控意见受重视程度、监控意见对教师质量影响程度、不同学科教师质量监控内容相同程度、新老（不同职称）教师质量监控内容相同程度、不同学科教师质量监控方式相同程度、新老（不同职称）教师质量监控方式相同程度、有无监控反馈结果、是否给教师提供反馈意见、监控结果代表教师质量实际水平程度、监控结果促进教师质量提升程度、监控工作是否有指导、监控工作是否有监督检查与监控内容涵盖教师质量程度之间存在显著相关性，其中，缺乏专门监控知识程度与监控内容涵盖教师质量程度之间存在显著负相关（见表 3-30）。

学校教学质量越好，参加教师质量监控频率越高，对自己教师质量监控频率越高，越是不缺乏专门监控知识，监控意见受重视程度越大，监控意见对教师质量影响程度越大，不同学科教师质量监控内容相同程度越高，新老（不同职称）教师质量监控内容相同程度越高，不同学科教师质量监控方式相同程度越高，新老（不同职称）教师质量监控方式相同程度越高，越是有监控反馈结果，给教师提供反馈意见频率越高，监控结果代表教师质量实际水平程度越高，监控结果促进教师质量提升程度越高，监控工作越是有指导、有监督检查，监控内容涵盖教师质量程度越高。

表 3-30　监控内容涵盖教师质量程度与其他维度相关性分析

类　别	监控内容涵盖教师质量程度
年龄	$r=-0.003$, $p=0.938>0.05$, $n=524$
教龄	$r=-0.034$, $p=0.446>0.05$, $n=511$
第一学历	$r=-0.029$, $p=0.508>0.05$, $n=524$
最高学历	$r=-0.038$, $p=0.378>0.05$, $n=529$
学校所在地	$r=-0.085$, $p=0.056>0.05$, $n=510$
职称	$r=-0.066$, $p=0.130>0.05$, $n=529$
学校教学质量	$r=0.123^{**}$, $p=0.005<0.01$, $n=529$
参加教师质量监控频率	$r=0.329^{**}$, $p=0.000<0.01$, $n=465$
对自己教师质量监控频率	$r=0.339^{**}$, $p=0.000<0.01$, $n=463$
缺乏专门监控知识程度	$r=-0.166^{**}$, $p=0.000<0.01$, $n=442$
监控意见受重视程度	$r=0.310^{**}$, $p=0.000<0.01$, $n=430$
监控意见对教师质量影响程度	$r=0.356^{**}$, $p=0.000<0.01$, $n=436$
不同学科教师质量监控内容相同程度	$r=0.299^{**}$, $p=0.000<0.01$, $n=440$
新老（不同职称）教师质量监控内容相同程度	$r=0.223^{**}$, $p=0.000<0.01$, $n=444$
不同学科教师质量监控方式相同程度	$r=0.179^{**}$, $p=0.000<0.01$, $n=448$
新老（不同职称）教师质量监控方式相同程度	$r=0.251^{**}$, $p=0.000<0.01$, $n=443$
有无监控反馈结果	$r=0.498^{**}$, $p=0.000<0.01$, $n=465$
是否给教师提供反馈意见	$r=0.447^{**}$, $p=0.000<0.01$, $n=459$
监控结果代表教师质量实际水平程度	$r=0.485^{**}$, $p=0.000<0.01$, $n=450$
监控结果促进教师质量提升程度	$r=0.492^{**}$, $p=0.000<0.01$, $n=447$
监控工作是否有指导	$r=0.402^{**}$, $p=0.000<0.01$, $n=430$
监控工作是否有监督检查	$r=0.409^{**}$, $p=0.000<0.01$, $n=431$

注：* $p<0.05$，** $p<0.01$。

2. 不同学科教师质量监控内容相同程度与其他维度相关性分析

将不同学科教师质量监控内容相同程度与其他维度进行相关性分析，数据结果显示，年龄、教龄、学校所在地、职称、学校教学质量、缺乏专门监控知识程度与不同学科教师质量监控内容相同程度之间没有显著相关性（见表 3-31）。而第一学历、最高学历、参加教师质量监控频率、对自己教师质量监控频率、监控意见受重视程度、监控意见对教师质量影响程度、监控内容涵盖教师质量程度、新老（不同职称）教师质量监控内容相同程度、不同学科教师质量监控方式相同程度、新老（不同职称）教师质量监控方式相同程度、有无监控反馈结果、是否给教师提供反馈意见、监控结果代表教师质量实际水平程度、监控结果促进教师质量提升程度、监控工作是否有指导、监控工作是否有监督检查与不同学科教师质量监控内容相同程度之间存在显著相关性，其中，第一学历、最高学历与不同学科教师质量监控内容相同程度之间存在显著负相关（见表 3-31）。

表 3-31 不同学科教师质量监控内容相同程度与其他维度相关性分析

类　别	不同学科教师质量监控内容相同程度
年龄	$r=0.084$, $p=0.075>0.05$, $n=452$
教龄	$r=0.080$, $p=0.094>0.05$, $n=439$
第一学历	$r=-0.130^{**}$, $p=0.006<0.01$, $n=452$
最高学历	$r=-0.113^{*}$, $p=0.016<0.05$, $n=457$
学校所在地	$r=-0.026$, $p=0.586>0.05$, $n=439$
职称	$r=-0.030$, $p=0.522>0.05$, $n=456$
学校教学质量	$r=0.049$, $p=0.293>0.05$, $n=461$
参加教师质量监控频率	$r=0.183^{**}$, $p=0.000<0.01$, $n=459$
对自己教师质量监控频率	$r=0.124^{**}$, $p=0.008<0.01$, $n=459$
缺乏专门监控知识程度	$r=-0.032$, $p=0.505>0.05$, $n=438$
监控意见受重视程度	$r=0.137^{**}$, $p=0.005<0.01$, $n=424$
监控意见对教师质量影响程度	$r=0.176^{**}$, $p=0.000<0.01$, $n=429$
监控内容涵盖教师质量程度	$r=0.299^{**}$, $p=0.000<0.01$, $n=440$
新老（不同职称）教师质量监控内容相同程度	$r=0.437^{**}$, $p=0.000<0.01$, $n=448$
不同学科教师质量监控方式相同程度	$r=0.476^{**}$, $p=0.000<0.01$, $n=449$
新老（不同职称）教师质量监控方式相同程度	$r=0.386^{**}$, $p=0.000<0.01$, $n=446$
有无监控反馈结果	$r=0.168^{**}$, $p=0.000<0.01$, $n=461$
是否给教师提供反馈意见	$r=0.118^{*}$, $p=0.012<0.05$, $n=454$
监控结果代表教师质量实际水平程度	$r=0.335^{**}$, $p=0.000<0.01$, $n=447$
监控结果促进教师质量提升程度	$r=0.138^{**}$, $p=0.004<0.01$, $n=447$
监控工作是否有指导	$r=0.255^{**}$, $p=0.000<0.01$, $n=430$
监控工作是否有监督检查	$r=0.159^{**}$, $p=0.001<0.01$, $n=430$

注：* $p<0.05$，** $p<0.01$。

第一学历越高，最高学历越高，参加教师质量监控频率越高，对自己教师质量监控频率越高，监控意见受重视程度越大，监控意见对教师质量影响程度越大，监控内容涵盖教师质量程度越大，新老（不同职称）教师质量监控内容相同程度越高，不同学科教师质量监控方式相同程度越高，新老（不同职称）教师质量监控方式相同程度越高，越是有监控反馈结果，给教师提供反馈意见频率越高，监控结果代表教师质量实际水平程度越高，监控结果促进教师质量提升程度越高，监控工作越是有指导、有监督检查，不同学科教师质量监控内容相同程度越高。

3. 新老（不同职称）教师质量监控内容相同程度与其他维度相关性分析

将新老（不同职称）教师质量监控内容相同程度与其他维度进行相关性分析，数据结果显示，年龄、教龄、第一学历、最高学历、职称、学校教学质量、缺乏专门监控知识程度与新老（不同职称）教师质量监控内容相同程度之间没有显著相关性（见表3-32）。而学校所在地、参加教师质量监控频率、对自己教师质量监控频率、监控意见受重视程度、监控意见对教师质量影响程度、监控内容涵盖教师质量程度、不同学科教师质量监控内容相同程度、不同学科教师质量监控方式相同程度、新老（不同职称）教师质量监控方式相同程度、有无监控反馈结果、是否给教师提供反馈意见、监控结果代表教师质量实际水平程度、监控结果促进教师质量提升程度、监控工作是否有指导、监控工作是否有监督检查与新老（不同职称）教师质量监控内容相同程度之间存在显著相关性，其中，学校所在地与新老（不同职称）教师质量监控内容相同程度之间存在显著负相关（见表3-32）。

从城市到乡镇到村屯的被试学校，新老（不同职称）教师质量监控内容相同程度逐渐增加。参加教师质量监控频率越高，对自己教师质量监控频率越高，监控意见受重视程度越大，监控意见对教师质量影响程度越大，监控内容涵盖教师质量程度越大，不同学科教师质量监控内容相同程度越大，不同学科教师质量监控方式相同程度越高，新老（不同职称）教师质量监控方式相同程度越高，越是有监控反馈结果，给教师质量提供反馈意见频率越高，监控结果代表教师质量实际水平程度越高，监控结果促进教师质量提升程度越高，监控工作越是有指导、有监督检查，新老（不同职称）教师质量监控内容相同程度越高。

表3-32　新老（不同职称）教师质量监控内容相同程度与其他维度相关性分析

类　别	新老（不同职称）教师质量监控内容相同程度
年龄	$r=0.034$，$p=0.471>0.05$，$n=461$
教龄	$r=0.007$，$p=0.889>0.05$，$n=449$
第一学历	$r=-0.074$，$p=0.112>0.05$，$n=458$
最高学历	$r=-0.043$，$p=0.360>0.05$，$n=463$
学校所在地	$r=-0.204^{**}$，$p=0.000<0.01$，$n=444$

续表 3-32

类　别	新老（不同职称）教师质量监控内容相同程度
职称	$r=-0.059$, $p=0.203>0.05$, $n=463$
学校教学质量	$r=0.047$, $p=0.313>0.05$, $n=468$
参加教师质量监控频率	$r=0.217^{**}$, $p=0.000<0.01$, $n=467$
对自己教师质量监控频率	$r=0.100^{**}$, $p=0.031<0.01$, $n=466$
缺乏专门监控知识程度	$r=-0.065$, $p=0.169>0.05$, $n=443$
监控意见受重视程度	$r=0.126^{**}$, $p=0.009<0.01$, $n=426$
监控意见对教师质量影响程度	$r=0.100^{*}$, $p=0.038<0.05$, $n=432$
监控内容涵盖教师质量程度	$r=0.223^{**}$, $p=0.000<0.01$, $n=444$
不同学科教师质量监控内容相同程度	$r=0.437^{**}$, $p=0.000<0.01$, $n=448$
不同学科教师质量监控方式相同程度	$r=0.517^{**}$, $p=0.000<0.01$, $n=457$
新老（不同职称）教师质量监控方式相同程度	$r=0.623^{**}$, $p=0.000<0.01$, $n=451$
有无监控反馈结果	$r=0.207^{**}$, $p=0.000<0.01$, $n=468$
是否给教师提供反馈意见	$r=0.104^{*}$, $p=0.026<0.05$, $n=460$
监控结果代表教师质量实际水平程度	$r=0.226^{**}$, $p=0.000<0.01$, $n=449$
监控结果促进教师质量提升程度	$r=0.191^{**}$, $p=0.000<0.01$, $n=450$
监控工作是否有指导	$r=0.214^{**}$, $p=0.000<0.01$, $n=435$
监控工作是否有监督检查	$r=0.202^{**}$, $p=0.000<0.01$, $n=436$

注：* $p<0.05$，** $p<0.01$。

（三）监控方式与其他维度相关性分析

1. 不同学科教师质量监控方式相同程度与其他维度相关性分析

将不同学科教师质量监控方式相同程度与其他维度进行相关性分析，数据结果显示，年龄、教龄、第一学历、最高学历、学校所在地、职称、学校教学质量、对自己教师质量监控频率、缺乏专门监控知识程度、监控意见对教师质量影响程度、是否给教师提供反馈意见、监控结果促进教师质量提升程度与不同学科教师质量监控方式相同程度之间没有显著相关性（见表 3-33）。而参加教师质量监控频率、监控意见受重视程度、监控内容涵盖教师质量程度、不同学科教师质量监控内容相同程度、新老（不同职称）教师质量监控内容相同程度、新老（不同职称）教师质量监控方式相同程度、有无监控反馈结果、监控结果代表教师质量实际水平程度、监控工作是否有指导、监控工作是否有监督检查与不同学科教师质量监控方式相同程度之间存在显著相关性（见表 3-33）。

参加教师质量监控频率越高，监控意见受重视程度越大，监控内容涵盖教师质量程度越大，不同学科教师质量监控内容相同程度越大，新老（不同职称）教师质量监控内容相同程度越大，新老（不同职称）教师质量监控方式相同程度越高，越是有监控反馈结果，监控结果代表教师质量实际水平程度越高，监控工作越是有指导、有监督检查，不同学科教师质量监控方式相同程度越高。

表 3-33　不同学科教师质量监控方式相同程度与其他维度相关性分析

类　　别	不同学科教师质量监控方式相同程度
年龄	$r=0.060$，$p=0.193>0.05$，$n=470$
教龄	$r=0.045$，$p=0.339>0.05$，$n=457$
第一学历	$r=-0.084$，$p=0.068>0.05$，$n=467$
最高学历	$r=-0.014$，$p=0.761>0.05$，$n=472$
学校所在地	$r=-0.021$，$p=0.660>0.05$，$n=454$
职称	$r=-0.031$，$p=0.504>0.05$，$n=472$
学校教学质量	$r=0.031$，$p=0.500>0.05$，$n=477$
参加教师质量监控频率	$r=0.139^{**}$，$p=0.000<0.01$，$n=475$
对自己教师质量监控频率	$r=0.059$，$p=0.203>0.05$，$n=474$
缺乏专门监控知识程度	$r=-0.070$，$p=0.137>0.05$，$n=449$
监控意见受重视程度	$r=0.113^{*}$，$p=0.018<0.05$，$n=434$
监控意见对教师质量影响程度	$r=0.026$，$p=0.587>0.05$ $n=441$
监控内容涵盖教师质量程度	$r=0.179^{**}$，$p=0.000<0.01$，$n=448$
不同学科教师质量监控内容相同程度	$r=0.476^{**}$，$p=0.000<0.01$，$n=449$
新老（不同职称）教师质量监控内容相同程度	$r=0.517^{**}$，$p=0.000<0.01$，$n=457$
新老（不同职称）教师质量监控方式相同程度	$r=0.622^{**}$，$p=0.000<0.01$，$n=459$
有无监控反馈结果	$r=0.185^{**}$，$p=0.000<0.01$，$n=477$
是否给教师提供反馈意见	$r=0.049$，$p=0.290>0.05$，$n=469$
监控结果代表教师质量实际水平程度	$r=0.241^{**}$，$p=0.000<0.01$，$n=457$
监控结果促进教师质量提升程度	$r=0.063$，$p=0.180>0.05$，$n=456$
监控工作是否有指导	$r=0.109^{*}$，$p=0.022<0.05$，$n=439$
监控工作是否有监督检查	$r=0.149^{**}$，$p=0.002<0.01$，$n=438$

注：$*\ p<0.05$，$**\ p<0.01$。

2. 新老（不同职称）教师质量监控方式相同程度与其他维度相关性分析

将新老（不同职称）教师质量监控方式相同程度与其他维度进行相关性分析，数据结果显示，教龄、最高学历、职称、学校教学质量、监控意见对教师质量影响程度、是否给教师提供反馈意见与新老（不同职称）教师质量监控方式相同程度之间没有显著相关性（见表3-34）。而年龄、第一学历、学校所在地、参加教师质量监控频率、对自己教师质量监控频率、缺乏专门监控知识程度、监控意见受重视程度、监控内容涵盖教师质量程度、不同学科教师质量监控内容相同程度、新老（不同职称）教师质量监控内容相同程度、不同学科教师质量监控方式相同程度、有无监控反馈结果、监控结果代表教师质量实际水平程度、监控结果促进教师质量提升程度、监控工作是否有指导、监控工作是否有监督检查与新老（不同职称）教师质量监控方式相同程度之间存在显著相关性，其中，第一学历、学校所在地、缺乏专门监控知识程度与新老（不同职称）教师质量监控方式相同程度之间存在显著负相关（见表3-34）。

表3-34　新老（不同职称）教师质量监控方式相同程度与其他维度相关性分析

类　别	新老（不同职称）教师质量监控方式相同程度
年龄	$r=0.122^{**}$, $p=0.009<0.01$, $n=462$
教龄	$r=0.049$, $p=0.296>0.05$, $n=449$
第一学历	$r=-0.110^{*}$, $p=0.019<0.05$, $n=460$
最高学历	$r=-0.068$, $p=0.146>0.05$, $n=465$
学校所在地	$r=-0.097^{*}$, $p=0.040<0.05$, $n=448$
职称	$r=-0.085$, $p=0.068>0.05$, $n=465$
学校教学质量	$r=0.055$, $p=0.234>0.05$, $n=470$
参加教师质量监控频率	$r=0.156^{**}$, $p=0.000<0.01$, $n=468$
对自己教师质量监控频率	$r=0.137^{**}$, $p=0.003<0.01$, $n=467$
缺乏专门监控知识程度	$r=-0.215^{**}$, $p=0.000<0.01$, $n=446$
监控意见受重视程度	$r=0.145^{**}$, $p=0.003<0.01$, $n=430$
监控意见对教师质量影响程度	$r=0.020$, $p=0.681>0.05$, $n=435$
监控内容涵盖教师质量程度	$r=0.251^{**}$, $p=0.000<0.01$, $n=443$
不同学科教师质量监控内容相同程度	$r=0.386^{**}$, $p=0.000<0.01$, $n=446$
新老（不同职称）教师质量监控内容相同程度	$r=0.623^{**}$, $p=0.000<0.01$, $n=451$
不同学科教师质量监控方式相同程度	$r=0.622^{**}$, $p=0.000<0.01$, $n=459$
有无监控反馈结果	$r=0.244^{**}$, $p=0.000<0.01$, $n=470$
是否给教师提供反馈意见	$r=0.056$, $p=0.232>0.05$, $n=463$
监控结果代表教师质量实际水平程度	$r=0.191^{**}$, $p=0.000<0.01$, $n=452$
监控结果促进教师质量提升程度	$r=0.152^{**}$, $p=0.001<0.01$, $n=450$
监控工作是否有指导	$r=0.151^{**}$, $p=0.002<0.01$, $n=437$
监控工作是否有监督检查	$r=0.179^{**}$, $p=0.000<0.01$, $n=434$

注：* $p<0.05$，** $p<0.01$。

从城市学校到乡镇学校到村屯被试学校，新老（不同职称）教师质量监控方式相同程度增加。年龄越大，第一学历越高，参加教师质量监控频率越高，对自己教师质量监控频率越高，越是不缺乏专门监控知识程度，监控意见受重视程度越大，监控内容涵盖教师质量程度越大，不同学科教师质量监控内容相同程度越大，新老（不同职称）教师质量监控内容相同程度越大，不同学科教师质量监控方式相同程度越大，越是有监控反馈结果，监控结果代表教师质量实际水平程度越高，监控结果促进教师质量提升程度越高，监控工作越是有指导、有监督检查，新老（不同职称）教师质量监控方式相同程度越高。

（四）监控效果及反馈与其他维度相关性分析

1. 监控意见受重视程度与其他维度相关性分析

将监控意见受重视程度与其他维度进行相关性分析，数据结果说明，年龄、教龄、第一学历、最高学历、学校所在地、缺乏专门监控知识程度与监控意见受重视程度之间没有显著相关（见表 3-35）。而职称、学校教学质量、参加教师质量监控频率、对自己教师质量监控频率、监控意见对教师质量影响程度、监控内容涵盖教师质量程度、不同学科教师质量监控内容相同程度、新老（不同职称）教师质量监控内容相同程度、不同学科教师质量监控方式相同程度、新老（不同职称）教师质量监控方式相同程度、有无监控反馈结果、是否给教师提供反馈意见、监控结果代表教师质量实际水平程度、监控结果促进教师质量提升程度、监控工作是否有指导、监控工作是否有监督检查与监控意见受重视程度之间存在显著相关（见表 3-35）。

职称越高，学校教学质量越好，参加教师质量监控频率越高，对自己教师质量监控频率越高，监控意见对教师质量影响程度越大，监控内容涵盖教师质量程度越高，不同学科教师质量监控内容相同程度越大，新老（不同职称）教师质量监控内容相同程度越大，不同学科教师质量监控方式相同程度，新老（不同职称）教师质量监控方式相同程度，越是有监控反馈结果，给教师提供反馈意见频率越高，监控结果代表教师质量实际水平程度越大，监控结果促进教师质量提升程度越大，监控工作越是有指导、有监督检查，被试的监控意见受重视程度越高。

表 3-35　监控意见受重视程度与其他维度相关性分析

类　别	监控意见受重视程度
年龄	$r=0.003$, $p=0.947>0.05$, $n=451$
教龄	$r=-0.034$, $p=0.481>0.05$, $n=439$
第一学历	$r=-0.003$, $p=0.953>0.05$, $n=450$
最高学历	$r=-0.037$, $p=0.425>0.05$, $n=455$

续表 3-35

类　别	监控意见受重视程度
学校所在地	$r=-0.091$, $p=0.058>0.05$, $n=437$
职称	$r=0.123^{**}$, $p=0.008<0.01$, $n=456$
学校教学质量	$r=0.190^{**}$, $p=0.000<0.01$, $n=460$
参加教师质量监控频率	$r=0.308^{**}$, $p=0.000<0.01$, $n=460$
对自己教师质量监控频率	$r=0.224^{**}$, $p=0.000<0.01$, $n=458$
缺乏专门监控知识程度	$r=-0.009$, $p=0.852>0.05$, $n=448$
监控意见对教师质量影响程度	$r=0.648^{**}$, $p=0.000<0.01$, $n=446$
监控内容涵盖教师质量程度	$r=0.310^{**}$, $p=0.000<0.01$, $n=430$
不同学科教师质量监控内容相同程度	$r=0.137^{**}$, $p=0.005<0.01$, $n=424$
新老（不同职称）教师质量监控内容相同程度	$r=0.126^{**}$, $p=0.009<0.01$, $n=426$
不同学科教师质量监控方式相同程度	$r=0.113^{*}$, $p=0.018<0.05$, $n=434$
新老（不同职称）教师质量监控方式相同程度	$r=0.145^{**}$, $p=0.003<0.01$, $n=430$
有无监控反馈结果	$r=0.414^{**}$, $p=0.000<0.01$, $n=458$
是否给教师提供反馈意见	$r=0.438^{**}$, $p=0.000<0.01$, $n=449$
监控结果代表教师质量实际水平程度	$r=0.222^{**}$, $p=0.000<0.01$, $n=438$
监控结果促进教师质量提升程度	$r=0.296^{**}$, $p=0.000<0.01$, $n=434$
监控工作是否有指导	$r=0.318^{**}$, $p=0.000<0.01$, $n=424$
监控工作是否有监督检查	$r=0.211^{**}$, $p=0.000<0.01$, $n=422$

注：* $p<0.05$，** $p<0.01$。

2. 监控意见对教师质量影响程度与其他维度相关性分析

将监控意见对教师质量影响程度与其他维度进行相关性分析，数据结果说明，年龄、教龄、第一学历、最高学历、学校所在地、缺乏专门监控知识程度、不同学科教师质量监控方式相同程度、新老（不同职称）教师质量监控方式相同程度与监控意见对教师质量影响程度之间没有显著相关性（见表 3-36）。而职称、学校教学质量、参加教师质量监控频率、对自己教师质量监控频率、监控意见受重视程度、监控内容涵盖教师质量程度、不同学科教师质量监控内容相同程度、新老（不同职称）教师质量监控内容相同程度、有无监控反馈结果、是否给教师提供反馈意见、监控结果代表教师质量实际水平程度、监控结果促进教师质量提升程度、监控工作是否有指导、监控工作是否有监督检查与监控意见对教师质量影响程度之间存在显著相关性（见表 3-36）。

职称越高，学校教学质量越好，参加教师质量监控频率越高，对自己教师质量监控频率越高，监控意见受重视程度越高，监控内容涵盖教师质量程度越高，不同学科教师质量监控内容相同程度越高，新老（不同职称）教师质量监控内容相同程度越高，越是有监控反馈结果，给教师提供反馈意见频率越高，监控结果代表教师质量实际水平程度越高，监控结果促进教师质量提升程度越高，监控工作越是有指导、有监督检查，被试监控意见对教师质量影响程度越大。

表 3-36　监控意见对教师质量影响程度与其他维度相关性分析

类　别	监控意见对教师质量影响程度
年龄	$r=0.028$，$p=0.550>0.05$，$n=460$
教龄	$r=0.028$，$p=0.550>0.05$，$n=448$
第一学历	$r=0.016$，$p=0.735>0.05$，$n=459$
最高学历	$r=-0.046$，$p=0.326>0.05$，$n=464$
学校所在地	$r=-0.065$，$p=0.167>0.05$，$n=447$
职称	$r=0.117^{*}$，$p=0.012<0.05$，$n=465$
学校教学质量	$r=0.108^{*}$，$p=0.019<0.05$，$n=469$
参加教师质量监控频率	$r=0.377^{**}$，$p=0.000<0.01$，$n=467$
对自己教师质量监控频率	$r=0.256^{**}$，$p=0.000<0.01$，$n=467$
缺乏专门监控知识程度	$r=-0.030$，$p=0.521>0.05$，$n=450$
监控意见受重视程度	$r=0.648^{**}$，$p=0.000<0.01$，$n=446$
监控内容涵盖教师质量程度	$r=0.356^{**}$，$p=0.000<0.01$，$n=436$
不同学科教师质量监控内容相同程度	$r=0.176^{**}$，$p=0.000<0.01$，$n=429$
新老（不同职称）教师质量监控内容相同程度	$r=0.100^{*}$，$p=0.038<0.05$，$n=432$
不同学科教师质量监控方式相同程度	$r=0.026$，$p=0.587>0.05$，$n=441$
新老（不同职称）教师质量监控方式相同程度	$r=0.020$，$p=0.681>0.05$，$n=435$
有无监控反馈结果	$r=0.338^{**}$，$p=0.000<0.01$，$n=468$
是否给教师提供反馈意见	$r=0.456^{**}$，$p=0.000<0.01$，$n=459$
监控结果代表教师质量实际水平程度	$r=0.332^{**}$，$p=0.000<0.01$，$n=446$
监控结果促进教师质量提升程度	$r=0.369^{**}$，$p=0.000<0.01$，$n=445$
监控工作是否有指导	$r=0.320^{**}$，$p=0.000<0.01$，$n=427$
监控工作是否有监督检查	$r=0.243^{**}$，$p=0.000<0.01$，$n=424$

注：* $p<0.05$，** $p<0.01$。

3. 有无监控反馈结果与其他维度相关性分析

将有无监控反馈结果与其他维度进行相关性分析，数据结果显示，年龄、教龄、第一学历、学校所在地与有无监控反馈结果之间没有显著相关性（见表 3-37）。而最高学历、职称、学校教学质量、参加教师质量监控频率、对自己教师质量监控频率、缺乏专门监控知识程度、监控意见受重视程度、监控意见对教师质量影响程度、监控内容涵盖教师质量程度、不同学科教师质量监控内容相同程度、新老（不同职称）教师质量监控内容相同程度、不同学科教师质量监控方式相同程度、新老（不同职称）教师质量监控方式相同程度、是否给教师提供反馈意见、监控结果代表教师质量实际水平程度、监控结果促进教师质量提升程度、监控工作是否有指导、监控工作是否有监督检查与有无监控反馈结果之间存在显著相关性，其中，最高学历、缺乏专门监控知识程度与有无监控反馈结果之间存在显著负相关（见表 3-37）。

最高学历越高，职称越高，学校教学质量越高，参加教师质量监控频率越高，对自己教师质量监控频率越高，越是不缺乏专门监控知识，监控意见受重视程度越大，监控意见对教师质量影响程度越大，监控内容涵盖教师质量程度越大，不同学科教师质量监控内容相同程度越大，新老（不同职称）教师质量监控内容相同程度越大，不同学科教师质量监控方式相同程度越大，新老（不同职称）教师质量监控方式相同程度越大，给教师提供反馈意见频率越高，监控结果代表教师质量实际水平程度越高，监控结果促进教师质量提升程度越高，监控工作越是有指导、有监督检查，监控反馈结果就越多。

表 3-37　有无监控反馈结果与其他维度相关性分析

类　别	有无监控反馈结果
年龄	$r=0.050$, $p=0.249>0.05$, $n=524$
教龄	$r=0.016$, $p=0.719>0.05$, $n=511$
第一学历	$r=-0.043$, $p=0.322>0.05$, $n=525$
最高学历	$r=-0.099^{*}$, $p=0.022<0.05$, $n=530$
学校所在地	$r=-0.009$, $p=0.833>0.05$, $n=511$
职称	$r=0.102^{*}$, $p=0.019<0.05$, $n=530$
学校教学质量	$r=0.222^{**}$, $p=0.000<0.01$, $n=535$
参加教师质量监控频率	$r=0.366^{**}$, $p=0.000<0.01$, $n=532$
对自己教师质量监控频率	$r=0.316^{**}$, $p=0.000<0.01$, $n=532$
缺乏专门监控知识程度	$r=-0.174^{**}$, $p=0.000<0.01$, $n=488$
监控意见受重视程度	$r=0.414^{**}$, $p=0.000<0.01$, $n=458$
监控意见对教师质量影响程度	$r=0.338^{**}$, $p=0.000<0.01$, $n=468$
监控内容涵盖教师质量程度	$r=0.498^{**}$, $p=0.000<0.01$, $n=465$
不同学科教师质量监控内容相同程度	$r=0.168^{**}$, $p=0.000<0.01$, $n=461$
新老（不同职称）教师质量监控内容相同程度	$r=0.207^{**}$, $p=0.000<0.01$, $n=468$
不同学科教师质量监控方式相同程度	$r=0.185^{**}$, $p=0.000<0.01$, $n=477$
新老（不同职称）教师质量监控方式相同程度	$r=0.244^{**}$, $p=0.000<0.01$, $n=470$
是否给教师提供反馈意见	$r=0.647^{**}$, $p=0.000<0.01$, $n=524$
监控结果代表教师质量实际水平程度	$r=0.507^{**}$, $p=0.000<0.01$, $n=483$
监控结果促进教师质量提升程度	$r=0.489^{**}$, $p=0.000<0.01$, $n=478$
监控工作是否有指导	$r=0.524^{**}$, $p=0.000<0.01$, $n=463$
监控工作是否有监督检查	$r=0.438^{**}$, $p=0.000<0.01$, $n=462$

注：* $p<0.05$，** $p<0.01$。

4. 是否给教师提供反馈意见与其他维度相关性分析

将是否给教师提供反馈意见与其他维度进行相关性分析，数据结果显示，年龄、教龄、第一学历、学校所在地、缺乏专门监控知识程度、不同学科教师质量监控方式相同程度、新老（不同职称）教师质量监控方式相同程度与是否给教师提供反馈意见之间没有显著相关性（见表3-38）。而最高学历、职称、学校教学质量、参加教师质量监控频率、对自己教师质量监控频率、监控意见受重视程度、监控意见对教师质量影响程度、监控内容涵盖教师质量程度、不同学科教师质量监控内容相同程度、新老（不同职称）教师质量监控内容相同程度、有无监控反馈结果、监控结果代表教师质量实际水平程度、监控结果促进教师质量提升程度、监控工作是否有指导、监控工作是否有监督检查与是否给教师提供反馈意见之间存在显著相关性，其中，最高学历与是否给教师提供反馈意见之间存在显著负相关（见表3-38）。

表3-38　是否给教师提供反馈意见与其他维度相关性分析

类　　别	是否给教师提供反馈意见
年龄	$r=0.076$，$p=0.085>0.05$，$n=516$
教龄	$r=0.006$，$p=0.901>0.05$，$n=503$
第一学历	$r=-0.011$，$p=0.804>0.05$，$n=517$
最高学历	$r=-0.100^{*}$，$p=0.022<0.05$，$n=522$
学校所在地	$r=0.010$，$p=0.825>0.05$，$n=502$
职称	$r=0.114^{**}$，$p=0.009<0.01$，$n=521$
学校教学质量	$r=0.119^{**}$，$p=0.006<0.01$，$n=526$
参加教师质量监控频率	$r=0.374^{**}$，$p=0.000<0.01$，$n=523$
对自己教师质量监控频率	$r=0.311^{**}$，$p=0.000<0.01$，$n=523$
缺乏专门监控知识程度	$r=-0.087$，$p=0.056>0.05$，$n=480$
监控意见受重视程度	$r=0.438^{**}$，$p=0.000<0.01$，$n=449$
监控意见对教师质量影响程度	$r=0.456^{**}$，$p=0.000<0.01$，$n=459$
监控内容涵盖教师质量程度	$r=0.447^{**}$，$p=0.000<0.01$，$n=459$
不同学科教师质量监控内容相同程度	$r=0.118^{*}$，$p=0.012<0.05$，$n=454$
新老（不同职称）教师质量监控内容相同程度	$r=0.104^{*}$，$p=0.026<0.05$，$n=460$
不同学科教师质量监控方式相同程度	$r=0.049$，$p=0.290>0.05$，$n=469$
新老（不同职称）教师质量监控方式相同程度	$r=0.056$，$p=0.232>0.05$，$n=463$
有无监控反馈结果	$r=0.647^{**}$，$p=0.000<0.01$，$n=524$
监控结果代表教师质量实际水平程度	$r=0.496^{**}$，$p=0.000<0.01$，$n=477$
监控结果促进教师质量提升程度	$r=0.442^{**}$，$p=0.000<0.01$，$n=474$
监控工作是否有指导	$r=0.485^{**}$，$p=0.000<0.01$，$n=456$
监控工作是否有监督检查	$r=0.421^{**}$，$p=0.000<0.01$，$n=457$

注：$*p<0.05$，$**p<0.01$。

最高学历越高，职称越高，学校教学质量越高，参加教师质量监控频率越高，对自己教师质量监控频率越高，监控意见受重视程度越大，监控意见对教师质量影响程度越大，监控内容涵盖教师质量程度越大，不同学科教师质量监控内容相同程度越大，新老（不同职称）教师质量监控内容相同程度越大，越是有监控反馈结果，监控结果代表教师质量实际水平程度越高，监控结果促进教师质量提升程度越高，监控工作越是有指导、有监督检查，给教师提供反馈意见越多。

5. 监控结果代表教师质量实际水平程度与其他维度相关性分析

将监控结果代表教师质量实际水平程度与其他维度进行相关性分析，数据结果显示，年龄、教龄、第一学历、最高学历、学校所在地、职称、缺乏专门监控知识程度与监控结果代表教师质量实际水平程度之间没有显著相关性（见表 3-39）。而学校教学质量、参加教师质量监控频率、对自己教师质量监控频率、监控意见受重视程度、监控意见对教师质量影响程度、监控内容涵盖教师质量程度、不同学科教师质量监控内容相同程度、新老（不同职称）教师质量监控内容相同程度、不同学科教师质量监控方式相同程度、新老（不同职称）教师质量监控方式相同程度、有无监控反馈结果、是否给教师提供反馈意见、监控结果促进教师质量提升程度、监控工作是否有指导、监控工作是否有监督检查与监控结果代表教师质量实际水平程度之间存在显著相关性（见表 3-39）。

学校教学质量越高，参加教师质量监控频率越高，对自己教师质量监控频率越高，监控意见受重视程度越大，监控意见对教师质量影响程度越大，监控内容涵盖教师质量程度越大，不同学科教师质量监控内容相同程度越大，新老（不同职称）教师质量监控内容相同程度越大，不同学科教师质量监控方式相同程度越大，新老（不同职称）教师质量监控方式相同程度越大，越是有监控反馈结果，给教师提供反馈意见频率越高，监控结果促进教师质量提升程度越高，监控工作越是有指导、有监督检查，监控结果代表教师质量实际水平程度越高。

表 3-39 监控结果代表教师质量实际水平程度与其他维度相关性分析

类别	监控结果代表教师质量实际水平程度
年龄	$r=0.084$，$p=0.068>0.05$，$n=477$
教龄	$r=0.027$，$p=0.562>0.05$，$n=464$
第一学历	$r=0.008$，$p=0.866>0.05$，$n=475$
最高学历	$r=-0.077$，$p=0.092>0.05$，$n=480$
学校所在地	$r=-0.019$，$p=0.686>0.05$，$n=462$
职称	$r=0.087$，$p=0.057>0.05$，$n=480$
学校教学质量	$r=0.140^{**}$，$p=0.002<0.01$，$n=485$

续表 3-39

类　别	监控结果代表教师质量实际水平程度
参加教师质量监控频率	$r=0.263^{**}$，$p=0.000<0.01$，$n=483$
对自己教师质量监控频率	$r=0.218^{**}$，$p=0.000<0.01$，$n=483$
缺乏专门监控知识程度	$r=-0.076$，$p=0.105>0.05$，$n=453$
监控意见受重视程度	$r=0.222^{**}$，$p=0.000<0.01$，$n=438$
监控意见对教师质量影响程度	$r=0.332^{**}$，$p=0.000<0.01$，$n=446$
监控内容涵盖教师质量程度	$r=0.485^{**}$，$p=0.000<0.01$，$n=450$
不同学科教师质量监控内容相同程度	$r=0.335^{**}$，$p=0.000<0.01$，$n=447$
新老（不同职称）教师质量监控内容相同程度	$r=0.226^{**}$，$p=0.000<0.01$，$n=449$
不同学科教师质量监控方式相同程度	$r=0.241^{**}$，$p=0.000<0.01$，$n=457$
新老（不同职称）教师质量监控方式相同程度	$r=0.191^{**}$，$p=0.000<0.01$，$n=452$
有无监控反馈结果	$r=0.507^{**}$，$p=0.000<0.01$，$n=483$
是否给教师提供反馈意见	$r=0.496^{**}$，$p=0.000<0.01$，$n=477$
监控结果促进教师质量提升程度	$r=0.624^{**}$，$p=0.006<0.01$，$n=466$
监控工作是否有指导	$r=0.472^{**}$，$p=0.006<0.01$，$n=441$
监控工作是否有监督检查	$r=0.405^{**}$，$p=0.006<0.01$，$n=443$

注：$*p<0.05$，$**p<0.01$。

6. 监控结果促进教师质量提升程度与其他维度相关性分析

将监控结果促进教师质量提升程度与其他维度进行相关性分析，数据结果显示，年龄、教龄、第一学历、职称、缺乏专门监控知识程度、不同学科教师质量监控方式相同程度与监控结果促进教师质量提升程度之间没有显著相关性（见表 3-40）。而最高学历、学校所在地、学校教学质量、参加教师质量监控频率、对自己教师质量监控频率、监控意见受重视程度、监控意见对教师质量影响程度、监控内容涵盖教师质量程度、不同学科教师质量监控内容相同程度、新老（不同职称）教师质量监控内容相同程度、新老（不同职称）教师质量监控方式相同程度、有无监控反馈结果、是否给教师提供反馈意见、监控结果代表教师质量实际水平程度、监控工作是否有指导、监控工作是否有监督检查与监控结果促进教师质量提升程度之间存在显著相关性，其中，最高学历、学校所在地与监控结果促进教师质量提升程度之间存在显著负相关（见表 3-40）。

从城市学校到乡镇学校到村屯学校被试中，监控结果促进教师质量提升程度逐渐增加。最高学历越高监控结果促进教师质量提高程度越低。学校教学质量越高，参加教师质量监控频率越高，对自己教师质量监控频率越高，监控意见受重视程度越高，监控意见对教师质量影响程度越高，监控内容涵盖教师质量程度越高，不同学科教师质量监控内容相同程度越高，新老（不同职称）教师质量监控内容相同程度越高，新老（不同职称）教师质量监控方式相同程度越高，越是有监控反馈结果，给教师提供反馈意见频率越高，监控结果代表教师质量实际水平程度越高，监控工作越是有指导、有监督检查，监控结果促进教师质量提升程度越高。

表 3-40　监控结果促进教师质量提升程度与其他维度相关性分析

类　别	监控结果促进教师质量提升程度
年龄	$r=0.061$，$p=0.187>0.05$，$n=472$
教龄	$r=-0.033$，$p=0.486>0.055$，$n=459$
第一学历	$r=0.042$，$p=0.364>0.055$，$n=470$
最高学历	$r=-0.103^{*}$，$p=0.024<0.055$，$n=475$
学校所在地	$r=-0.094^{*}$，$p=0.044<0.055$，$n=458$
职称	$r=-0.006$，$p=0.900>0.055$，$n=474$
学校教学质量	$r=0.139^{**}$，$p=0.002<0.015$，$n=480$
参加教师质量监控频率	$r=0.265^{**}$，$p=0.000<0.01$，$n=477$
对自己教师质量监控频率	$r=0.324^{**}$，$p=0.000<0.01$，$n=477$
缺乏专门监控知识程度	$r=-0.092$，$p=0.051>0.05$，$n=447$
监控意见受重视程度	$r=0.296^{**}$，$p=0.000<0.01$，$n=434$
监控意见对教师质量影响程度	$r=0.369^{**}$，$p=0.000<0.01$，$n=445$
监控内容涵盖教师质量程度	$r=0.492^{**}$，$p=0.000<0.01$，$n=447$
不同学科教师质量监控内容相同程度	$r=0.138^{**}$，$p=0.004<0.01$，$n=447$
新老（不同职称）教师质量监控内容相同程度	$r=0.191^{**}$，$p=0.000<0.01$，$n=450$
不同学科教师质量监控方式相同程度	$r=0.063$，$p=0.180>0.05$，$n=456$
新老（不同职称）教师质量监控方式相同程度	$r=0.152^{**}$，$p=0.001<0.01$，$n=450$
有无监控反馈结果	$r=0.489^{**}$，$p=0.000<0.01$，$n=478$
是否给教师提供反馈意见	$r=0.442^{**}$，$p=0.000<0.01$，$n=474$
监控结果代表教师质量实际水平程度	$r=0.624^{**}$，$p=0.006<0.01$，$n=466$
监控工作是否有指导	$r=0.505^{**}$，$p=0.000<0.015$，$n=441$
监控工作是否有监督检查	$r=0.460^{**}$，$p=0.000<0.015$，$n=441$

注：$*p<0.05$，$**p<0.01$。

（五）对教师质量监控的再监控与其他维度相关性分析

1. 监控工作是否有指导与其他维度相关性分析

将监控工作是否有指导与其他维度进行相关性分析，数据结果显示，教龄、第一学历、最高学历、学校所在地、职称与监控工作是否有指导没有显著相关性（见表3-41）。而年龄、学校教学质量、参加教师质量监控频率、对自己教师质量监控频率、缺乏专门监控知识程度、监控意见受重视程度、监控意见对教师质量影响程度、监控内容涵盖教师质量程度、不同学科教师质量监控内容相同程度、新老（不同职称）教师质量监控内容相同程度、不同学科教师质量监控方式相同程度、新老（不同职称）教师质量监控方式相同程度、有无监控反馈结果、是否给教师提供反馈意见、监控结果代表教师质量实际水平程度、监控结果促进教师质量提升程度、监控工作是否有监督检查与监控工作是否有指导之间存在显著相关性，其中，缺乏专门监控知识程度与监控工作是否有指导之间存在显著负相关（见表3-41）。

年龄越大，学校教学质量越好，参加教师质量监控频率越高，对自己教师质量监控频率越高，越是不缺乏专门监控知识、监控意见受重视程度越高，监控意见对教师质量影响程度越高，监控内容涵盖教师质量程度越高，不同学科教师质量监控内容相同程度越高，新老（不同职称）教师质量监控内容相同程度越高，不同学科教师质量监控方式相同程度越高，新老（不同职称）教师质量监控方式相同程度越高，越是有监控反馈结果，给教师提供反馈意见频率越高，监控结果代表教师质量实际水平程度越高、监控结果促进教师质量提升程度越高，监控工作越是有监督检查，监控工作接受指导频率越高。

表3-41　监控工作是否有指导与其他维度相关性分析

类　别	监控工作是否有指导
年龄	$r=0.121^{**}$，$p=0.010\leqslant0.01$，$n=455$
教龄	$r=0.041$，$p=0.395>0.05$，$n=443$
第一学历	$r=-0.061$，$p=0.194>0.05$，$n=455$
最高学历	$r=-0.074$，$p=0.114>0.05$，$n=461$
学校所在地	$r=-0.012$，$p=0.809>0.05$，$n=440$
职称	$r=0.009$，$p=0.842>0.05$，$n=459$
学校教学质量	$r=0.158^{**}$，$p=0.001<0.01$，$n=464$
参加教师质量监控频率	$r=0.258^{**}$，$p=0.000<0.01$，$n=462$
对自己教师质量监控频率	$r=0.271^{**}$，$p=0.000<0.01$，$n=462$
缺乏专门监控知识程度	$r=-0.110^{*}$，$p=0.021<0.05$，$n=436$
监控意见受重视程度	$r=0.318^{**}$，$p=0.000<0.01$，$n=424$
监控意见对教师质量影响程度	$r=0.320^{**}$，$p=0.000<0.01$，$n=427$
监控内容涵盖教师质量程度	$r=0.402^{**}$，$p=0.000<0.01$，$n=430$
不同学科教师质量监控内容相同程度	$r=0.255^{**}$，$p=0.000<0.01$，$n=430$

续表 3-41

类　别	监控工作是否有指导
新老（不同职称）教师质量监控内容相同程度	$r=0.214^{**}$，$p=0.000<0.01$，$n=435$
不同学科教师质量监控方式相同程度	$r=0.109^{*}$，$p=0.022<0.05$，$n=439$
新老（不同职称）教师质量监控方式相同程度	$r=0.151^{**}$，$p=0.002<0.01$，$n=437$
有无监控反馈结果	$r=0.524^{**}$，$p=0.000<0.01$，$n=463$
是否给教师提供反馈意见	$r=0.485^{**}$，$p=0.000<0.01$，$n=456$
监控结果代表教师质量实际水平程度	$r=0.472^{**}$，$p=0.006<0.01$，$n=441$
监控结果促进教师质量提升程度	$r=0.505^{**}$，$p=0.000<0.015$，$n=441$
监控工作是否有监督检查	$r=0.742^{**}$，$p=0.000<0.01$，$n=452$

注：$*p<0.05$，$**p<0.01$。

2. 监控工作是否有监督检查与其他维度相关性分析

将监控工作是否有监督检查与其他维度进行相关性分析，数据结果显示，年龄、教龄、第一学历、最高学历、学校所在地、职称与监控工作是否有监督检查之间没有显著相关性（见表 3-42）。而学校教学质量、参加教师质量监控频率、对自己教师质量监控频率、缺乏专门监控知识程度、监控意见受重视程度、监控意见对教师质量影响程度、监控内容涵盖教师质量程度、不同学科教师质量监控内容相同程度、新老（不同职称）教师质量监控内容相同程度、不同学科教师质量监控方式相同程度、新老（不同职称）教师质量监控方式相同程度、有无监控反馈结果、是否给教师提供反馈意见、监控结果代表教师质量实际水平程度、监控结果促进教师质量提升程度、监控工作是否有指导与监控工作是否有监督检查之间存在显著相关性，其中，缺乏专门监控知识程度与监控工作是否有监督检查之间存在显著负相关性（见表 3-42）。

学校教学质量越高，参加教师质量监控频率越高，对自己教师质量监控频率越高，越是不缺乏专门监控知识程度，监控意见受重视程度越高，监控意见对教师质量影响程度越高，监控内容涵盖教师质量程度越高，不同学科教师质量监控内容相同程度越高，新老（不同职称）教师质量监控内容相同程度越高，不同学科教师质量监控方式相同程度越高，新老（不同职称）教师质量监控方式相同程度越高，越是有监控反馈结果，给教师提供反馈意见频率越高，监控结果代表教师质量实际水平程度越高，监控结果促进教师质量提升程度越高，监控工作越是有指导，监控工作越是有监督检查。

表 3-42 监控工作是否有监督检查与其他维度相关性分析

类　别	监控工作是否有监督检查
年龄	$r=0.081$，$p=0.084>0.05$，$n=456$
教龄	$r=-0.004$，$p=0.939>0.05$，$n=445$
第一学历	$r=-0.047$，$p=0.317>0.05$，$n=457$
最高学历	$r=-0.023$，$p=0.626>0.05$，$n=463$
学校所在地	$r=-0.048$，$p=0.319>0.05$，$n=441$
职称	$r=0.000$，$p=0.993>0.05$，$n=460$
学校教学质量	$r=0.114^{*}$，$p=0.014<0.05$，$n=465$
参加教师质量监控频率	$r=0.284^{**}$，$p=0.000<0.01$，$n=463$
对自己教师质量监控频率	$r=0.283^{**}$，$p=0.000<0.01$，$n=463$
缺乏专门监控知识程度	$r=-0.138^{**}$，$p=0.004<0.01$，$n=435$
监控意见受重视程度	$r=0.211^{**}$，$p=0.000<0.01$，$n=422$
监控意见对教师质量影响程度	$r=0.243^{**}$，$p=0.000<0.01$，$n=424$
监控内容涵盖教师质量程度	$r=0.409^{**}$，$p=0.000<0.01$，$n=431$
不同学科教师质量监控内容相同程度	$r=0.159^{**}$，$p=0.001<0.01$，$n=430$
新老（不同职称）教师质量监控内容相同程度	$r=0.202^{**}$，$p=0.000<0.01$，$n=436$
不同学科教师质量监控方式相同程度	$r=0.149^{**}$，$p=0.002<0.01$，$n=438$
新老（不同职称）教师质量监控方式相同程度	$r=0.179^{**}$，$p=0.000<0.01$，$n=434$
有无监控反馈结果	$r=0.438^{**}$，$p=0.000<0.01$，$n=462$
是否给教师提供反馈意见	$r=0.421^{**}$，$p=0.000<0.01$，$n=457$
监控结果代表教师质量实际水平程度	$r=0.405^{**}$，$p=0.006<0.01$，$n=443$
监控结果促进教师质量提升程度	$r=0.460^{**}$，$p=0.000<0.015$，$n=441$
监控工作是否有指导	$r=0.742^{**}$，$p=0.000<0.01$，$n=452$

注：$*p<0.05$，$**p<0.01$。

三、县域义务教育教师质量监控现状的回归分析

在分析之前建立一个多元的线性回归方程，利用 SPSS18.0 的回归分析功能，结合前面所做的县域内义务教育教师质量监控现状的相关性分析结果，采用逐步回归法对县域义务教育教师质量监控主体、监控内容、监控方式、监控反馈结果、监控的再监控与相关自变量进行回归分析来确定其相关显著性。

建立的回归方程为：

$$Y=\beta_0+\beta_1X_1+\beta_2X_2+\beta_3X_3+\cdots+\beta_iX_i+\varepsilon$$

式中，β_0为常数项；β_i为各自变量的待定系数（$i=1, 2, 3, 4, 5, \cdots, 16$

(18))；ε 为误差项。

（一）监控主体的多元回归分析

本研究设计了 3 个模型①，以参加教师质量监控频率作为因变量，将对自己的教师质量监控频率、不同学科教师监控内容相同程度、监控意见受重视程度 3 个方面作为自变量进行多元回归分析。

多元回归结果见表 3-43，表中列出了每个模型的标准化 β（回归系数），T 值、P 值（系数显著性检验），F 值、P 值（结构显著性检验）、R^2（判别系数）、调整后的 R^2，df（自由度）。

表 3-43　参加教师质量监控频率的多元回归分析结果

因变量	模型								
	模型 1			模型 2			模型 3		
	标准化 β	T 值	P 值	标准化 β	T 值	P 值	标准化 β	T 值	P 值
对自己的教师质量监控频率	0.518	10.837	0.000**	0.510	11.057	0.000**	0.480	10.235	0.000**
不同学科教师监控内容相同程度				0.228	4.935	0.000**	0.210	4.542	0.000**
监控意见受重视程度							0.131	2.767	0.006*
F 值（P 值）	117.449(0.000[a])			75.173(0.000[b])			53.709(0.000[c])		
R^2	0.268			0.320			0.336		
调整 R^2	0.266			0.315			0.329		
df	321			320			319		

因变量：参加教师质量监控频率。

模型 1：预测变量：（常量），对自己的教师质量监控频率；

模型 2：预测变量：（常量），对自己的教师质量监控频率、不同学科教师监控内容相同程度；

模型 3：预测变量：（常量），对自己的教师质量监控频率、不同学科教师监控内容相同程度、监控意见受重视程度。

模型 1：进入自变量——对自己的教师质量监控频率，此变量对参加教师质量监控频率解释度为 26.6%（调整 $R^2=0.266$），在 0.001 显著性水平上，模型 1 回归效果显著（$F=117.449$，$P=0.000<0.001$）。自变量对自己教师质量监控频率的标准化回归系数达到显著水平（$\beta=0.518$，$p=0.000<0.001$）。

模型 2：进一步进入自变量——不同学科教师监控内容相同程度，所有变量对参加教师质量监控频率的解释度为 31.5%（调整 $R^2=0.315$），在 0.001 显著性水平上，模型 2 回归效果显著（$F=75.173$，$P=0.000<0.001$）。自变量中，对自己的教师质量监控频率的标准化回归系数达到显著水平（$\beta=0.510$，$p=0.000$

① 在做多元回归前，为避免多重共线问题，首先在呈现显著高度相关的自变量间选出最重要的一项，然后将筛选的自变量与其他彼此之间没有高度相关的自变量一起纳入回归，最后有 3 个自变量进入回归模型。后面的多元回归模型设计都是如此。

<0.001），不同学科教师监控内容相同程度的标准化回归系数达到显著水平（$\beta=0.228$，$p=0.000<0.001$）

模型 3：进一步进入自变量——监控意见受重视程度，所有变量对参加教师质量监控频率的解释度为 32.9%（调整 $R^2=0.329$），在 0.001 显著性水平上，模型 3 回归效果显著（$F=53.709$，$P=0.000<0.001$）。自变量中，对自己的教师质量监控频率的标准化回归系数达到显著水平（$\beta=0.480$，$p=0.000<0.001$），不同学科教师监控内容相同程度的标准化回归系数达到显著水平（$\beta=0.210$，$p=0.000<0.001$），监控意见受重视程度的标准化回归系数达到显著水平（$\beta=0.131$，$p=0.000<0.001$）。

（二）监控内容的多元回归分析

本研究设计了 5 个模型，以教师质量监控内容涵盖教师质量程度作为因变量，将教师质量监控结果代表教师实际质量水平程度、是否给教师提出反馈意见、是否有教师质量监控反馈结果、监控意见对教师质量影响程度、是否有相关部门或个人对教师质量监控工作进行监督检查 5 个方面作为自变量进行多元回归分析。

多元回归结果见表 3-44，表中列出了每个模型的标准化 β（回归系数），T 值、P 值（系数显著性检验），F 值、P 值（结构显著性检验）、R^2（判别系数）、调整后的 R^2，df（自由度）。

模型 1：进入自变量——教师质量监控结果代表教师实际质量水平程度，此变量对教师质量监控内容涵盖教师质量程度解释度为 25.8%（调整 $R^2=0.258$），在 0.001 显著性水平上，模型 1 回归效果显著（$F=116.942$，$P=0.000<0.001$）。自变量教师质量监控结果代表教师实际质量水平程度的标准化回归系数达到显著水平（$\beta=0.510$，$p=0.000<0.001$）。

模型 2：进一步进入自变量——是否有监控反馈结果，所有变量对教师质量监控内容涵盖教师质量程度解释度为 33.4%（调整 $R^2=0.334$），在 0.001 显著性水平上，模型 2 回归效果显著（$F=84.316$，$P=0.000<0.001$）。自变量中，教师质量监控结果代表教师实际质量水平程度的标准化回归系数达到显著水平（$\beta=0.347$，$p=0.000<0.001$），是否给教师提出反馈意见的标准化回归系数达到显著水平（$\beta=0.322$，$p=0.000<0.001$）。

模型 3：进一步进入自变量——是否给教师提出反馈意见，所有变量对教师质量监控内容涵盖教师质量程度解释度为 35.7%（调整 $R^2=0.357$），在 0.001 显著性水平上，模型 3 回归效果显著（$F=62.646$，$P=0.000<0.001$）。自变量中，教师质量监控结果代表教师实际质量水平程度的标准化回归系数达到显著水平（$\beta=0.291$，$p=0.000<0.001$），是否给教师提出反馈意见的标准化回归系数达到显著水平（$\beta=0.225$，$p=0.000<0.001$），是否有教师质量监控反馈结果的标准化回归系数达到显著水平（$\beta=0.209$，$p=0.000<0.001$）。

表 3-44 监控内容涵盖教师质量程度的多元回归分析结果

因变量	模型														
	模型 1			模型 2			模型 3			模型 4			模型 5		
	标准化β	T 值	P 值	标准化β	T 值	P 值	标准化β	T 值	P 值	标准化β	T 值	P 值	标准化β	T 值	P 值
教师质量监控结果能代表教师实际质量水平程度	0.510	10.814	0.000**	0.347	6.681	0.000**	0.291	5.456	0.000**	0.270	5.075	0.000**	0.251	4.711	0.000**
是否给教师提出反馈意见				0.322	6.204	0.000**	0.225	3.894	0.000**	0.171	2.869	0.004*	0.142	2.360	0.019*
是否有教师质量监控反馈结果							0.209	3.623	0.000**	0.207	3.637	0.000**	0.174	3.011	0.003*
监控意见对教师质量影响程度										0.146	2.991	0.003*	0.143	2.956	0.003*
相关部门或个人对教师质量监控工作监督检查程度													0.132	2.600	0.010*
F 值（P 值）	116.942（0.000[a]）			84.316（0.000[b]）			62.646（0.000[c]）			50.353（0.000[d]）			42.339（0.000[e]）		
R^2	0.260			0.338			0.363			0.380			0.392		
调整 R^2	0.258			0.334			0.357			0.372			0.383		
df	332			331			330			329			328		

因变量：教师质量监控内容涵盖教师质量程度。

模型 1：预测变量：（常量），教师质量监控结果代表教师实际质量水平程度；

模型 2：预测变量：（常量），教师质量监控结果代表教师实际质量水平程度、是否给教师提出反馈意见；

模型 3：预测变量：（常量），教师质量监控结果代表教师实际质量水平程度、是否给教师提出反馈意见、是否有教师质量监控反馈结果；

模型 4：预测变量：（常量），教师质量监控结果代表教师实际质量水平程度、是否给教师提出反馈意见、是否有教师质量监控反馈结果、监控意见对教师质量影响程度；

模型 5：预测变量：（常量），教师质量监控结果代表教师实际质量水平程度、是否给教师提出反馈意见、是否有教师质量监控反馈结果、监控意见对教师质量影响程度、相关部门或个人对教师质量监控工作监督检查程度。

模型 4：进一步进入自变量——监控意见对教师质量影响程度，所有变量对教师质量监控内容涵盖教师质量程度解释度为 37.2%（调整 $R^2=0.372$），在 0.001 显著性水平上，模型 4 回归效果显著（$F=50.353$，$P=0.000<0.001$）。自变量中，教师质量监控结果代表教师实际质量水平程度的标准化回归系数达到显著水平（$\beta=0.270$，$p=0.000<0.001$），是否给教师提出反馈意见的标准化回归系数达到显著水平（$\beta=0.171$，$p=0.004<0.05$），是否有教师质量监控反馈结果的标准化回归系数达到显著水平（$\beta=0.207$，$p=0.000<0.001$），监控意见对教师质量影响程度的标准化回归系数达到显著水平（$\beta=0.146$，$p=0.003<0.05$）。

模型 5：进一步进入自变量——是否有对教师质量监控工作的监督检查，所有变量对教师质量监控内容涵盖教师质量程度解释度为 38.3%（调整 $R^2=0.383$），在 0.001 显著性水平上，模型 5 回归效果显著（$F=42.339$，$P=0.000<0.001$）。自变量中，教师质量监控结果代表教师实际质量水平程度的标准化回归系数达到显著水平（$\beta=0.251$，$p=0.000<0.001$），是否给教师提出反馈意见的标准化回归系数达到显著水平（$\beta=0.142$，$p=0.019<0.05$），是否有教师质量监控反馈结果的标准化回归系数达到显著水平（$\beta=0.174$，$p=0.003<0.05$），监控意见对教师质量影响程度的标准化回归系数达到显著水平（$\beta=0.143$，$p=0.003<0.05$），是否有对教师质量监控工作的监督检查的标准化回归系数达到显著水平（$\beta=0.132$，$p=0.010<0.05$）。

（三）监控方式的多元回归分析

本研究设计了 4 个模型，以新老（或不同职称）教师监控方式相同程度作为因变量，将不同学科教师的监控方式相同程度、新老（或不同职称）教师监控内容相同程度、缺乏专业监控知识程度、年龄段 4 个方面作为自变量进行多元回归分析。

多元回归结果见表 3-45，表中列出了每个模型的标准化 β（回归系数），T 值、P 值（系数显著性检验），F 值、P 值（结构显著性检验）、R^2（判别系数）、调整后的 R^2，df（自由度）。

模型 1：进入自变量——不同学科教师的监控方式相同程度，此变量对新老（或不同职称）教师监控方式相同程度解释度为 39.3%（调整 $R^2=0.393$），在 0.001 显著性水平上，模型 1 回归效果显著（$F=206.197$，$P=0.000<0.001$）。自变量不同学科教师的监控方式相同程度的标准化回归系数达到显著水平（$\beta=0.628$，$p=0.000<0.001$）。

模型 2：进一步进入自变量——新老（或不同职称）教师监控内容相同程度，所有变量对新老（或不同职称）教师监控方式相同程度解释度 49.1%（调整 $R^2=0.491$），在 0.001 显著性水平上，模型 2 回归效果显著（$F=154.046$，$P=0.000<0.001$）。自变量中，不同学科教师的监控方式相同程度的标准化回归

表 3-45 新老（或不同职称）教师监控方式相同程度的多元回归分析结果

因变量	模型											
	模型 1			模型 2			模型 3			模型 4		
	标准化β	*T* 值	*P* 值	标准化β	*T* 值	*P* 值	标准化β	*T* 值	*P* 值	标准化β	*T* 值	*P* 值
不同学科教师的监控方式相同程度	0.628	14.360	0.000**	0.438	9.371	0.000**	0.428	9.324	0.000**	0.427	9.384	0.000**
新老（或不同职称）教师监控内容相同程度				0.368	7.878	0.000**	0.362	7.874	0.000**	0.359	7.892	0.000**
缺乏专业监控知识程度							−0.145	−3.664	0.000**	−0.140	−3.587	0.000**
年龄段										0.105	2.686	0.008*
F 值（*P* 值）	206.197（0.000^a）			154.046（0.000^b）			111.222（0.000^c）			86.872（0.000^d）		
R^2	0.395			0.494			0.515			0.526		
调整 R^2	0.393			0.491			0.511			0.520		
df	316			315			314			313		

因变量：新老（或不同职称）教师监控方式相同程度。

模型 1：预测变量：（常量），不同学科教师的监控方式相同程度；

模型 2：预测变量：（常量），不同学科教师的监控方式相同程度、新老（或不同职称）教师监控内容相同程度；

模型 3：预测变量：（常量），不同学科教师的监控方式相同程度、新老（或不同职称）教师监控内容相同程度、缺乏专业监控知识程度；

模型 4：预测变量：（常量），不同学科教师的监控方式相同程度、新老（或不同职称）教师监控内容相同程度、缺乏专业监控知识程度、年龄段。

系数达到显著水平（β=0.438，p=0.000<0.001），新老（或不同职称）教师监控内容相同程度的标准化回归系数达到显著水平（β=0.368，p=0.000<0.001）。

模型3：进一步进入自变量——缺乏专业监控知识程度，所有变量对新老（或不同职称）教师监控方式相同程度解释度为51.1%（调整 R^2=0.511），在0.001显著性水平上，模型3回归效果显著（F=111.222，P=0.000<0.001）。自变量中，不同学科教师的监控方式相同程度的标准化回归系数达到显著水平（β=0.428，p=0.000<0.001），新老（或不同职称）教师监控内容相同程度的标准化回归系数达到显著水平（β=0.362，p=0.000<0.001），缺乏专业监控知识程度的标准化回归系数达到显著水平（β=-0.145，p=0.000<0.001）。

模型4：进一步进入自变量——年龄段，所有变量对新老（或不同职称）教师监控方式相同程度解释度为52.0%（调整 R^2=0.520），在0.001显著性水平上，模型4回归效果显著（F=86.872，P=0.000<0.001）。自变量中，不同学科教师的监控方式相同程度的标准化回归系数达到显著水平（β=0.427，p=0.000<0.001），新老（或不同职称）教师监控内容相同程度的标准化回归系数达到显著水平（β=0.359，p=0.000<0.001），缺乏专业监控知识程度的标准化回归系数达到显著水平（β=-0.140，p=0.000<0.001），不同年龄段的标准化回归系数达到显著水平（β=0.105，p=0.008<0.05）。

（四）教师质量监控反馈结果的多元回归分析

本研究设计了6个模型，以有无教师质量监控反馈结果作为因变量，将是否给教师提出反馈意见、教师质量监控的内容能涵盖教师质量程度、新老（或不同职称）教师监控方式相同程度、相关部门或个人对教师质量监控工作指导程度、监控意见受到重视程度、教师质量监控结果促进教师质量提升程度6个方面作为自变量进行多元回归分析。

多元回归结果见表3-46，列出了每一步的标准回归系数、系数显著性检验的 T 值（P 值）、结构显著性检验的 F 值（P 值）、判别系数 R^2、调整后的 R^2，自由度 df。

模型1：进入自变量——是否给教师提出反馈意见，此变量对有无教师质量监控反馈结果解释度为37.3%（调整 R^2=0.373），在0.001显著性水平上，模型1回归效果显著（F=197.764，P=0.000<0.001）。自变量是否给教师提出反馈意见的标准化回归系数达到显著水平（β=0.612，p=0.000<0.001）。

模型2：进入自变量——教师质量监控的内容能涵盖教师质量程度，所有变量对有无教师质量监控反馈结果解释度为43.2%（调整 R^2=0.432），在0.001显著性水平上，模型2回归效果显著（F=126.645，P=0.000<0.001）。自变量中，是否给教师提出反馈意见的标准化回归系数达到显著水平（β=0.464，p=0.000<0.001），教师质量监控的内容能涵盖教师质量程度的标准化回归系数达到显著水平（β=0.287，p=0.000<0.001）。

表 3-46 有无监控反馈结果的多元回归分析结果

因变量	模型																	
	模型 1			模型 2			模型 3			模型 4			模型 5			模型 6		
	标准化β	T 值	P 值	标准化β	T 值	P 值	标准化β	T 值	P 值	标准化β	T 值	P 值	标准化β	T 值	P 值	标准化β	T 值	P 值
是否给教师提出反馈意见	0.612	14.063	0.000**	0.464	9.602	0.000**	0.462	9.838	0.000**	0.382	7.744	0.000**	0.331	6.551	0.000**	0.296	5.808	0.000**
教师质量监控的内容能涵盖教师质量程度				0.287	5.924	0.000**	0.250	5.240	0.000**	0.215	4.569	0.000**	0.198	4.249	0.000**	0.163	3.468	0.001**
新老(或不同职称)教师监控方式相同程度							0.186	4.513	0.000**	0.176	4.399	0.000**	0.171	4.333	0.000**	0.171	4.396	0.000**
相关部门或个人对教师质量监控工作指导程度										0.201	4.383	0.000**	0.182	4.014	0.001**	0.144	3.124	0.002*
监控意见受到重视程度													0.156	3.554	0.000**	0.149	3.435	0.001**
监控结果促进教师质量提升程度																0.154	3.278	0.001**
F 值 (P 值)	197.764 (0.000[a])			126.645 (0.000[b])			96.191 (0.000[c])			80.950 (0.000[d])			69.590 (0.000[e])			61.517 (0.000[f])		
R^2	0.375			0.435			0.468			0.498			0.516			0.532		
调整 R^2	0.373			0.432			0.463			0.491			0.509			0.523		
df	330			329			328			327			326			325		

因变量：有无教师质量监控反馈结果。

模型 1：预测变量：(常量)，是否给教师提出反馈意见；

模型 2：预测变量：(常量)，是否给教师提出反馈意见、教师质量监控的内容能涵盖教师质量程度；

模型 3：预测变量：(常量)，是否给教师提出反馈意见、教师质量监控的内容能涵盖教师质量程度、新老（或不同职称）教师监控方式相同程度；

模型 4：预测变量：(常量)，是否给教师提出反馈意见、教师质量监控的内容能涵盖教师质量程度、新老（或不同职称）教师监控方式相同程度、相关部门或个人对教师质量监控工作指导程度；

模型 5：预测变量：(常量)，是否给教师提出反馈意见、教师质量监控的内容能涵盖教师质量程度、新老（或不同职称）教师监控方式相同程度、相关部门或个人对教师质量监控工作指导程度、监控意见受到重视程度；

模型 6：预测变量：(常量)，是否给教师提出反馈意见、教师质量监控的内容能涵盖教师质量程度、新老（或不同职称）教师监控方式相同程度、相关部门或个人对教师质量监控工作指导程度、监控意见受到重视程度、教师质量监控结果促进教师质量提升程度。

模型 3：进一步进入自变量——新老（或不同职称）教师监控方式相同程度，所有变量对有无教师质量监控反馈结果解释度为 46.3%（调整 $R^2=0.463$），在 0.001 显著性水平上，模型 3 回归效果显著（$F=96.191$，$P=0.000<0.001$）。自变量中，是否给教师提出反馈意见的标准化回归系数达到显著水平（$\beta=0.462$，$p=0.000<0.001$），教师质量监控的内容能涵盖教师质量程度的标准化回归系数达到显著水平（$\beta=0.250$，$p=0.000<0.001$），新老（或不同职称）教师监控方式相同程度的标准化回归系数达到显著水平（$\beta=0.186$，$p=0.000<0.001$）。

模型 4：进一步进入自变量——相关部门或个人对教师质量监控工作指导程度，所有变量对有无教师质量监控反馈结果解释度为 49.1%（调整 $R^2=0.491$），在 0.001 显著性水平上，模型 4 回归效果显著（$F=80.950$，$P=0.000<0.001$）。自变量中，是否给教师提出反馈意见的标准化回归系数达到显著水平（$\beta=0.382$，$p=0.000<0.001$），教师质量监控的内容能涵盖教师质量程度的标准化回归系数达到显著水平（$\beta=0.215$，$p=0.000<0.001$），新老（或不同职称）教师监控方式相同程度的标准化回归系数达到显著水平（$\beta=0.176$，$p=0.000<0.001$），相关部门或个人对教师质量监控工作指导程度的标准化回归系数达到显著水平（$\beta=0.201$，$p=0.000<0.001$）。

模型 5：进一步进入自变量——监控意见受到重视程度，所有变量对有无教师质量监控反馈结果解释度为 50.9%（调整 $R^2=0.509$），在 0.001 显著性水平上，模型 5 回归效果显著（$F=69.590$，$P=0.000<0.001$）。自变量中，是否给教师提出反馈意见的标准化回归系数达到显著水平（$\beta=0.331$，$p=0.000<0.001$），教师质量监控的内容能涵盖教师质量程度的标准化回归系数达到显著水平（$\beta=0.198$，$p=0.000<0.001$），新老（或不同职称）教师监控方式相同程度的标准化回归系数达到显著水平（$\beta=0.171$，$p=0.000<0.001$），相关部门或个人对教师质量监控工作指导程度的标准化回归系数达到显著水平（$\beta=0.182$，$p=0.001$），监控意见受到重视程度的标准化回归系数达到显著水平（$\beta=0.156$，$p=0.000<0.001$）。

模型 6：进一步进入自变量——教师质量监控结果促进教师质量提升程度，所有变量对有无教师质量监控反馈结果解释度为 52.3%（调整 $R^2=0.523$），在 0.001 显著性水平上，模型 6 回归效果显著（$F=61.517$，$P=0.000<0.001$）。自变量中，是否给教师提出反馈意见的标准化回归系数达到显著水平（$\beta=0.296$，$p=0.000<0.001$），教师质量监控的内容能涵盖教师质量程度的标准化回归系数达到显著水平（$\beta=0.163$，$p=0.001$），新老（或不同职称）教师监控方式相同程度的标准化回归系数达到显著水平（$\beta=0.171$，$p=0.000<0.001$），相关部门或个人对教师质量监控工作指导程度的标准化回归系数达到显著水平（$\beta=$

0.144，p=0.002<0.05)，监控意见受到重视程度的标准化回归系数达到显著水平（β=0.149，p=0.001)，教师质量监控结果促进教师质量提升程度的标准化回归系数达到显著水平（β=0.154，p=0.001)。

（五）对教师质量监控再监控的多元回归分析

本研究设计了3个模型，以是否有相关部门或个人对教师质量监控工作进行监督检查作为因变量，将相关部门或个人对教师质量监控工作给予指导程度、教师质量监控内容涵盖教师质量程度、教师质量监控结果促进教师质量提升程度3个方面作为自变量进行多元回归分析。

多元回归结果见表3-47，列出了每一步的标准回归系数、系数显著性检验的T值（P值)、结构显著性检验的F值（P值)、判别系数R^2、调整后的R^2，自由度df。

表3-47 是否有相关部门或个人对教师质量监控工作进行监督检查的多元回归分析结果

因变量	模型								
	模型1			模型2			模型3		
	标准化β	T值	P值	标准化β	T值	P值	标准化β	T值	P值
相关部门或个人对教师质量监控工作给予指导程度	0.712	18.478	0.000**	0.649	16.031	0.000**	0.613	14.309	0.000**
教师质量监控内容涵盖教师质量程度				0.170	4.194	0.000**	0.131	3.030	0.003*
教师质量监控结果促进教师质量提升程度							0.109	2.415	0.016*
F值（P值）	341.449（0.000[a]）			188.046（0.000[b]）			129.140（0.000[c]）		
R^2	0.507			0.532			0.540		
调整R^2	0.506			0.529			0.536		
df	332			331			330		

因变量：是否有相关部门或个人对教师质量监控工作进行监督检查。

模型1：预测变量：（常量)，相关部门或个人对教师质量监控工作给予指导程度；

模型2：预测变量：（常量)，相关部门或个人对教师质量监控工作给予指导程度、教师质量监控内容涵盖教师质量程度；

模型3：预测变量：（常量)，相关部门或个人对教师质量监控工作给予指导程度、教师质量监控内容涵盖教师质量程度、教师质量监控结果促进教师质量提升程度。

模型1：进入自变量——相关部门或个人对教师质量监控工作给予指导程度，此变量对是否有相关部门或个人对教师质量监控工作进行监督检查解释度为50.6%（调整R^2=0.506)，在0.001显著性水平上，模型1回归效果显著（F=341.449，P=0.000<0.001)。自变量相关部门或个人对教师质量监控工作给予指

导程度的标准化回归系数达到显著水平（$\beta=0.712$，$p=0.000<0.001$）。

模型 2：进一步进入自变量——教师质量监控内容涵盖教师质量程度，所有变量对是否有相关部门或个人对教师质量监控工作进行监督检查解释度为 52.9%（调整 $R^2=0.529$），在 0.001 显著性水平上，模型 2 回归效果显著（$F=188.046$，$P=0.000<0.001$）。自变量中，相关部门或个人对教师质量监控工作给予指导程度的标准化回归系数达到显著水平（$\beta=0.649$，$p=0.000<0.001$），教师质量监控内容涵盖教师质量程度的标准化回归系数达到显著水平（$\beta=0.170$，$p=0.000<0.001$）。

模型 3：进一步进入自变量——教师质量监控结果促进教师质量提升程度，所有变量对是否有相关部门或个人对教师质量监控工作进行监督检查解释度为 53.6%（调整 $R^2=0.536$），在 0.001 显著性水平上，模型 3 回归效果显著（$F=129.140$，$P=0.000<0.001$）。自变量中，相关部门或个人对教师质量监控工作给予指导程度的标准化回归系数达到显著水平（$\beta=0.613$，$p=0.000<0.001$），教师质量监控内容涵盖教师质量程度的标准化回归系数达到显著水平（$\beta=0.131$，$p=0.003<0.05$），教师质量监控结果促进教师质量提升程度的标准化回归系数达到显著水平（$\beta=0.109$，$p=0.016<0.05$）。

四、本节小结

（1）县域义务教育教师质量监控现状的差异对比分析是从不同性别、不同年龄、不同教龄、不同婚姻状况（有无孩子、子女年龄段）、不同工作角色（是否科任教师、是否班主任、有无行政职务）、不同学历（第一学历、最高学历）、不同学校（不同类型学校、不同地理位置学校、不同教学水平学校）、不同职称级别（高级、中级）、不同任教情况（不同年级、任教不同学科）的角度对被试在教师质量理解方面、教师质量监控主体、监控内容、监控方式、监控结果及反馈、对监控的再监控这几个方面做卡方检验，分析其差异是否显著，进一步明晰县域义务教师质量监控中存在的现实问题。通过本节的差异对比分析归纳出下面的结论：

1）通过对教师质量理解的差异对比分析结果显示，县域内义务教育教师质量监控过程中，个体如何理解教师质量，就会如何选择教师质量界定的标准与依据。由于不同个体的某些特征使得他们之间对教师质量的理解存在差异。这种差异，一方面增加了教师质量通用概念定义的难度；另一方面也对教师质量监控内容的确定、监控方式的选择等方面有着重要的影响。

2）通过对教师质量监控主体的差异对比分析证实，由于某些特征条件的限制，县域义务教育教师质量监控主体方面存在着差异性。不同监控主体由于参加监控的各类条件不同而在监控知识、监控优势、监控原因方面，以及他们参加监控的次数、频率、效果等方面表现出来的差异会对教师质量监控产生不同的影响。县域义务教育教师质量监控不仅需要行政管理部门组织实施，也需要其他利益主体的积极参与。县域义务教育教师质量监控中，行政管理部门应该积极创设条件鼓励不同的主体参与监控，逐步在县域义务教育教师质量监控中实现权力、利益、责任的统一。

3）通过对教师质量监控内容的差异对比分析揭示，县域义务教育中的教师质量监控内容、监控内容确定者、监控内容的相似程度等方面存在差异。监控内容是教师质量监控工作的核心，监控教师质量的哪些方面、最重要的监控内容是什么、监控内容准确性如何、不同特征教师监控内容是否应该相同，这些问题直接关系到教师质量监控的效果。调查中显示出来的差异性说明目前教师质量监控内容方面并不完善，从内容的选择到指标的制定实施等各个环节都忽略了或者较少关注到监控内容选择和监控指标实施时应该考虑的外界环境、教育实践需要、城乡差别等方面的影响。

4）通过对教师质量监控方式的差异对比分析说明，县域义务教育教师质量监控在一般使用方式、使用最多方式、最有效方式、监控方式相似程度方面存在差异。监控方式是获得监控信息的重要手段与方式，监控方式使用是否合适、恰当直接影响到教师质量监控的结果。调查中监控方式使用的差异性说明不同情景下的教师质量监控能够获得的监控信息是有差别的，这很难保证县域内义务教育教师质量监控都能稳定与有效。同时，这种差异性的存在也说明监控过程中影响人们选择监控方式的因素是多方面的，这些因素在教师质量监控过程中一定要考虑。

5）通过对教师质量监控结果及反馈的差异对比分析显示，县域义务教育教师质量监控结果及其反馈方面的差异问题是客观存在。教师质量监控有无监控反馈、反馈结果能否反映出教师真实水平、反馈结果是否受重视、反馈结果能否促进教师质量提升、反馈结果用于做什么，这些方面的问题关系到教师质量监控工作的可持续性、有效性。由于各种原因导致的监控结果及其反馈方面的差异问题会直接影响到教师对反馈信息的获得、理解与接受，从而会对不同情景下的教师质量监控效率产生不同的影响。所以，在对县域义务教育教师质量监控时，应该对这些差异及其产生的原因给以足够的关注。

6）通过对教师质量监控的再监控的差异对比分析说明，县域义务教育阶段的教师质量监控再监控中存在的差异问题显示具有某些特征的个体对县域内义务教育阶段教师质量监控的审视和反思程度与水平方面存在差异，这种差异性最终会表现为对监控偏差的不同方向指导以及纠错功能发挥。县域义务教育教师质量监控中应该对再监控的作用与价值给以相应的重视，这对县域内义务教育教师质量监控效率的提升会产生一定的积极影响。

（2）通过对县域义务教育教师质量监控统计数据的相关性分析，结果显示，在县域义务教育教师质量监控过程中，监控主体、监控内容、监控方式、监控反馈结果和对监控的再监控方面存在某些趋势特征：

1）县域义务教育教师质量监控主体方面存在的趋势是个体参与监控频率受内外条件的限制与影响。从内部条件来讲，学校地理位置、学校教学质量以及个体是否具备相应的知识水平与资格条件是个体参与监控的重要影响因素。外部条件方面的影响主要表现在县域内义务教育教师质量监控体系自身是否具有完善性与规范性。监控体系各个要素及其运行效率影响到个体参与监控的积极性和主动性，进而表现为个体参与教师质量监控的频率。

2）县域义务教育教师质量监控内容方面存在的趋势是监控内容与监控体系的其他方面有着较高的相关性，县域内义务教育阶段倾向于用相同指标对教师进行质量监控。教授不同学科教师、处于不同发展阶段教师的质量是有区别的，用相同指标进行监控，往往容易忽略掉很多有价值的教师个性特征。在教师质量监控体系建构时，如果能够在把握教师质量底线的同时，遵循一定的原则和要求恰当选择监控内容，监控内容就会在一定程度上有效地揭示教师质量的内涵。

3）县域义务教育教师质量监控方式方面存在的趋势是监控方式与监控主体、监控内容、监控反馈结果和监控的再监控有着显著相关性，县域义务教育阶段倾向于用相同方式对教师质量进行监控。县域义务教育阶段教师质量监控由谁来监控、监控什么、是否有反馈结果，反馈结果用于做什么、是否对监控进行指导、监督检查等都会对教师质量监控方式产生影响。如果监控主体能把握监控方向、监控内容尽可能涵盖教师质量整体、如果反馈结果及其应用侧重监控的目标与要求，如果对监控的再监控能充分发挥纠错功能，人们在选择与应用监控方式时自然就会考虑监控的对象特征、考虑监控的目的与要求。

4）县域义务教育教师质量监控反馈结果、对监控的再监控的趋势是它们与监控主体、监控内容、监控方式存在显著相关性。教师质量监控体系构成要素之间相互影响。反馈结果以及对监控的再监控是县域义务教育教师质量监控效率的重要影响因素之一。教师质量监控是否有效，关键在于教师质量监控反馈信息系统及其路径是否完善与畅通；在于是否对教师质量监控的组织实施、监控过程、监控结论等方面进行审视与反思；如果监控结果及其再监控着眼并服务于城乡义务教育阶段教师质量的提升与专业发展，那么监控主体、监控内容、监控方式、监控的再监控都会依据这个目标的实现而进行相应的调整。

（3）利用多元回归方法分析县域义务教育教师质量监控各要素之间相关关系的具体形式，确定其因果关系。结果显示，在县域义务教育教师质量监控过程中，与监控主体、监控内容、监控方式、监控反馈结果、对监控的再监控相关的各要素的解释力有着明显的不同：

1）通过教师质量监控主体的多元回归分析发现，对自己的教师质量监控频率、不同学科教师监控内容相同程度、监控意见受重视程度对参加教师质量监控频率具有显著的预测作用。但整体的解释度只有32.9%，其中，对自己的教师质量监控频率的解释度为26.6%、不同学科教师监控内容相同程度的解释度为4.9%、监控意见受重视程度对参加教师质量监控频率的教师度为1.4%。从标准化的回归系数来看，回归模型中的3个预测变量的β值均为正数，表示其对参加教师质量监控频率的影响均为正向的。对自己的教师质量监控频率是监控主体参加监控频率的重要预测因素。如果作为监控主体的教师能够自觉自我监控，监控主体参加教师质量监控的频率就会有所提高。所以，在县域义务教育教师质量监控实施过程中，可以通过创设条件或政策引导，促进义务教育阶段教师逐渐形成自我教师质量的自觉反思。

2）通过教师质量监控内容的多元回归分析发现，教师质量监控结果代表教师实际质量水平程度、是否给教师提出反馈意见、是否有教师质量监控反馈结果、监控意见对教师质量影响程度、是否有对教师质量监控工作的监督检查对教师质量监控内容涵盖教师质量程度具有显著的预测作用。但整体的解释度只有38.3%，其中，教师质量监控结果代表教师实际质量水平程度的解释度为25.8%、是否给教师提出反馈意见的解释度为7.6%、是否有教师质量监控反馈结果的解释度为2.3%、监控意见对教师质量影响程度的解释度为1.5%、是否有对教师质量监控工作的监督检查的解释度为1.1%。从标准化的回归系数来看，回归模型中的5个预测变量的β值均为正数，表示其对教师质量监控内容涵盖教师质量程度的影响均为正向的。教师质量监控结果代表教师实际质量水平程度是教师质量监控内容涵盖教师质量程度的一个重要预测因素。其次就是是否给教师提出反馈意见和是否有教师质量监控反馈结果也是有一定影响的预测因素。不难看出，县域义务教育教师质量监控内容涵盖教师质量程度受监控结果影响较大。县域义务教育教师质量监控体系中，应该明确监控目标与要求、正确运用监控结果、形成良性反馈循环路径，以保证能够有效地促进教师质量监控内容的选择与指标的制定。

3）通过教师质量监控方式的多元回归分析发现，不同学科教师的监控方式相同程度、新老（或不同职称）教师监控内容相同程度、缺乏专业监控知识程度、年龄段对新教师和老教师（或不同职称）监控方式相同程度具有显著的预测作用。整体的解释度达到52.0%，其中，不同学科教师的监控方式相同程度的解释度为39.3%、新老（或不同职称）教师监控内容相同程度的解释度为9.8%、缺乏专业监控知识程度的解释度为2%、年龄段的解释度为0.9%。从标准化的回归系数来看，回归模型中的4个预测变量中，只有缺乏专业知识程度的β值为负数，其他3个β值均为正数，表示缺乏专业知识程度对新教师和老教师

（或不同职称）监控方式相同程度的影响为负向，而其他的预测变量对新教师和老教师（或不同职称）监控方式相同程度的影响均为正向的。不同学科教师的监控方式相同程度是新老（或不同职称）教师监控方式相同程度的重要预测因素。其他因素的解释度虽然不是很高，但这些因素还是存在一定影响力的。在县域义务教育教师质量监控过程中，选择关注不同学科教师质量个性特征的监控方式，会使不同发展阶段教师的监控方式也会受到积极的影响，有利于促进监控结果的真实性和可靠性。

4）通过教师质量监控反馈结果的多元回归分析发现，是否给教师提出反馈意见、教师质量监控的内容能涵盖教师质量程度、新老（或不同职称）教师监控方式相同程度、相关部门或个人对教师质量监控工作指导程度、监控意见受到重视程度、教师质量监控结果促进教师质量提升程度对有无教师质量监控反馈结果具有显著的预测作用。整体的解释度达到 52. 3%，其中，是否给教师提出反馈意见 37. 3%、教师质量监控的内容能涵盖教师质量程度 5. 9%、新老（或不同职称）教师监控方式相同程度 3. 1%、相关部门或个人对教师质量监控工作指导程度 2. 8%、监控意见受到重视程度 1. 8%、教师质量监控结果促进教师质量提升程度 1. 4%。从标准化的回归系数来看，回归模型中的 6 个预测变量的 β 值均为正数，表示其对有无教师质量监控反馈结果的影响均为正向的。是否给教师提出反馈意见是有无教师质量监控反馈结果的非常重要预测因素。县域义务教育教师质量监控过程中，要保证教师质量监控反馈结果，就必须要求监控主体依据监控事实给作为被监控对象的教师提出反馈意见。当然，县域义务教育教师质量监控过程中，监控主体具备的条件与素质会影响到他们给教师提出的反馈意见质量。因此，谁更合适监控县域义务教育教师质量是一个值得思考的问题。

5）通过教师质量监控再监控的多元回归分析发现，是否有相关部门或个人对教师质量监控工作给予过指导、教师质量监控内容涵盖教师质量程度、教师质量监控结果促进教师质量提升程度对是否有相关部门或个人对教师质量监控工作进行监督检查具有显著的预测作用。整体的解释度达到了 53. 6%，其中，相关部门或个人对教师质量监控工作给予指导程度的解释度为 50. 6%、教师质量监控内容涵盖教师质量程度的解释度为 2. 5%、教师质量监控结果促进教师质量提升程度的解释度为 0. 7%。从标准化的回归系数来看，回归模型中的 3 个预测变量的 β 值均为正数，表示其对是否有相关部门或个人对教师质量监控工作进行监督检查的影响均为正向的。与其他因素相比，相关部门或个人对教师质量监控工作给予指导程度是否有相关部门或个人对教师质量监控工作进行监督检查的一个非常重要的预测因素。如果没有相关部门或个人对县域义务教育教师质量监控工作进行指导，教师质量监控工作的监督检查工作自然也会受到影响。县域义务教育教师质量监控应该有相关部门或人员对教师质量监控进行指导，如何指导、指导什么是一个值得关注的问题。

本章首先介绍了县域义务教育教师质量监控现状分析的研究对象的基本特征和教育特征。实证分析部分，利用 SPSS18.0 统计软件，通过频数分析、卡方检验、相关性分析、多元回归分析，对县域义务教育教师质量监控现状中存在的问题进行了描述性分析和特征分析。分析结果表明，县域义务教育教师质量监控在监控主体、监控内容、监控方式、监控反馈结果、对监控的再监控等方面存在较多问题。这些问题的存在说明，县域义务教育教师质量监控的现实状况与其理论框架、指标体系之间存在差距。对这些问题的认识和把握，能够有针对地提出县域义务教育教师质量监控的实施关键策略。

第四章　县域义务教育教师质量监控的实施关键策略

依据县域义务教育教师质量监控的理论框架和建构的指标体系，针对黑龙江省H市（县级）的义务教育教师质量监控存在的主要问题，在此提出县域义务教育教师质量监控的实施关键策略。所谓实施关键策略，首先，需要建构县域义务教育教师质量监控目标；其次，需要探寻多元主体参与县域义务教育教师质量监控的有效途径，然后依据教育实践需要灵活选择教师质量监控指标；再者，需要选择适合县域义务教育教师质量监控的主导方式，另外，要形成基于县域义务教育教师质量提高的监控反馈路径；最后，还要加强对监控系统的再监控。下面的分析将沿此思路展开。

第一节　建构县域义务教育教师质量监控目标

监控目标的建构是县域义务教育教师质量监控实施的关键策略之一。监控工作的正常开展与运行，离不开监控目标。明确建构教师质量监控目标的意义；确定监控目标的关键质量要素；通过相应途径达成具有合理性、可操作性的监控目标是有效进行教师质量的重要前提。

一、建构监控目标的意义

有目标才能保证监控方向。监控目标一经确定，就将对教师质量监控活动起到指导作用、协调作用和激励作用。通过监控目标的设立和完善，能够有效地考察教师质量监控过程及其监控行为的有效性。

建构监控目标，首先有利于更好地发挥监控的指导作用。监控目标一旦经过相关部门确定，目标本身就具有权威性和指导性。因为监控目标，不仅是监控教师质量的依据，而且决定着监控活动的方向，规定着各监控主体及部门的监控工作方向和预期达到的目的，制约着全体监控人员的行动，使监控工作中不同的多元主体，能朝着同一目标而努力。其次有利于更好地发挥监控的协调作用。监控目标能协助监控过程中组织者制定更好的决策，能使参与监控的不同主体的目标与整体目标相一致，能使方方面面的人员都按照共同的监控目标从事监控活动。监控目标的计划性，能减少监控行动的盲目性，增强其协调性，使监控工作全面有节奏地运行与推进。再次，有利于更好地发挥监控的激励作用。具有挑战性的监控目标，可以改善监控者与被监控者之间的关系，要求监控的压力将来自被监控者，而不是监控者，被监控者容易接受这种监控。监控目标能充分调动不同监控主体的动力，调动全体人员完成监控目标的积极性、主动性和创造性，做到人人有责任。如果缺乏监控目标，就等于损失了一个潜在的力量。在没有监控目标的情况下，监控者将会出现各自为政的监控情况，或无从下手而变成维护或保持现状的角色。建构监控目标并善于运用监控目标，才能调动潜在能力，使监控工作取得卓越的成效。

二、监控目标中关键质量要素的确定

监控目标的设定是开展监控活动的前提，也是监控过程的首先步骤。监控目标设定需要考虑的核心问题是关键质量核心要素的确定。关键质量要素是实现监控目标的关键领域，是对教师质量起决定作用的核心要素，反映了监控主体期望教师质量达到的目标，并将此目标转化为明确的行动内容。

对于任何教师来讲，关键质量要素是那些能确保其质量的有限领域，是为了保证教师质量提升而必须涉及的少数关键领域，这些领域的监控结果确实能够体现教师质量，而且能够揭示影响教师质量的关键因素所处的控制点。实际上，个体教师在一定时期内，关键质量要素不可能很多，很可能只有几个，所以必须区分主次，才能体现出“关键”的含义。关键质量要素的确定应该说是教师质量监控中的一个非常重要但又难以解决的问题。

确定关键质量要素，就是确定监控者为了达到监控教师质量的目的，必须集中关注于哪些方面。县域义务教育教师质量监控中，关键质量要素可以从教师质量的状态维度来分析和确定，其选择范围涉及教师的背景性特性、教师的静态性特性、教师的活动性特性、教师的有效性特性四个方面。我们可以把这四个领域层面中的关键质量要素作为教师质量监控目标的主要内容。但是，影响监控目标的因素是多元的、多层次的，监控者应根据自身所处的环境和具体情况进行取舍或在监控目标设计时赋予不同的权重，必要的时候可增加新的层面，要以权变的观点动态地看待关键质量要素。监控目标中的关键质量要素既是教师质量监控的主要内容，也为教师质量监控指标体系的建立提供了框架。

三、监控目标达成的途径

不科学或可行性不太好的监控目标一开始就预设了监控的障碍①。而监控目标的质量水平又恰恰是在目标形成过程中被决定的，因此，尽可能完善目标设计

① 雷冬玉. 基础教育课程改革预期目标的偏离与调控研究［D］. 长沙：湖南师范大学，2010.

过程是提高监控目标质量的关键。达成监控目标可以通过完善监控目标的决策机制，多渠道收集监控目标决策信息，加强监控目标的可行性和可操作性论证来实现。

（一）完善监控目标的决策机制

教师质量监控目标的确立是一个复杂的过程，监控目标的质量高低不仅仅取决于目标决策者的能力和水平，还很大程度地受到目标决策机制是否科学的影响。教师质量监控目标决策机制不完善将直接影响到监控目标的科学性和可行性，进而导致对监控实践成效的影响。因此，要完善教师质量监控目标设计过程，提高目标建构的水平，就必须要关注并努力完善监控目标的决策机制，改变随意的、经验型的决策方式，建立科学的民主的决策机制。为此，要重点明确与解决以下问题：监控目标谁来决策，如何决策？如何评估监控目标是否科学可行，监控目标涉及的利益关系如何平衡等。

（二）多渠道收集监控目标决策信息

科学的决策是在占有充裕信息资源基础上的理性思考和决断。从这一点上说，决策依赖信息，没有信息就无法决策。因此，多渠道获取决策信息，是监控目标科学决策的前提。就教师质量监控目标的科学决策而言，必须做到以下两点：一是改变单一依赖行政机构通过行政手段获取信息的状况，采取多渠道收集决策信息。监控目标的决策信息的渠道如果只依赖于各级行政机构自下而上的层层传递，那么信息的真实性可能会因为行政机构之间的权力和利益关系而受到不良的影响出现信息失真的现象。因此，因信息失真导致决策失误的情况时有发生。采取多渠道收集信息主要包括除了依靠各级行政机构提供的信息之外，要更多地发挥多元利益主体的信息源作用以及专业机构和专业人员等非行政的信息源作用。多渠道收集信息可以丰富监控目标决策信息的数量和种类，另一方面也可以在各种信息比较中鉴别信息的真假，以提高信息的真实度。尤其是来自专业机构和专业人员的信息，一般具有丰富性、专业性和前沿性，信息的可信度和效度都是比较高的，对监控目标的正确决策有着直接的帮助。

（三）加强监控目标的可行性和可操作性论证

教师质量监控目标是否可行、是否具有可操作性是事关目标质量的一个重要问题，直接关系到目标自身实现程度，关系到监控目标的功能发挥。加强教师质量监控目标的可行性与可操作性论证，是确保监控目标的科学性和有效性、提高监控目标质量的重要前提。所谓监控目标的可行性与可操作性论证，是指对监控目标本身以及监控目标实施的现实基础、内外环境条件以及实施目标的手段和措施等进行全面的分析和考察。也就是说，监控目标的可行性与可操作性论证的内容不能仅仅局限于目标本身的分析和考察，更重要的是要关注监控目标实施的各种条件上的可行性和可操作性。

首先是政策上的可行性和可操作性，即监控目标在法律、法规、政策等系统中是否可行。其次是经济上可行性和可操作性，即实现监控目标所需要的人力、物力、财力是否具备。第三是技术上的可行性和可操作性，即实现监控目标的手段和措施是否合适，是否有力。第四是社会上的可行性和可操作性，即监控目标是否符合社会发展要求、是否符合社会的价值规范和伦理道德观念等。第五是教育上的可行性和可操作性，即监控目标是否符合教育实践需求①，是否符合教育发展的阶段性要求等。

系统的理论论证是教师质量监控目标的可行性和可操作性论证的主要方式，但却不是唯一的方式，在监控目标的可行性和可操作性论证方式上，除了理论论证之外，同样还可以采用其他的方式，比如，开展广泛的利益相关者的民意调查、进行小范围的监控目标推行的试点试验等，都是行之有效的论证方式。当然，几种方式如果能够结合使用，则效果更佳。

第二节 探索县域义务教育教师质量多元主体监控的有效途径

正如前面提到的，多元利益相关者参与县域义务教育教师质量监控有其必然性和必要性。但多元主体间又有着不同的价值追求和不同的利益需求，因此，要实现多元主体监控，就应该明确多元主体参与教师质量监控的条件，实现多元主体监控内容的侧重与整合，建立多元主体参与的监控与信息交流渠道。

一、确保多元主体具有监控教师质量的机会和能力

县域义务教育中最显在的利益相关者群体是学生、家长；其次，行政管理部门、教育督导、学校领导、教师、社区人员乃至整个县域内公众都是利益相关者。所有的利益相关者都关注教师质量满足自己利益的程度。但不同主体在参与教师质量监控方面具有不同的机会和不同的能力。教育系统内部的主体，例如教育督导、校长、教师等，参与教师质量监控方面相对存在较多的机会和较强的监控能力，而教育系统外部的主体，如家长、社区人员等往往在这方面的机会不多、能力相对也较小或不具备。

在教师质量监控方面，不同主体不仅要有机会监控，而且还要有能力监控。这些主体能不能代表自己或某类主体的利益进行教师质量监控是至关重要的。县域义务教育教师质量实施多元主体监控，在为多元主体提供参与监控的机会的同

① 秦玉友. 农村义务教育质量研究——基于质量指标与底线标准［M］. 长春：吉林人民出版社，2011：212-230.

时，应该重点考虑到不同主体是否有能力参与监控。有机会并有能力的监控主体是县域义务教育教师质量监控需要的，但当主体没有监控能力，又需要多元主体参与时，对没有监控能力的主体进行相关培训是一个较为现实的方法。对于具有能力的主体可以创设条件，提供正向激励引导他们参与教师质量监控。

二、实现多元主体监控内容的侧重与整合

由于参与教师质量监控的学生、家长、行政管理部门、教育督导、学校领导、教师、社区等主体都各有其知识、能力和资源等方面的优势。因此，在教师质量监控过程中的监控内容各有侧重。县域权力部门因其代表公众，为能很好地保证教育给公众带来公共利益，监控教师质量主要侧重教师资格方面，监控教师资格结构和资格标准。通过对教师资格结构和资格标准的监控，为县域义务教育阶段教师质量的保证提供了科学依据。通过权力的把关与监控，义务教育阶段教师的质量在准入和在岗等环节能够得到基本保证。专业人员为保证教师质量的专业要求，监控教师质量主要侧重专业素养，监控教师的专业理念、道德、知识、能力等。在县域义务教育教师质量监控过程中，专业监控人员遵循着自己的专业规范与价值体系，运用着专业的高深知识和技术，保证监控的专业技术性要求：信度和效度问题，表现出专业对监控工作的独特作用和价值。学生家长可能是教师质量监控过程中最重要的利益相关者，学生的成长直接关系到家庭的投资效益，他们关注是反映投入回报的学生成功。而社区成员则关注教师质量对社区的影响，所以，监控教师质量主要监控教师质量是否服务于社区，服务效果如何。这些利益相关者对教师质量监控权益要求的正当性和适切度表现在不同的社会角色、不同价值追求的利益相关者都有着对教师质量监控的权益要求，都会对教师质量监控产生不同程度的影响。从利益维度监控教师质量，不仅能促进教师自身长期发展，而且有利于形成教师质量的自觉监控。

在多元主体参与的教师质量监控实践中，这些主体因各自所拥有的知识、能力和资源不同，监控过程中的监控内容的侧重点也不同，但这些侧重点是相互补充、相互需要的。通过整合这些多元主体不同的监控内容，可以增加所有的利益和发挥所有的优势，从而产生整合的协同效应，不断提高监控质量，使得包括监控人员在内的利益相关者都能共享由教师质量提升带来的优质教育结果。当然，多元主体监控内容的侧重与整合不是随意进行的，它是以县域义务教育教师质量监控方案为依据和基础的。就如前面提出的，要让多元主体有能力并积极地参与监控，就应该设计合理的监控方案。

三、建立多元主体参与的监控与信息交流渠道

县域义务教育教师质量监控过程中，建立多元主体参与的监控与交流平台

能够保证多元主体的监控责任和意识，避免单向运行而导致的监控信息无效。通过监控与交流平台，多元主体能够有效地参与监控，监控信息能够顺畅地得到回应。县域义务教育教师质量监控可以通过现实的监控与信息交流渠道与虚拟的网络监控与信息交流渠道来实现多元主体参与监控与实现监控信息的交流。

对县域义务教育教师质量实施多元主体监控，是通过现实的监控与信息交流渠道，还是通过虚拟的网络监控与信息交流渠道来监控，主要取决于两个方面的原因，即监控主体是否要有时间或空间上参与监控的优势。当监控主体不具有时间或空间优势时，可以通过虚拟的网络监控与信息交流渠道来弥补由于与学校监控要求难以在同一时间上找到恰当的契合点或物理间隔造成的不熟悉教师质量实际状况的缺陷①。在教师质量监控过程中，通过现实的监控与信息交流渠道或虚拟的网络监控与信息交流渠道可以避免由于时间或空间劣势而产生的接触性困惑，多元主体能够便利地接触教师，增加对教师质量的认知与理解。

多元主体可以通过现实的监控与信息交流渠道或虚拟的网络监控与信息交流渠道实现教师质量监控，使多元主体与县域义务教育教师走得更近些，通过有效监控方式获得教师质量的相关信息，使多元主体充分了解县域义务教育教师质量状况；通过现实的监控与信息交流渠道或虚拟的网络监控与信息交流渠道，在监控者与被监控者之间展开有关教师质量监控信息的交流与沟通，能及时地将教师质量监控中存在问题及建议直接反馈给当事人，提高教师质量监控的效率。除此之外，通过现实的监控与信息交流渠道或虚拟的网络监控与信息交流渠道，教师能够更好地了解多元主体对教师质量的现实需要，能够更好地依据利益相关者的现实需要调整自己，以便更好地满足不同利益相关者需求。

第三节　依据教育实践需要灵活选择教师质量监控指标

教师质量监控指标中既有基础的共同要素，又有差异、个性化要素。制定科学、合理的教师质量监控指标是当前教育管理面临的主要问题。教师质量监控指标纷繁复杂，难以把握。因此，对教师质量监控指标进行深入的研究是正确选择教师质量监控指标的前提和基础。不同教育实践需求下，县域义务教育教师质量监控指标的选择与确定有着明显的差别。

一、监控指标的绝对性与相对性

所谓绝对性是指客观事物在抽象层次上，其目标具有的统一性，是此类事物

① 杜琳娜. 城乡二元教育结构下谈农村教师培养模式［J］. 中国成人教育，2013（5）：103-105.

普遍具有的共同特征与基本走势①。教师质量监控指标的绝对性就是指在抽象层次上，教师质量在终极目标上具有的统一性，是一切教师质量普遍具有的共同特征与基本走势。据此，从内涵上看，教师质量监控指标的绝对性是基于教师能够担任教书育人这个最为核心、最为根本的任务，是任何国家、任何社会、任何时代所具有的共性。也就是说，教师质量的一切活动最终都要归结到人才培养的质量上。

教师质量监控指标的相对性是指质量标准以绝对性为基点、为依据，因人、因时、因地而表现出具体质量要求的相对性。在不同的教育发展阶段中的人们对教育有着不同需求，进而对教师质量指标的选择与制定也就存在着差异。不同时期具体的教师质量指标要求是特定时期的历史产物，具有时代的烙印和阶段特征。因此，因人、因时、因地的相对性亦是质量监控指标的一个特性。所以，不同教师、不同环境、不同区域对教师的特定实践需要恰当的数据，不同教师需要使用质量的不同信息和证据来源来监控其有效性。教师质量监控指标首先要以绝对性为基础、为依据、为准绳，继而表现出相对性，也正因为质量标准具有这种绝对性，才使得教师质量监控有章可循，有据可依。教师质量监控指标的绝对性框定了不同时期、不同类型、不同层次、不同区域教师质量的共性，决定了不同利益主体价值诉求的统一性。但如果我们长期沿用不变的监控指标来衡量教师质量，势必会造成教师质量与社会进步、教育发展的脱轨，不利于教师发展与教育质量的提升。反之，倘若我们只承认教师质量监控指标的相对性，否认监控指标的绝对性，容易导致难以把握教师质量的困境。唯有理清两者之间的关系，才能更好地构建教师质量监控指标。

县域内义务教育教师质量监控过程中要把外界环境对教师质量监控的作用具体化②，可以用权变理论对教师质量监控指标的相对性和绝对性进行解释。这就是说，并不存在适用于各种情况的普遍适用的教师质量监控指标体系，教师质量监控指标体系只能依据教师所处的各种内外环境的具体情况而定。但是，我们还应该看到，这里提到的相对性并不是指随心所欲，指标体系的变化要从教师工作与活动变化的客观实际出发，科学合理地加以调整，并且在一定时期保持相对稳定性。

二、数量需求背景下的教师质量指标的选择

在教师数量需求背景下，教师配置目标体现的是要有教师，即要给予城乡义务教育阶段的所有学校配置足够数量的教师，城乡每所学校都有能够满足教育教

① 董添华. 高等教育质量标准的特性研究［D］. 兰州：西北师范大学，2012.

② 李冲. 大学教师知识效能评价研究［D］. 大连：大连理工大学，2008.

学需求的教师，让城乡每所学校的课程都开起来，都开全，这是师资配置第一个阶段的终极目标，其特征为教师数量的满足。

在县域义务教育普及过程中，随着小学和初中学校数量的快速增加，出现教师不能满足教育教学需求的现象。此阶段由于受到教师数量缺口较大等因素影响，教师的质量问题没有受到应有的关注。此阶段教师的质量监控指标主要是基于满足学校对教师的粗放性需求，注重教师的静态性质量的监控，指标更多情况下限于教师最低资格标准，甚至有些农村地区教师质量监控关注的仅是教师数量是否充足。但是，随着教育的发展，人们普遍感觉到这种教师质量监控不能给县域义务教育阶段的学校带来预期的教育结果。

三、质量需求背景下的教师质量指标的选择

当义务教育师资配置从以教师数量为主导任务转向以教师质量要求为主导任务的时候，其核心是充分考虑教师质量问题，提高教师质量，解决教师质量公平问题。

当教师数量得到饱和性满足后，县域义务教育所有学校的教师配置需求不再那么热衷于教师数量，而是开始提出对质量的要求，普遍关注的是由教师质量保证的城乡义务教育均衡发展目标的趋同性，城乡义务教育均衡发展结果的公平性。从一个县域来看，此阶段教师质量监控指标注重活动性质量的监控，关注教师的教育教学能力方面内容。有一点要注意的是，在质量需求背景下，虽然质量追求已经成为教师质量监控的主导任务，但是边缘学校（薄弱学校、偏远农村学校）的教师质量是否能够达到此阶段的监控指标是一个值得关注的问题。对边缘学校（薄弱学校、偏远农村学校）教师质量监控指标达到程度的关注是义务教育均衡发展的基本要求。

四、个性化需求背景下的教师质量指标的选择

任何国家或地区在完成教师质量全面提升的任务之后，都会进入师资的个性化配置阶段，解决国家教育、不同学校、不同学生等方面的特色发展问题。个性化的师资配置目标，超越了质量配置这一主导任务。个性化的师资需求被充分考虑，从国家层面上讲，个性化师资配置是不同地区特色教育发展的需求，满足不同地区的多元教育需求；从学校发展层面来看，个性化师资配置为学校的特色发展服务，关注学校的教育教学需求，为学校提供更加多样化的师资选择；从学生角度看，学生的个性化师资需求被广泛考虑，为学生个性发展的要求提供更适合他们自身的师资成为师资配置的重要特点。

个性化师资配置过程中，师资配置超越简单的“供给”模式，开始充分考虑教育、学校、学生等个性化发展需求的特征，变成具有灵活性的“选择”模

式。城乡所有学校的师资配置由原来的被动配给变成依据特色需求进行选择，不同学校之间，即使是相同地区、相同类型的学校之间也不必具有相同的师资配置，不必追求相同的师资队伍发展模式，而是为突出每个地区教育和每所学校的特色、每个学生的个性发展来配置所需的师资力量。因此，此种教育实践需求下，教师质量监控过程的核心指标侧重于教师的有效性质量的监控，关注教师质量是否能够高效而相对规模化地满足有特定需求的服务对象的需求，促进义务教育均衡发展、学校特色建设和学生个性化发展。

第四节　选择适合县域义务教育教师质量监控的主导方式

教师质量监控要想保证监控质量，一个重要的前提就是要选择合适的监控方式，获得真实的信息，保证监控的效度和信度。监控的方式主要是指对教师质量进行监控时收集和分析监控信息的方法和手段。信息是监控的主要依据，监控者只有尽量收集充分、有效、可靠的信息，才能对监控对象做出准确的判断，实现监控目标。因此，在监控活动中选择合适的监控主导方式是至关重要的。在县域义务教育教师质量监控过程中，要打破唯一量化的监控方式局面，重视和采用开放式的质性监控方式，实现量化监控方式与质性监控方式的合理结合。具体说，监控方式的选择要根据监控指标、监控要求、监控维度、监控对象以及监控方式操作的可能性等条件而确定，体现统一性与选择性的有效结合。

一、不同监控方式具有不同的监控优势和不足

县域义务教育教师质量监控可以是完全专业性监控、半专业性监控、也可以是非专业性监控，但不论怎样监控都要选择具体的监控方式，即或是量化监控方式，或是质性监控方式。不同监控方式对教师质量监控效果有着不同的影响。由于量化和质性监控方式在监控过程中有着各自的优势与不足，县域义务教育教师质量监控的效度与信度也会因采取的监控方式不同而存在差异。

（一）量化监控方式的优势与不足

量化方式，是一种运用数学、统计学工具，收集、处理监控对象资料，通过数量化的分析计算，进而对监控对象做出价值判断并给予相应的质量内容和方向调整和控制的指导建议的方式。教师质量监控中的量化监控方式力图把复杂的现象简化为数量，进而从数量的分析与比较中监控教师质量。在实际教师质量监控过程中，选择合理的量化监控方式对提高监控成效具有举足轻重的作用。合理的、先进的量化方式可以全面、客观、准确地描述被监控的教师质量现状与规律，可以最大限度地发挥数据资料的效能，可以深入挖掘在教师质量背后的带有规律性的东西。

1. 量化监控方式的优势

量化监控方式以定量的形式，对监控内容加以数量化规定，通过对监控的教师质量及其特征进行数量等值化，对收集的数据进行综合、分析与推断，从而对监控教师质量做出判断并加以调整和控制。如果能使用恰当，量化监控方式确实能比较准确地诊断教师质量并依据监控目标提供具有说服力的监控结果。量化监控方式突出的优点就是逻辑性强，标准化和精确化程度较高，能对教师质量做出精确分析，对教师质量的各种特征做出准确描述，为监控提供更为客观和科学的依据。

2. 量化监控方式的不足

量化监控方式过分强调监控指标的细化和量化结果，认为量化程度越高监控结果就越客观、准确。但实际上，许多被细化的指标和量化的结果未能很好地反映或体现监控的教师质量特征，只关注可测量的内容，极易排除那些不可测量的经验和那些隐性内容，比如情感、态度、价值取向等，忽略了教师质量存在难以测量性的特征。而这些不可测量、难于量化的内容和维度，往往更能够体现教师潜在的质量，对监控教师质量起到较大的影响作用。量化监控把复杂的教师质量加以简化或数字化，不仅不能保证其监控的客观性，而且容易丢失教师质量中最有意义、最根本的内容。

量化监控方式注重质量监控的客观性的一面，忽视了教师质量监控的主观性的一面。它把测验、评价表填写等等作为监控的主要形式，过于重视监控结果，监控方式和技术过于单调。而且量化监控方式往往以预定目标为监控标准，监控指标体系单一，容易抹杀教师质量的多样性，它排斥对给定教师质量标准的再开发，这就不可避免地造成监控者与被监控者的冲突，阻碍了教师质量的发展与更新，束缚了监控对象创造性的发挥。

（二）质性监控方式的优势与不足

质性监控方式是通过特定方法（观察、记录、实物分析以及与监控教师进行对话、交流等），收集反映监控教师质量的资料，对资料进行整理分析，并用描述性、情感性的语言对监控教师质量做出判断并给予调整教师质量的相应指导建议的方式。

1. 质性监控方式的优势

在微观层面对教师质量进行比较深入细致的描述和分析，便于了解教师质量的复杂性；注意从当事人教师的角度找到教师质量的某些方面，用开放的方式收集数据；可以对监控者不熟悉的教师质量的某些方面进行探索性研究；注意教师质量表现的自然情景，在自然情景下研究教师质量；注重了解教师质量的动态过程；通过归纳的方式自下而上建立理论，可以对理论有所创新；分析数据时注意保存数据的文本性质，叙事方式接近教师的工作和生活。

质性监控方式注重整体性，能更全面地发挥监控的各种功能；质性监控既注意目标又注意过程，通过教师在教育教学过程中的表现去监控每位教师的质量，由于多在自然情景下进行，可以对教师个人进行较为灵活的研究，可以使教师个人在丰富、复杂、流动的自然情景中接受监控，有利于教师充分展示自己的质量，也有利于激发教师的动力和自信心。

质性监控强调与教师工作同时进行的共时性监控，监控与工作相互交叉融合，贯穿于教师工作始终。从教师、学生、社会等不同的角度获得监控信息。质性监控不单单监控到可量化的、相对浅层次的质量，它可以深入到教师质量的不同方面和不同层次，可以从不同视角对教师质量进行描述和监控，能及时反映教师质量中的情况，有利于及时肯定教师质量，引导教师的发展方向，能及时发现教师质量中存在的问题，及时指导与纠偏。

2. 质性监控方式的不足

质性监控不适合在宏观层面对规模较大的教师进行监控；不能有效地对教师质量高低的因果关系或相关关系进行直接的辨别；由于质性监控方式更多地采用了开放的、即时的监控方式，没有统一的监控程序，很难建立科学合理的衡量标准；特别是对情感领域和过程的监控，监控所收集的资料和判断的标准可能都会因时而变、因人而异。再者，尽管教师质量极具个体化，表现千差万别，但是是否有必要对每个个体的经历逐一进行监控，也是值得讨论的问题。所以，监控结果不具有典型的代表性，不具有普遍的推广价值。

质性监控方式贯穿于教师工作和生活的始终，与量化监控相比，比较费时费工。监控获得的数据较为庞杂，而且没有统一的标准，给监控人员整理和分析监控数据带来很大的困难；而且监控的强度应该多大才恰当，比较难以把握。如果监控的分量过重，很容易导致监控过于频繁琐碎，监控者和被监控者不堪其烦。质性监控方式常常要求监控者对被监控者的个人经验建构出解释性理解或体会。监控者凭借自己的亲身经验，对被监控者的生活故事和意义建构出理解，难免在监控过程中渗入自己的偏见和误解，使监控产生偏差。所以不能像量化监控方式那样对监控结果能够准确的测量与表达，较难保证监控的公平和公正，能否被社会所接受也就成为一个问题。

二、适合县域义务教育教师质量监控的主导方式选择要求

县域义务教育教师质量监控有多种方式，每一种方式都有自身的优势和局限性。因此，就需要在教师质量监控之前，依据被监控教师质量的特点和要求、监控结果的用途等，恰当选择相关的主导方式，在监控过程中，根据所选主导方式的特性和要求，正确合理地加以运用。主导方式的正确选择和运用是保证监控结果效度和信度的重要条件之一。

（一）监控方式要符合特定的监控指标和监控要求

选择监控方式时，首先应考虑监控方式与教师质量不同内容的监控指标的符合程度问题。如，监控教师品质和教师的学历，其监控指标是不同的，所以所选的监控方式就应该有所不同。教师品质的监控适合采用质性监控方式，而教师学历可以采用量化监控方式处理。因此，在确定监控方式之前，在考虑监控方式自身特性的同时，也需要明确不同监控指标的要求，以及监控方式与教师质量监控指标的符合程度，选择适当的监控方式。

其次，还应该考虑监控要求。监控要获得什么样的数据，要什么样的监控结果，在监控之前必须明确。只有在明确要求的基础上，才能根据监控的不同要求选择适合的监控方式。在教师质量监控活动中，获得监控数据与结果往往不是最终目的。监控数据与结果的真正功用在于监控者可以根据这一结果对被监控的教师质量做出价值判断，并给以正确的指导，确实起到监督调控的作用。因此，在监控方式选择与确定之前，需要考虑监控的最终用意，顾及监控之后的后续工作的开展，然后再选择能够为教师质量的监督、调控提供有力依据的最佳监控方式，以对进一步的质量判断和质量提升的正确指导做出尽可能大的贡献。

（二）监控方式要尽可能全面反映监控维度与监控对象

在县域义务教育教师质量监控过程中，除了要求监控内容准确外，监控方式也必须是能够涉及较为全面的监控维度。监控方式不同，监控维度的侧重点也会不同。在选择监控方式的过程中，应选择那些能最大限度全面反映监控维度的方式，这样的监控方式可以尽可能地反映教师质量的多种特性。监控方式尽可能减少维度的遗漏以保证监控方式与教师质量监控指标密切相关。因为，维度上的遗漏势必降低教师质量的判断、调整、修正的方向与内容的准确性和可靠性，从而影响到教师质量监控的效度和信度问题。

考虑监控对象的特征是监控方式选择的一个重要前提。作为被监控的教师质量不可用同一种方式进行监控。原因在于，不同学科的教师质量、不同学段的教师质量、不同发展阶段的教师质量、不同数量的教师质量、不同状态下的教师质量有着不同的特征。这些特征需要用针对性的方式才能有效地进行监控。不同学科，例如，自然学科和社会学科教师质量监控方式不能一样；小学和初中教师质量相同监控方式所得结果往往大相径庭；新任教师和老教师的监控方式也应该有所区别；对教师进行整体质量监控和个体质量监控因要求不同而不同；教师质量动态性特征和静态性特征所采用的方式也应有着本质上的区别。

当然，监控方式操作的可能性也是选择监控方式时必须要考虑的重要因素。这要求监控者在监控方式选择过程中尽可能充分考虑到不同监控方式在不同情境中的可操作性，注意审视监控方式是否能够做到在不同情境下能够有效获得教师质量监控信息，尽可能保证县域内义务教育阶段所有教师的质量监控都能稳定与有效。

第五节　形成基于县域义务教育教师质量提高的监控反馈路径

对于任何一种反馈信息来说，都应该具有处理信息及时、准确，控制计划和运行管理，使之处于最佳状态的作用。教师质量监控中的信息反馈也不例外。县域义务教育教师质量监控的核心是监控后的反馈与调控，有效的信息反馈是质量监控的基础。监控的落脚点要落实到如何根据反馈的信息对教师质量进行调控或偏差的预防上，使教育质量得到保障。

一、形成监控反馈路径的目的与价值

从有效管理的整体性来看，建立一种监控反馈路径是必要的。监控反馈的目的是根据环境条件的变化对教师质量不适宜需要的部分采取纠偏措施予以重新修正，适当增加符合教育客观环境或发展机遇、有利于下一步实施的部分，以确保教师的教育教学的协调性、高效性和可持续性，达到预定的监控目标，这也是监控的最终目的。

对于作为被监控对象的教师来讲，有无监控信息反馈路径会直接影响到他们对反馈信息的获得与理解。因此，教师质量监控反馈路径的形成是教师质量提升的保证。首先，建立监控反馈路径有利于监控信息的集中，所有与教师质量相关的信息，通过反馈路径都能汇集到教师质量监控组织。其次，有利于监控信息的反馈。畅通的反馈路径中监控组织对集中的信息能够根据需要进行相应的处理，并把对应的问题提供给相应的人员，例如由行政部门解决的，要及时反馈到有关行政部门；需要教师自己调整与解决的，要及时反馈给教师个人。再次，有利于跟踪处理。通畅的监控反馈路径有利于监控组织对反馈到各方的问题进行跟踪监控，保证监控信息反映的问题得到及时合理解决。

二、基于县域义务教育教师质量提高的监控反馈路径

基于县域义务教育教师质量提高的监控反馈路径的关键是建立通畅的反馈通道①。畅通的反馈信息通道有助于形成一个“监控—反馈—修正—提高”的良性循环体系。在依据教师质量监控指标进行监控时，畅通的反馈信息通道能够保证

① 徐英俊，曲艺. 对应用型大学实践教学质量监控体系的系统分析［J］. 中国电力教育，2011（1）：104-106.

及时准确地获取来自于不同渠道关于教师质量监控的相关反馈信息，将监控反馈信息结果与监控目标比较，及时了解教师质量中存在的问题，确定偏差，分析产生偏差的原因，提出改善和修正的方案和措施，以调整教师质量的方向和重点①，促进教师质量的改善与提升，如图4-1所示。

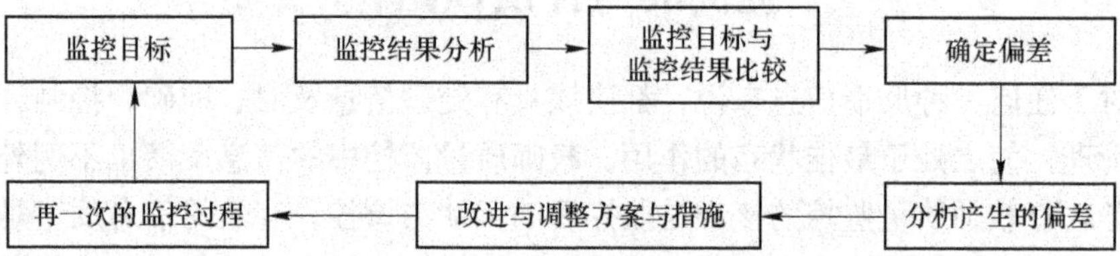

图4-1 教师质量监控反馈路径简图

当然，通畅的反馈通道必须建立在透明的监控操作规范和程序上，其中包括监控路径形成的原则、目标、制度、实施程序等，使监控者在教师质量监控过程中能自觉地按照要求完成信息反馈任务，同时按照监控操作规范和程序检视自己的行为，保证监控路径运行的良性周期循环。

三、监控反馈路径中信息的正确获取

监控是否有效，其关键在于教师质量监控反馈信息系统是否完善，信息反馈是否灵敏、正确、有力。灵敏、正确和有力的程度是教师质量监控系统是否有充沛生命力的标志。教师质量监控系统的灵敏性就是教师质量监控反馈信息必须有敏锐的显示力和判断力，以便能及时发现变化着的教师质量的客观实际与教师质量监控目标之间的矛盾的能力。教师质量监控系统的正确性就是要求反馈信息必须有高效能的分析系统，以过滤和加工获得的各种教师质量的数据和信息等。教师质量监控系统的有力性就是把分析整理后得到的信息转化为监控组织或教师个人的强有力行动，以修正原来的教师质量状态，以期达到监控目的，使之更符合教育实践需求。

教师质量监控过程中获得正确反馈信息，要注意以下几点：首先，要有针对性地主动收集教师质量监控指标的不同内容的信息。其次，教师质量监控反馈信息要及时。信息反馈要讲究时效，更要及时，以便及早发现教师质量中存在的问题，并解决此类问题。另外，要保证教师质量反馈信息的连续性，对教师质量及其监控的情况连续、有层次的反馈，有助于认识的深化。所以，在教师质量监控反馈路径中要想获得有效的信息，应该做到信息获得要广泛全面，多信息、多渠道获得反馈信息，同时尽量缩短反馈时间，保证信息的时效性，最重要的是一定

① 黄萍. 高校教学质量控制理论研究［J］. 哈尔滨学院学报，2005（5）：88-90.

要保证反馈信息要准确真实①。使用正确的教师质量监控反馈信息能够真正促进教师专业发展，支持教师质量的提升。

第六节　加强对教师质量监控系统的再监控

教师质量监控工作除了将教师质量监控作为其工作内容的重要组成部分，还需要加强对监控系统的再监控，即对监控组织程序、监控指标、监控形式等有所反思、对监控的信度、效度进行检验，对监控的结论进行反馈分析，对整个监控过程的误差进行科学控制。

一、为何提及对监控系统的再监控

与其他专业监控活动一样，教师质量监控在其实施过程中不可避免地会出现一些偏差，如，提出不适当的监控指标问题、对监控结论解释与使用不当、或得出不明确的有争议的结论、监控信息不准确等，这些偏差的存在不仅使监控所花费的资源得不到应有的成效，更为严重的是，低劣的监控还可能提供错误的信息，对教师质量产生误导的作用。因此对监控系统的再监控可以保证教师质量监控工作的质量，提高监控的效率。

（一）促进教师质量监控的规范化、科学化

教师质量监控是教育质量监控的重要组成部分，也是县域义务教育师资管理的重要手段。教师质量监控是否科学直接关系到监控的效果。监控工作的组织实施、监控指标体系的建构、监控方法的使用等是否符合监控理论，是否符合教育发展需要是应该考虑的问题。如果缺乏对这些问题自觉的反思和积极的改进机制，则不能确保教师质量监控的科学化水平。教师质量监控必须经过再监控来保证监控自身的质量，通过不同的方式、渠道征求对教师质量监控过程及其结果等方面的建议和意见，以获得更广泛的反馈信息。对监控系统的再监控作为一种对教师质量监控自身质量的审视和反思，注重对教师质量监控的主体、指标、过程、结论等方面的解析与修整，这必然会促进教师质量监控的科学化。对教师质量监控的再监控，是为了使其得以改进、更规范化和具有系统性。从管理学的角度来看，县域义务教育教师质量监控的再监控，其目的就是为了进一步规范教师质量监控的组织与实施，监控教师质量的监控活动，使其减少偏差，顺利地实现教师质量监控目的，从而更好地发挥教师质量监控的功能，最终获得最大化的教

① Kenneth D Peterson. Teacher Evaluation: A Comprehensive Guide to New Directions and Practices [EB/OL]. http://books.google.com/books?id=5GbLTU6LSqUC&pg=PA89&hl=zh-CN&rview=1&source=gbs_toc_r&cad=4#v=onepage&q&f=false, 2011-11-4.

师质量监控效率。

（二）促进教师质量的提高

由于对教师质量监控系统的再监控是要对教师质量监控的主体、指标、过程、结论等方面进行价值判断及调整，这必然要通过确定教师质量监控目标是否实现、教师质量监控内容是否有效、教师质量监控的功能是否发挥正常等方面内容来检测教师质量监控过程中存在的不足之处，这不仅能有效地提升教师质量监控效率，同时也有利于提高教师质量。正如前面提到，教师质量监控的再监控促进了监控科学化，以科学化作前提，为教师质量及其专业发展提供了正确的导向，可以有效地对教师进行激励、监控。其次，教师质量监控的再监控发挥了纠错功能，可以纠正当前教师质量监控组织和实施的偏差，为教师质量监控提供有效反馈信息，有利于教师质量的提升。最后，教师质量监控只有不断地经受再监控才能不断完善，更具可靠性、权威性，教师对监控的接受程度才会不断地提高，监控对教师及其质量的影响才会不断地增强。

二、对监控系统的再监控内容

教师质量监控的再监控的内容主要涉及监控的适合性（合理性）、可行性、实效性（实用性）、准确性等方面的内容。具体表现在监控的目的是否达到，监控主体是否得当，监控对象是否准确，监控过程是否科学、合理。

（一）监控的目的是否达到

一是指监控的目的定位是否准确。监控的最重要意图不是为了证明而是为了通过诊断和改进，达到规范、监督和激励。如果过多关注证明功能而忽视监控的诊断、调整和改进的功能发挥，这对提升教师质量不会有太大帮助。另一方面的含义是，目的准确定位后，监控目的是否已实现或在大多程度上实现。例如，查看监控目标的设立是否符合教育实践需要，监控是否按照预定目标进行，监控过程是否偏离监控目标，在方向和程度上的偏离程度有多大，分析偏离的原因何在；被监控教师对监控结果的接受程度，监控结果对教师质量的促进程度等。这种监督能够在更高层次上保证监控的方向、内容等符合教育发展需要，满足更多利益相关者的需求，保证监控的科学性和规范性。

（二）监控主体是否得当

教师质量的监控主体一般应该有行政管理部门、学校领导、专家、教师、家长和学生、社区人员等。对监控主体是否得当的监控，就是要监控影响监控主体参与教师质量监控的因素，不同监控主体间的利益关系对监控的影响程度，监控教师质量的监控信息来源，教师质量不同监控主体的条件具备情况等。对监控主体是否得当问题的监控，可以避免各种因素对监控主体的干扰，最大限度地减少由不适合的监控主体导致的监控误差，提高教师质量监控的信度和效度。

（三）监控对象是否准确

教师质量监控对象就是监控活动所指向的、要把握的教师质量。教师质量监控是以教师质量为对象的监控，监控对象应是教师质量中的各方面的质量要素，不能偏离了监控目标。所以，监控对象是否准确主要是对监控指标进行监控与分析。首先，对教师质量监控指标的信度、效度进行检验。监控与分析监控指标所反映的教师质量构成要素的稳定性、准确性程度，监控与分析监控指标数值在多次观测中结果的一致性程度。其次，是对教师质量监控各项指标的权重系数，指标的完整性、代表性、独立性以及可操作性等进行监控与分析。

（四）监控过程是否科学、合理

教师质量监控过程是否科学合理主要可以从以下几方面表现出来：第一，是对教师质量监控方式进行监控。分析监控方式与特定的监控指标、监控要求的契合程度，要关注监控方式在多大程度上反映出监控维度和监控对象，监控方式在不同情境下是否具有可操作性。第二，是对教师质量监控反馈过程进行监控。关注监控过程有无反馈结果、反馈信息的用途如何，对教师质量的提升作用怎么样等方面内容。

三、建构对教师质量监控再监控机制

建构教师质量监控再监控机制对保障再监控目标的实现、再监控工作的顺利运行与开展有着重要作用。建构对教师质量监控的再监控机制主要包括目标导向机制、组织保障机制、修正调节机制。

（一）目标导向机制

目标导向机制是为了确保教师质量监控的再监控朝着预定的再监控目标运行的机制。一般来说，教师质量监控的再监控的目标就是为了保障教师质量监控的规范性、科学性，从而减少监控误差，保证教师质量监控的实施效率，使监控结论更符合客观现实。要使教师质量监控的再监控朝着预定目标运行，执行再监控的行政管理部门要鼓励并调动各方相关人员积极参与到教师质量监控再监控的目标制定过程中，确保再监控目标的合理性；其次，采取一定的手段和措施，加强对教师质量监控再监控实施的监管力度，使教师质量监控再监控严格地按照再监控目标的要求进行，从而形成科学的目标导向机制。

（二）组织保障机制

组织保障机制是为保障教师质量监控的再监控顺利实施和有序运行的组织机构和制度等方面的机制。首先，行政管理部门要成立专门对教师质量监控进行再监控的组织，负责对教师质量监控再监控，并对再监控结果进行分析整合，作为调整教师质量监控的决策依据，同时也作为下一步再监控的参考。同时，行政管理部门还要制订完善的组织保障制度，对教师质量监控再监控的人员、组织机构、监控程序等作出相应的规定，以保证教师质量监控再监控的顺利开展。

（三）修正调节机制

修正调节机制是使教师质量监控再监控对教师质量监控活动及其结论进行适时诊断、调整和改进的机制。首先，开展形成性监控。形成性监控是在教师质量监控活动进行的过程中实施的监控，这种监控可以及时地诊断教师质量监控中不科学、不合理的地方，进而调节和改进监控活动；其次，实施终结性监控。终结性监控是在教师质量监控活动结束后进行监控，是对整个教师质量监控活动过程进行的监控，通过收集对教师质量监控结论的反馈信息，对教师质量监控结论进行诊断、调整与改进。再次，建立再监控修正调节机制，必须把量化和质性两种监控方式综合运用到再监控过程之中，这样才能使教师质量监控的再监控更加全面和完善。

第五章 结论与展望

第一节 主要结论

一、县域义务教育教师质量应该实施多元主体监控

县域义务教育教师质量监控应该由行政管理部门、学校领导、教师、家长、学生、社区人员等多元主体来参与监控。不同利益主体通过参与监控能够合法有效地表达自己的意愿，有利于最大限度地满足不同利益主体的利益诉求。教师质量的多元主体监控并不是对权力的否定，它是追求平权的一种表现，也是从权力到利益、责任的必然选择和要求。在县域义务教育教师质量监控过程中，尽管多元主体与专业标准的价值追求不同，但是专业性监控要求的远见卓识和知识化并未伤害到多元性。多元主体监控与专业标准之间存在价值整合基础与路径。多元主体参与县域义务教育教师质量监控有其可行性。要实现多元主体监控，就应该确保多元主体具有监控教师质量的机会和能力，依据合理的监控方案实现多元主体监控内容的侧重与整合，建立多元主体参与的监控与信息交流渠道。

二、县域义务教育教师质量监控指标制定要关注稳定性和权变性

县域义务教育教师质量监控指标体系的制定过程中关注指标的稳定性和权变性能够提高教师质量监控效率。虽然教师质量监控指标有不同时期、不同类型、不同层次、不同区域教师质量的共性，但是在不同情景下对教师质量的监控是需要恰当的数据的，不同教师需要使用质量的不同信息和证据来源来监控其有效性。因此，现实监控体系建构中并不存在适用于各种情况的普遍适用的教师质量监控指标体系。县域义务教育教师质量的监控指标体系中不仅要有显示共同特征与基本走势的质量指标，也要有因人、因时、因地而表现出具有相对性的质量指标。所以，县域义务教育教师质量监控指标体系建构应该以绝对指标为基点、为标准，依据教师所处的环境、所需的专业要求、所属的职业要求、应满足的社会需求等方面的具体情况而定，教师质量指标体系的变化要从教师教育教学工作、活动、环境等方面变化的客观实际出发，科学合理地加以调整，并且在一定时期保持相对稳定性。

三、依据监控条件与要求灵活选择县域义务教育教师质量监控方式

保证县域义务教育教师质量监控效率的一个重要前提就是要选择科学、合理的监控方式，适合的监控主导方式能够保证获得真实的监控信息，保证监控的效度和信度。每一种监控方式都有自身的优势和局限性。县域义务教育教师质量监控的主导方式要根据监控目的、监控指标、监控主体的具体情况以及监控过程操作的可能性等条件而灵活选择，要体现统一性与选择性的有效结合。在教师质量监控之前，依据监控相关条件与要求恰当选择相关的主导方式；在监控过程中，根据所选主导方式的特性和要求，正确合理地加以运用。县域义务教育教师质量主导监控方式的正确选择和运用是保证监控结果精确性和可靠性的重要条件。

四、县域义务教育教师质量监控必须建立畅通的反馈路径

县域义务教育教师质量监控中要想获得有效的信息，促进教师质量的持续发展与提升，应该做到多信息、多渠道获得反馈信息，保证监控信息的获得要广泛全面，同时尽量缩短反馈时间，保证信息的时效性，最重要的是一定要保证反馈信息要准确真实。所以，县域义务教育教师质量监控应根据监控的实际情况构建畅通的教师质量监控反馈路径，并要保证教师质量监控反馈信息要具有针对性，反馈信息要及时，而且要保证反馈信息的连续性。只有这样，才能通过教师质量监控反馈路径及时、准确地归纳和整理来自于不同渠道的反馈信息，同时向相应人员及组织及时提供反馈信息，以便相关人员及组织及时调控、修正和改善教师质量，不断提高教师质量，有利于形成良性周期循环。

五、县域义务教育教师质量监控需要再监控

为了规范县域义务教育教师质量监控的组织与实施，使其减少偏差，顺利地实现教师质量监控目的，更好地发挥教师质量监控的功能，最终获得最大化的教师质量监控效率，就应该对监控实施再监控。县域义务教育教师质量监控过程中，监控的组织实施、指标体系、监控方式等是否符合监控理论，是否符合教育发展需要，是需要不断地进行审视和反思的。要想保证和促进县域义务教育教师质量监控的规范化、科学化，需要建构目标导向机制、组织保障机制、修正调节机制，注重对教师质量监控的主体、指标、过程、结论等方面的解析与修整。对县域义务教育教师质量监控再监控是保证教师质量监控体系更完善，监控组织与实施更规范、更合理的重要途径。

第二节 研究展望

本书研究主要是对县域义务教育教师质量监控问题进行研究。从文献梳理出

发，分析了县域义务教育教师质量监控的理论框架，建构了县域义务教育教师质量监控体系，结合黑龙江省 H 市（县级）的义务教育教师质量监控的实践，提出了县域义务教育教师质量监控的实施关键策略。但县域义务教育教师质量监控是一项复杂的工作，由于研究命题、论文篇幅和研究时间等方面的限制，仍会有某些因素未能包含在本研究中。笔者对县域义务教育教师质量监控问题的研究还不够深入，还需要对其进行持续、深入、系统的研究。

首先，研究对象的扩展。在研究样本上，可以进一步扩展到职前教师质量监控。职前教师质量监控应该由哪些主体来实施？应该使用哪些监控指标来表达教师质量？什么样的监控方式能更有效？监控信息能否有效地促进职前教师质量的提升？职前教师质量和在职教师质量有何不同？这不仅仅有助于给职前教师质量监控工作提供指导，而且有助于建构职前职后一体化的质量监控体系，保持监控目标的一致性。

其次，需要进一步深入开展教师质量监控的配套研究。本书重点研究了县域义务教育教师质量监控问题，虽然只是在监控反馈方面提到了对教师的激励问题。教育实际中，教师质量监控与教师激励是密切相关的，监控的有效性与激励的促进作用是相互影响的，研究教师质量监控有必要对教师激励问题进行专门深入的探索与研究。

参考文献

[1] 焦健. 公共权力运行误区：权力错位［M］. 天津：天津人民出版社，2001.
[2] 李荡. 赢在责任［M］. 北京：石油工业出版社，2008.
[3] 李济广. 公有经济的民营化治理［M］. 北京：中国经济出版社，2007.
[4] 李晓梅. 企业战略业绩评价研究［M］. 北京：中国财政经济出版社，2008.
[5] 林吕建. 权力错位与监控［M］. 北京：中国方正出版社，1996.
[6] 刘国栋. 纪检监察原理与方法精要［M］. 北京：中国方正出版社，2010.
[7] 孟德斯鸠. 论法的精神（上册）［M］. 张雁深，译. 北京：商务印书馆，1963.
[8] 聂元贞，刘景兰，于倩. 中国欧盟公司治理比较与借鉴［M］. 兰州：甘肃人民出版社，2006.
[9] 秦玉友. 农村义务教育质量研究——基于质量指标与底线标准［M］. 长春：吉林人民出版社，2011.
[10] 王爱国. 强化企业社会责任问题的会计研究［M］. 济南：山东人民出版社，2011.
[11] 王国顺. 企业理论：契约理论［M］. 北京：中国经济出版社，2006.
[12] 吴金辉. 教师专业发展的理论与实践［M］. 北京：中国传媒大学出版社，2006.
[13] 鄢烈洲，李晓波，曹艳峰. 我国独立学院治理研究［M］. 武汉：武汉出版社，2009.
[14] 尹晓敏. 利益相关者参与逻辑下的大学治理研究［M］. 杭州：浙江大学出版社，2010.
[15] 张俊民. 商务伦理与会计职业道德［M］. 上海：复旦大学出版社，2008.
[16] 张秀生. 中国县域经济发展［M］. 武汉：中国地质大学出版社，2009.
[17] 中国社会科学院语言研究所词典编辑室编. 现代汉语词典［M］. 北京：商务印书馆，1978.
[18] Archie B Carroll，Ann K Buchholtz. 企业与社会：伦理与利益相关者管理（原书第5版）［M］. 黄煜平，等译. 北京：机械工业出版社，2004.
[19] 查啸虎. 应对教师质量危机：世纪之初美国的经验及其启示［J］. 比较教育研究，2009（1）：81-85.
[20] 陈亮，侯慧. 试论免费未必能提高教师质量［J］. 华商，2008（10）：63.
[21] 陈牛则. 义务教育教师流动的现状分析与对策思考——基于对湖南省457名中小学教师的调查研究［J］. 湖南师范大学教育科学学报，2011（5）：65-68.
[22] 陈鹏. 义务教育教师均衡配置的法理探源与法律重构［J］. 陕西师范大学学报（哲学社会科学版），2010（1）：160-164.
[23] 陈顺理. 探索县域教师培训新模式［J］. 中国教育学刊，2010（7）：75-77.
[24] 陈啸，顾一鸣，等. 关于构建义务教育教师专业化发展评价指标体系的思考［J］. 教育与职业，2011（30）：62-63.
[25] 谌启标. 美国教师质量问题及其政策取向［J］. 外国教育研究，2002（3）：52-55.
[26] 迟学智. 委托代理理论考察与借鉴［J］. 社会科学战线，1997（6）：43-47.
[27] 戴伟芬. 美国教师质量研究述评［J］. 比较教育研究，2009（5）：87-90.
[28] 杜琳娜. 城乡二元教育结构下谈农村教师培养模式［J］. 中国成人教育，2013（5）：

103-105.
[29] 龚俊，杨廷文. 多元主体共同参与社会管理机制探析 [J]. 人民论坛，2011 (32)：172-173.
[30] 郭正，赵彬. 农村义务教育教师培训现状及改善策略 [J]. 现代教育管理，2010 (2)：65-67.
[31] 韩文根. 教师质量与教学质量双效应 [J]. 教学与管理，2006 (10)：26-27.
[32] 郝文清. 论教师道德的底线 [J]. 齐鲁学刊，2010 (5)：96-99.
[33] 贺慧敏. 美国关于中小学教师质量与学生成绩关系研究述评 [J]. 现代中小学教育，2009 (5)：59-62.
[34] 洪明. 美国联邦政府教师质量保障政策探析——聚焦《高等教育法》和《不让一个孩子掉队法》[J]. 比较教育研究，2010 (2)：69-73.
[35] 华丹，郑有真 (韩). 国以师为重：韩国教师政策的改革取向探析 [J]. 外国中小学教育，2005 (10)：45-47.
[36] 黄爱华，陆娟. 基于权变理论的战略人力资源管理体系 [J]. 中国人力资源开发，2012 (1)：31-35.
[37] 黄萍. 高校教学质量控制理论研究 [J]. 哈尔滨学院学报，2005 (5)：88-90.
[38] 金含芬. 英国政府公布白皮书：《教学质量》，改革师范教育 [J]. 外国教育资料，1984 (4)：10-11.
[39] 金维才. 观念变革：从教师素质观到教师质量观 [J]. 安徽师范大学学报，2010 (1)：9-12.
[40] 金祥林，廖祥红. 专业化与新时期教师质量标准探讨 [J]. 鞍山师范学院学报，1999 (4)：48-50.
[41] 景天魁. 底线公平概念和指标体系——关于社会保障基础理论的探讨 [J]. 哈尔滨工业大学学报 (社会科学版)，2013 (1)：21-34.
[42] 李必强，刘运哲. 西方国家的委托-代理理论评析 [J]. 武汉汽车工业大学学报，1998 (5)：56-60.
[43] 李伯玲，谢李雪. 县域教师专业化发展困境及其破解——基于 Y 县的个案研究 [J]. 当代教育科学，2010 (8)：45-56.
[44] 李凤荣. 从美国外语教师质量标准看中国大学英语教学 [J]. 现代教育科学，2010 (11)：67-69.
[45] 李杰义. 低碳经济条件下农业产业链的价值整合机制与路径选择 [J]. 理论与改革，2011 (5)：88-90.
[46] 李喜燕. 义务教育教师交流的问题、困境及制度路径 [J]. 教育学术月刊，2011 (1)：84-87.
[47] 李潇晓，邹海瑞，等. 我国农村义务教育教师队伍建设的对策研究述评 [J]. 教育学术月刊，2011 (8)：86-88.
[48] 刘钧燕. 国外教师质量和教师激励的研究综述 [J]. 外国教育研究，2007 (10)：12-17.
[49] 柳国辉，谌启标. 韩国教师质量监控政策及其改革取向 [J]. 外国中小学教育，2004

(7)：16-19.
[50] 马艾云，李保江. 县域教师流动机制实施框架——城乡义务教育均衡发展的一种构想 [J]. 当代教育科学，2007 (9)：14-20.
[51] 马丽燕，王嘉毅. 西北地区教师培训的问题与建议——以“县域教师支持服务体系”建设为视角 [J]. 民族教育研究，2009 (2)：86-89.
[52] 马文起. 构建义务教育教师绩效考核评价指标体系的思考 [J]. 教育探索，2010 (2)：99-101.
[53] 宁本涛. 关于改进义务教育教师绩效考核机制的思考 [J]. 集美大学学报，2010 (4)：4-7.
[54] 庞丽娟，韩小雨. 我国农村义务教育教师队伍建设：问题及其破解 [J]. 教育研究，2006 (9)：47-53.
[55] 庞丽娟，韩小雨，等. 完善机制落实义务教育教师绩效工资政策 [J]. 教育研究，2010 (4)：40-44.
[56] 秦玉友，袁桂林. 农村教育发展指标体系建构的理论问题研究 [J]. 中国教育学刊，2007 (12)：13-16.
[57] 秦玉友. 教师质量指标研制的学理问题省思 [J]. 东北师大学报（哲学社会科学版），2007 (4)：126-131.
[58] 秦玉友. 教育质量指标领域基本问题反思与探究 [J]. 当代教育科学，2005 (8)：13-16.
[59] 秦玉友. 农村教师素质提升的现实困境与破解思路 [J]. 教育研究，2008 (3)：35-37.
[60] 谭俊英，张兰久. 对义务教育教师施行绩效评价应注意的问题 [J]. 徐州师范大学学报（教育科版），2010 (1)：21-23.
[61] 王定华. 大力推进义务教育教师资源均衡配置工作 [J]. 中小学管理，2008 (2)：1.
[62] 王秋丽. 义务教育教师资源均衡配置的宏观政策设计 [J]. 教育探索，2009 (6)：62-63.
[63] 王勇鹏. 论当前农村义务教育教师专业化的困境 [J]. 长沙铁道学院学报（社会科学版），2011 (1)：121-123.
[64] 王宇晨，王珏，林花. 权变理论的贡献及适用性研究 [J]. 华中师范大学学报（人文社会科学版），2012 (3)：50-53.
[65] 徐英俊，曲艺. 对应用型大学实践教学质量监控体系的系统分析 [J]. 中国电力教育，2011 (1)：104-106.
[66] 杨银付，韩民，等. 以教师资源的均衡配置　促进义务教育均衡发展——城乡义务教育教师资源均衡配置的政策与制度创新 [J]. 中小学管理，2008 (2)：4-7.
[67] 殷凤. 美国教师质量的评价指标及分析 [J]. 现代中小学教育，2011 (3)：65-67.
[68] 于海英，张宝歌. 农村中小学教师培训实效性思考 [J]. 教学与管理，2011 (4)：19-20.
[69] 于海英，张广斌. 印度农村初等教育教师在职培养机会差异研究 [J]. 外国教育研究，2011 (10)：42-47.

[70] 于海英，张宇. 地方高师院校农村教师培养培训一体化问题研究 [J]. 东北师大学报（哲学社会科学版），2014（2）：175-178.
[71] 曾仲，张才花. 高校管理者对权变理论的运用 [J]. 中国成人教育，2000（9）：31-32.
[72] 张继平. 卢晓梅. 坚守高等教育质量的底线 [J]. 山西师大学报（社会科学版），2010（4）：118-121.
[73] 张夏青. 当前我国学校教育中的价值冲突及其解决 [J]. 教育学报，2011（1）：73-92.
[74] 张宇，于海英. 城乡教育一体化进程中农村义务教育教师质量问题与对策 [J]. 教育发展研究，2012（24）：70-73.
[75] 周洪宇. 未来 10 年的教师质量决定着中国教育的成败 [J]. 人民教育，2010（24）：2-7.
[76] 陈贵松. 森林公园利益相关者共同治理研究 [D]. 北京：北京林业大学，2010.
[77] 董添华. 高等教育质量标准的特性研究 [D]. 兰州：西北师范大学，2012.
[78] 杜智华. 我国教师教育政策价值取向研究——以改革开放后重要教育政策文献为蓝本 [D]. 长沙：湖南师范大学，2010.
[79] 葛军. 教师教育政策历史考察与有效性研究 [D]. 苏州：苏州大学，2004.
[80] 洪明. 美国教师质量保障体系历史演进研究 [D]. 福州：福建师范大学，2008.
[81] 雷冬玉. 基础教育课程改革预期目标的偏离与调控研究 [D]. 长沙：湖南师范大学，2010.
[82] 李冲. 大学教师知识效能评价研究 [D]. 大连：大连理工大学，2008.
[83] 申来津. 精神激励的权变理论 [D]. 南京：南京师范大学学位论文，2002.
[84] 石长林. 中国教师政策研究——基于教育政策内容的视角 [D]. 武汉：华中师范大学，2005.
[85] 王芳. 教师教育政策文本的实践解读 [D]. 北京：首都师范大学，2006.
[86] 王娜. 基于权变理论的中国国有商业银行组织结构变革研究 [D]. 北京：首都经济贸易大学，2005.
[87] 王娜. 小学教师教学反思研究 [D]. 长春：东北师范大学，2008.
[88] 许丽君. 旅行社服务质量评价与集成化发展研究 [D]. 南京：南京航空航天大学，2008.
[89] 杨柳. 我国中小学教师教育政策变迁研究 [D]. 长沙：湖南师范大学，2007.
[90] 杨婷婷. 多元视角下的中国中小学教师教育政策研究 [D]. 桂林：广西师范大学，2006.
[91] 姚丽. 权变理论与国际市场进入模式选择研究 [D]. 济南：山东大学，2007.
[92] 于维涛. 县域教师发展支持体系建设研究 [D]. 上海：华东师范大学，2009.
[93] 于兴国. 转型期中国教师教育政策研究 [D]. 长春：东北师范大学，2010.
[94] 张冬冬. 基于权变理论的鸡西市水资源规划与管理模型研究 [D]. 长春：吉林大学，2009.
[95] 张双鹏. 基于权变理论的内部控制与企业绩效关系的实证研究 [D]. 乌鲁木齐：新疆财经大学，2011.
[96] 张彦杰. 改革开放后我国中小学教师教育政策分析（1978-2008）[D]. 上海：华东师范大学，2009.

[97] 周晓慧. 临河区农村教师队伍现状及对策研究 [D]. 呼和浩特：内蒙古师范大学，2010.

[98] 楚国良. 我国义务教育均衡发展面临的问题与对策研究 [EB/OL]. http：//www. xyjjlt. net/blog-19407-753. html，2011-7-28.

[99] 邓兴军. 有关部门对本市 10 个远郊区县农村教师现状进行调研——北京部分农村中小学十年未进新教师师资堪忧 [EB/OL]. http：//www. zgxzw. com/news/View. asp? ID = 79862，2011-8-18.

[100] 中华人民共和国教育部发展规划司. 中国教育统计年鉴（2010 年）[M]. 北京：人民教育出版社，2011：166-477.

[101] Alliance for Quality Teaching. Shining the Light Ⅱ：State of Teacher Quality，Attrition and Diversity in Colorado [EB/OL]. http：//www. qualityteaching. org/index. cfm/Shining% 20the% 20Light，2011-6-28.

[102] Anders Jonsson，et al. Estimating the Quality of Performance Assessments：The Case of an "Interactive Examination" for Teacher Competencies [J]. Learning EEnvironments Research，2009（12）：225-241.

[103] Anderson R D，Helms J V. The Ideal of Standards and the Reality of Schools：Needed Research [J]. Research in Science Teaching，2001，28（1）：3-16.

[104] Ball，Rowan. Introduction：Measuring instruction [J]. Elementary School Journal，2004，105（1）：3-10.

[105] Barnett Berry，et al. A Qualitative Critique of Teacher Labor Market Studies [EB/OL]. http：//www. springerlink. com/content/qxw42g8036564102/，2011-4-10.

[106] Cheng Y C，Cheung W M. A Typology of School Environment：Multi-level Self Management and Education Quality [EB/OL]. http：//repository. ied. edu. hk/dspace/handle/2260. 2/9123，2011-8-16.

[107] Clotfelter C，Ladd H，Vigdor J. Teacher Credentials and Student Achievement in High School：A Cross-Subject Analysis with Student Fixed Effects. Calder Working Paper 11 caldercenter. org [EB/OL]. http：//www. caldercenter. org/PDF/1001104_Teacher_Credentials_HighSchool. pdf，2011-5-12.

[108] Dee T S. Teachers，Race and Student Achievement in a Randomized Experiment [J]. Review of Economics and Statistics，2004（86）：195-210.

[109] Elaine M，SilvaMangiante. Teachers Matter：Measures of Teacher Effectiveness in Low-income Minority Schools [J]. Educational Assessment，Evaluation and Accountability，2011（23）：41-63.

[110] Eliezer Yariv. Principals' informal Methods for Appraising Poor-performing Teachers [J]. Educational Assessment，Evaluation and Accountability，2009（21）：283-298.

[111] Eric Hanushek，Finis Welch. Handbook of the Economics of Education [M]. Holland：Northholland，2006：3-14.

[112] Fetler，Mark. Staffing up and Dropping out：Unintended Consequences of High Demand for Teachers [J]. Education Policy Analysis Archives，1997，5（16）：1-24.

[113] Goldhaber, Anthony. Indicators of Teacher Quality. ERIC Digest. New York: ERIC Clearinghouse on Urban Education [EB/OL]. http: //eric. ed. gov/ERICDocs/data/ericdocs2sql/content_storage_01/0000019b/80/1b/36/12. pd, 2011-3-12.

[114] Greenwald Hedges, Laine Greenwald R, Hedges L V, et al. The Effect of School Resources on Student Achievement [J]. Review of Educational Research, 1996, 66 (3): 361-396.

[115] Haberman, Post. Teachers for Multicultural School: The Power of Selection [J]. Theory Into Practice, 1998, 37 (2): 96-104.

[116] Hambleton R K. Advances in Assessment Models, Methods, and Practices [EB/OL]. https://www. msu. edu/ ~kidwaikh/cep901b/literaturereview/week06assessment. htm, 2011-4-10.

[117] International Institute for Educational Planning. Guidebook for Planning Education in Emergencies and Reconstruction [EB/OL]. http: //www. unesco. org/iiep/eng/focus/emergency/guidebook. htm, 2011-4-8.

[118] Jacqueline J Paone. Guide to Teacher Quality for Local Education Leaders. Alliance for quality teaching [EB/OL]. www. qualityteaching . org, 2011-6-10.

[119] James H Stronge, et al. What is the Relationship between Teacher Quality and Student Achievement? An Exploratory Study [J]. Educational Assessment, Evaluation and Accountability, 2007 (20): 165-184.

[120] Jane G Coggshall. Communication Framework for Measuring Teacher Quality and Effectiveness: Bring Coherence to the Conversation [Z]. National Comprehensive Center for Teacher Quality, Washington, DC, 2007: 1-21.

[121] Jennifer King Rice. Teacher Quality: Understanding the Effectiveness of Teacher Attributes [EB/OL]. http: //www. epi. org/publications/entry/books _ teacher _ quality _ execsum _ intro/, 2011-6-11.

[122] Kenneth D, et al. Presenting Complex Teacher Evaluation Data: Advantages of Dossier Organization Techniques Over Portfolios [J]. Journal of Personnel Evaluation in Education, 2001 (15): 121-133.

[123] Kenneth D Peterson. Teacher Evaluation: A Comprehensive Guide to New Directions and Practices [EB/OL]. http: //books. google. com/books? id = 5GbLTU6LSqUC&pg = PA89&hl = zh-CN&rview = 1&source = gbs_toc_r&cad = 4#v = onepage&q&f = false, 2011-11-4.

[124] Kok-Aun Toh, et al. Meeting the Highly Qualified Teachers Challenge [J]. Educ Res Policy Prac., 2006 (5): 187-194.

[125] Kyriakides, et al. Introducing a Teacher Evaluation System Based on Teacher Effectiveness Research: An Investigation of Stakeholders' Perceptions [J]. Journal of Personnel Evaluation in Education, 2007 (20): 43-64.

[126] Leonidas Kyriakides, Demetris Demetriou. Introducing A Teacher Evaluation System Based on Teacher Effectiveness Research: An Investigation of Stakeholders' perceptions [J]. Educational Assessment, Evaluation and Accountability, 2007 (20): 43-64.

[127] Linn R L, Baker J, Dunbar S B. Complex, Performance-based Assessment: Expectations

and Validation Criteria [J]. Educational Researcher, 1991 (20): 15-21.

[128] Magdalena Mo Ching Mok. Quality Assurance and School Monitoring in Hong Kong [J]. Educational Research for Policy and Practice, 2007 (6): 187-204.

[129] Messick S. The Interplay of Evidence and Consequences in the Validation of Performance Assessments [R]. Educational Researcher, 1994 (23): 13-23.

[130] Miller M D, Linn R L. Validation of Performance Based Assessments [J]. Applied Psychological Measurement, 2000 (24): 367-378.

[131] Mizikaci F. A Systems Approach to Program Evaluation Model for Quality in Higher Education [J]. Quality Assurance in Education, 2006, 14 (1): 37-54.

[132] National Comprehensive Center for Teacher Quality. Ten Early Lessons Learned from Highly Qualified Teacher Monitoring Reports [EB/OL]. http://www.tqsource.org/TenLessonsLearnedFromHQTMonitoringReports.pdf, 2011-8-20.

[133] National Council for Teacher Education. National Curriculum Framework for Teacher Education [EB/OL]. http://www.ncte-india.org/publicnotice/NCFTE_2010.pdf, 2011-3-20.

[134] Peter Temin. Teacher Quality and the Future of America [J]. Eastern Economic Journal, 2002 (28): 285-300.

[135] Pianta, et al. Opportunities to Learn in America's Elementary Classrooms [EB/OL]. http://www.sciencemag.org/content/315/5820/1795.summary, 2011-4-26.

[136] Vimala Ramachandran, Jitendra Sharma, Madhumita Pal, et al. Teacher Motivation in India [EB/OL]. http://www.dise.in/Downloads/Use%20of%20Dise%20Data/Teacher%20Motivation%20in%20India.pdf, 2010-10-25.

[137] Wayne, et al. Teacher Characteristics and Student Achievement Gains: A Review [J]. Review of Education Research, 2003, 73 (1): 89-301.

[138] Wentzel. Are Effective Teachers like Good Parents? Teaching Styles and Student Adjustment in early Adolescence [J]. Child Development, 2002, 73 (1): 287-301.

附　　录

附录1　县域义务教育教师质量监控调查问卷

尊敬的各位领导、老师：

您好！首先感谢您参加这次问卷调查。这次调查的目的是了解和收集义务教育教师质量监控的情况以及您对教师质量监控的意见和建议，您真实的意见和建议对我们很重要，请您根据亲身感受和个人实际情况认真如实地填答。问卷不针对任何一所学校或个人，以不记名方式进行，仅为研究参考之用。谢谢您的合作！

一、请您依据个人情况填写信息或在选择的答案上打对号（√）。

1. 您的性别：　A. 男　　B. 女

2. 您出生于________年，您是________年开始进入学校从事教育工作。

3. 您是否已结婚：A. 是　B. 否；您是否有孩子：A. 没有　B. 有，孩子________岁。

4. 您是否（曾）是班主任：A. 是　　B. 否

5. 您的行政职务：A. 校长　B. 教学校长　C. 德育校长　D. 教导主任
　E. 学年组长　F. 学校其他行政职务　G. 没有学校行政职务
　H. 教育局，具体职务________

6. 您的第一学历是（　　）；您的最高学历是（　　）。
　A. 高中以下　B. 高中　C. 中专/中师
　D. 大专　E. 大学本科　F. 研究生

7. 您所在学校类型是（　　）。
　A. 小学　B. 初中　C. 完全中学
　D. 九年一贯制学校　E. 教学点

8. 您学校所在地为（　　）。
　A. 市（县）　B. 乡镇　C. 村屯

9. 您目前的职称是（　　）。
　A. 中教高级　B. 中教一级　C. 中教二级
　D. 中教三级　E. 小学特级教师　F. 小教高级

G. 小教一级　H. 小教二级　I. 小教三级
J. 新教师未评职称　K. 没机会参加评职称

10. 与全市其他学校相比，你们学校的教学质量（　　）。
A. 非常好　B. 比较好　C. 一般
D. 比较低　E. 很低　F. 不清楚

11. 您目前（曾）任教的年级是（　　）。
A. 小学一年　B. 小学二年　C. 小学三年
D. 小学四年　E. 小学五年　F. 小学六年
G. 初一　H. 初二　I. 初三
J. 初四　K. 高一　L. 高二
M. 高三　N. 不是科任教师

12. 您目前（曾）任教的学科有（　　）。
A. 语文　B. 数学　C. 外语
D. 历史　E. 地理
F. 品德与生活/品德与社会/思想品德　G. 化学
H. 生物　I. 物理　J. 体育/体育与健康
K. 信息技术　L. 音乐　M. 美术
N. 科学　O. 综合实践活动　P. 地方或校本课程
Q. 其他

二、请您回答下列问题，在您选择的答案上打对号（√），此题可以单选，如果您认为有多个选择也可以多选，谢谢您的合作。

13. 您平时对教师质量高低界定的主要依据是什么?
A. 专业知识水平　B. 教学经验与能力　C. 师德水平
D. 学历水平　E. 职称水平　F. 学生成绩
G. 学生升学率

14. 您学校的教师质量监控都有哪些人参加?
A. 上级行政领导　B. 教育督导　C. 家长
D. 校长　E. 教师　F. 学生
G. 教学副校长　H. 德育副校长　I. 教导主任

15. 您学校的教师质量监控中，哪些人最经常监控教师质量?
A. 上级行政领导　B. 教育督导　C. 家长
D. 校长　E. 教师　F. 学生
G. 教学副校长　H. 德育副校长　I. 教导主任

16. 您学校的教师质量监控中，哪些人对教师质量的影响最大？
A. 上级行政领导　B. 教育督导　C. 家长
D. 校长　E. 教师　F. 学生
G. 教学副校长　H. 德育副校长　I. 教导主任
17. 您参加过学校的教师质量监控吗？
A. 一直　B. 经常　C. 有时
D. 偶尔　E. 从来没有
18. 您是否对自己的教师质量进行过监控？
A. 一直　B. 经常　C. 有时
D. 偶尔　E. 从来没有
19. 您参加学校的教师质量监控时，是否感觉自己缺乏专门的监控知识？
A. 非常缺乏　B. 比较缺乏　C. 一般
D. 不太缺乏　E. 完全不缺乏　F. 不清楚
20. 您认为您参加学校的教师质量监控的优势是什么？
A. 信息准确　B. 空间便利　C. 时间方便
D. 有权威　E. 能够把握方向
21. 您参加教师质量监控的原因是什么？
A. 学校规定　B. 职务要求　C. 家长委员会成员
D. 自愿申请　E. 没有参加过
22. 您认为您参加的教师质量监控中，您的意见是否受到重视？
A. 非常重视　B. 比较重视　C. 一般
D. 不太重视　E. 完全不重视　F. 不清楚
23. 您认为您参加的教师质量监控中，您的意见对教师质量影响大吗？
A. 非常大　B. 比较大　C. 一般
D. 不太大　E. 没有影响　F. 不清楚
24. 您参加的教师质量监控主要监控哪些方面？
A. 教师生活的社区情况
B. 教师所在学校的发展水平与规模
C. 教师资格　D. 教师进修情况　E. 学历与职称水平
F. 教师自学情况　G. 教师家庭藏书
H. 教师相关地方政策　I. 师德水平　J. 教师品质
K. 教师教育教学能力　L. 教师专业发展能力　M. 学生学业成绩
N. 学生各种能力的发展
O. 教师自我价值实现程度
P. 教师所在地的教育质量

Q. 教师社会关系

25. 在您参加的教师质量监控中，最重要的内容是________。

A. 教师生活的社区情况

B. 教师所在学校的发展水平与规模

C. 教师资格 D. 教师进修情况 E. 学历与职称水平

F. 教师自学情况 G. 教师家庭藏书 H. 教师相关地方政策

I. 师德水平 J. 教师品质 K. 教师教育教学能力

L. 教师专业发展能力

M. 学生学业成绩

N. 学生各种能力的发展

O. 教师自我价值实现程度

P. 教师所在地的教育质量

Q. 教师社会关系

26. 您参与的教师质量监控内容是由哪些人参与选择、确定的？

A. 上级行政领导 B. 校长 C. 教导主任

D. 教师 E. 家长 F. 学生

G. 不清楚

27. 您参加的教师质量监控的内容能涵盖教师质量的全部吗？

A. 完全能 B. 大部分能 C. 一半能

D. 小部分能 E. 完全不能 F. 不清楚

28. 您参加的教师质量监控中，不同学科教师的监控内容一样吗？

A. 完全一样 B. 大部分一样 C. 一半一样

D. 小部分一样 E. 完全不同 F. 不清楚

29. 您参加的教师质量监控中，新教师和老教师（或不同职称）监控内容一样吗？

A. 完全一样 B. 大部分一样 C. 一半一样

D. 小部分一样 E. 完全不同 F. 不清楚

30. 您参加的教师质量监控一般都使用哪些方式？

A. 个别访谈 B. 问卷调查 C. 查看学生考试成绩

D. 集体访谈 E. 学科考试 F. 听课

G. 工作业绩考核 H. 实地检查相关材料 I. 网络检查相关材料

J. 不清楚

31. 您参加的教师质量监控中，哪种监控方式使用最多？

A. 个别访谈 B. 问卷调查 C. 查看学生考试成绩

D. 集体访谈 E. 学科考试 F. 听课

G. 工作业绩考核　H. 实地检查相关材料　I. 网络检查相关材料
J. 不清楚

32. 您参加的教师质量监控中，哪种监控方式最有效？
A. 个别访谈　B. 问卷调查　C. 查看学生考试成绩
D. 集体访谈　E. 学科考试　F. 校内领导听课
G. 校内教师听课　H. 上级行政部门听课　I. 实地检查相关材料
J. 网络检查相关材料　K. 不清楚

33. 您参加的教师质量监控，不同学科教师的监控方式一样吗？
A. 完全一样　B. 大部分一样　C. 一半一样
D. 小部分一样　E. 完全不同　F. 不清楚

34. 您参加的教师质量监控中，新老（不同职称）教师监控方式一样吗？
A. 完全一样　B. 大部分一样　C. 一半一样
D. 小部分一样　E. 完全不同　F. 不清楚

35. 您参加的教师质量监控有反馈结果吗？
A. 一直有　B. 经常有　C. 有时有
D. 偶尔有　E. 从来没有

36. 您参加教师质量监控时，您是否给教师提出反馈意见？
A. 一直　B. 经常　C. 有时
D. 偶尔　E. 从来没有

37. 您参加的教师质量监控的结果能代表教师的实际质量水平吗？
A. 完全能　B. 大部分能　C. 一半能
D. 小部分能　E. 完全不能　F. 不清楚

38. 您认为您参加的教师质量监控结果能促进教师质量提升吗？
A. 完全能　B. 大部分能　C. 一半能
D. 小部分能　E. 完全不能　F. 不清楚

39. 您参加的教师质量监控结果的信息用于做什么？
A. 评优评奖　B. 绩效工资参考
C. 教师改进与提升质量依据
D. 评职称　E. 教师岗位流动依据　F. 什么也不做
G. 其他________　H. 不清楚

40. 是否有相关部门或个人对您学校（单位）的教师质量监控工作给予过指导？
A. 一直有　B. 经常有　C. 有时有
D. 偶尔有　E. 从来没有　F. 不清楚

41. 是否有相关部门或个人对您学校（单位）的教师质量监控工作进行监督检查？

A. 一直有 B. 经常有 C. 有时有
D. 偶尔有 E. 从来没有 F. 不清楚

42. 相关部门或个人对您学校（单位）教师质量监控的指导和监督主要关注哪些方面?

A. 材料齐全 B. 内容适合 C. 方式恰当
D. 谁来检查 E. 结果反馈情况 F. 不清楚

附录 2　县域义务教育教师质量监控问卷编制双向细目表

项　　目	组成部分	实施部分	效果部分	合计
教师质量	5	0	0	5
教师质量监控主体	10	10	5	25
教师质量监控内容	10	5	10	25
教师质量监控方式	5	5	10	20
教师质量监控效果及反馈	0	5	15	20
对教师质量监控的再监控	0	2	3	5
合　计	30	27	43	100